LE
MOUVEMENT SOCIAL
CONTEMPORAIN

LÉON DUGUIT

LES TRANSFORMATIONS
DU
DROIT PUBLIC

1994

LIBRAIRIE ARMAND COLIN

19941

═══ BIBLIOTHÈQUE ═══
DU MOUVEMENT SOCIAL
═══ CONTEMPORAIN ═══

Secrétaire de la rédaction :
═ CHARLES ROLLAND ═

Chaque volume :
in-18, br. 3 fr. 50

Cette Bibliothèque est fondée pour répondre à une des plus pressantes exigences de la vie sociale contemporaine : l'action politique et sociale, jusqu'ici purement rationnelle, tend de plus en plus à chercher ses directions dans l'expérience sociale ; et c'est pourquoi l'on entreprend de décrire, dans une série d'ouvrages rédigés par des spécialistes, le "Mouvement social contemporain". C'est assez dire que l'esprit qui dirigera ces travaux sera libre de toute passion et de tout parti pris. Faire connaître et comprendre le mouvement social, exposer les faits et les interpréter, sans jamais se substituer à eux, tel est le programme de cette Collection, qui fera œuvre impartiale, œuvre objective, œuvre de science.

Ont paru :

GEORGES-CAHEN
Les Fonctionnaires : leur action corporative.

GEORGES GUY-GRAND
Le Procès de la Démocratie.

PAUL SABATIER
L'Orientation religieuse de la France actuelle.

MICHEL AUGÉ-LARIBÉ
L'Évolution de la France agricole.

JOSEPH CHARMONT
Les Transformations du Droit civil.

LOUIS DELZONS
La Famille française et son évolution.

LÉON DUGUIT
Les Transformations du Droit public.

Paraîtront prochainement :

FÉLICIEN CHALLAYE
Le Mouvement syndical.

ARDOUIN-DUMAZET
A travers la France.

GASTON RICHARD
La Question sociale et le Mouvement philosophique au XIXᵉ siècle.

F. ECCARD
L'Alsace-Lorraine.

ÉDOUARD BERTH
La Philosophie du Syndicalisme.

MAURICE PERNOT
La Politique de l'Église catholique.

CHARLES ROLLAND
L'Organisation de l'Expérience sociale.

LES TRANSFORMATIONS

DU

DROIT PUBLIC

DU MÊME AUTEUR

La Séparation des pouvoirs et l'Assemblée nationale de 1789.
1 volume in-8°. Paris, 1893 (Larose, éditeur).

L'État, le droit objectif et la loi positive. 1 volume in-8°.
Paris, 1901 (Fontemoing, éditeur).

L'État, les gouvernants et les agents. 1 volume in-8°. Paris.
1903 (Fontemoing, éditeur).

Traité de droit constitutionnel. Tome I, *Théorie générale de
l'État;* tome II, *Les libertés publiques, l'organisation politique.* 2 volumes
in-8°. Paris, 1911 (Fontemoing, éditeur).

Manuel de droit constitutionnel. 2ᵉ édition. 1 volume in-16.
Paris, 1911 (Fontemoing, éditeur).

**Le droit social, le droit individuel et la transformation de
l'État.** 2ᵉ édition. 1 volume in-16. Paris, 1911 (Alcan, éditeur).

**Les transformations générales du droit privé depuis le code
Napoléon.** 1 volume in-16. Paris, 1911 (Alcan, éditeur).

LÉON DUGUIT

Professeur de Droit à l'Université de Bordeaux

LES TRANSFORMATIONS

DU

DROIT PUBLIC

LIBRAIRIE ARMAND COLIN

Rue de Mézières, 5, PARIS

1913

INTRODUCTION

Pourquoi étudier spécialement les transformations du droit public? Le droit, comme toutes les choses sociales, n'est-il pas en un état perpétuel de transformation? Toute étude scientifique du droit n'a-t-elle pas nécessairement pour objet l'évolution des institutions juridiques? Étudier les transformations du droit public, n'est-ce pas étudier tout simplement le droit public?

Assurément. Mais dans notre pensée le travail que nous entreprenons a un objet plus précis; et les conditions dans lesquelles évolue aujourd'hui le droit public nous paraissent justifier amplement l'entreprise. De même que les êtres vivants traversent certaines périodes où l'organisme, tout en continuant de suivre la loi générale de sa vie, subit cependant une transformation particulièrement profonde et active, de même dans l'histoire des peuples, il est certaines périodes où les idées et les institutions, tout en restant soumises à leur loi générale d'évolution, subissent-elles aussi une transformation particulière. Or tout démontre qu'aujourd'hui nous sommes à l'un de ces moments. Nous sommes en une période critique, sans que d'ailleurs ce mot, emprunté à la langue de la médecine, ait dans notre esprit en quoi que ce soit un sens péjoratif. Qu'on le veuille ou non, tout nous paraît démontrer que les notions fondamentales, qui étaient naguère encore à la base des institutions juridiques, se désagrègent pour faire place à d'autres, que le système de droit, sur lequel nos sociétés modernes avaient jusqu'à présent vécu, se disloque, et qu'un nouveau système s'édifie sur des conceptions tout à fait différentes. Est-ce un progrès ou un recul? Nous n'en savons rien. En science sociale de pareilles questions n'ont guère de sens. A coup sûr c'est différent, profondément différent.

Le phénomène est général. Il atteint toutes les institutions juridiques, celles de droit privé, la famille, le contrat, la propriété, et aussi les institutions de droit public. Il se produit dans tous les pays parvenus à un même degré de civilisation. Mais il apparaît en France avec une intensité particulière. Notre pays jouit au reste du privilège redoutable d'être toujours à l'avant-garde dans l'évolution générale des institutions et des idées; il ouvre la voie par laquelle les autres passent ensuite. Aussi est-ce en France qu'il convient d'étudier avant tout la transformation profonde qui s'accomplit dans le droit public.

Nous avons ailleurs décrit à grands traits cette transformation en ce.qui concerne le droit privé [1]. Nous nous proposons de l'étudier ici avec quelque développement pour le droit public. On verra d'ailleurs que les deux transformations sont parallèles et similaires, qu'au fond elles sont le produit de causes semblables et peuvent se résumer dans la même formule : un système juridique d'ordre réaliste et socialiste remplace le système juridique antérieur qui était d'ordre métaphysique et individualiste.

Le système de droit public, sur lequel pendant un siècle ont vécu tous les peuples civilisés, reposait sur quelques principes que beaucoup d'esprits, naguère encore, vénéraient comme des articles de foi religieuse et prétendaient imposer à l'adhésion définitive des hommes, des principes que les juristes déclaraient définitivement acquis à la science. Ce système avait d'ailleurs un long passé. Mais il avait reçu des Déclarations, des constitutions et des lois de l'époque révolutionnaire son expression complète; et au retentissement qu'elles avaient eu dans le monde, il devait son prestige et son autorité. Ces textes avaient très nettement formulé les règles du système. Deux idées essentielles en constituaient la forte armature : l'idée

1. *Les Transformations générales du droit privé*, 1912.

de souveraineté de l'État ayant pour titulaire originaire la nation personnifiée, et l'idée du droit naturel, inaliénable et imprescriptible de l'individu, s'opposant au droit souverain de l'État.

La ration possède une personnalité distincte de celle des individus qui la composent. Comme telle elle a une volonté, qui est naturellement supérieure aux volontés individuelles, puisque la collectivité est supérieure à l'individu. Cette supériorité, c'est la souveraineté ou puissance publique. La nation s'organise. Elle constitue un gouvernement qui la représente, qui veut pour elle et qui exerce ainsi au nom de la nation la souveraineté dont celle-ci reste l'incommutable titulaire. La nation souveraine et organisée en gouvernement, fixée sur un territoire déterminé, c'est l'État. Celui-ci n'étant que la nation organisée est titulaire de la souveraineté, de la puissance publique, qui constitue pour lui un droit subjectif. C'est en vertu de ce droit qu'il commande aux particuliers. Les ordres qu'il formule ne sont que l'exercice de ce même droit.

Les particuliers sont à la fois citoyens et sujets : citoyens puisqu'ils sont partie composante de la collectivité nationale qui détient la souveraineté; sujets puisqu'ils sont subordonnés au gouvernement qui au nom de la nation exerce la souveraineté. Le droit public est l'ensemble des règles qui s'appliquent à l'organisation de l'État et aux rapports de l'État avec les particuliers. Ces rapports existent entre deux sujets de droit qui ne sont pas égaux, entre un supérieur et des subordonnés, entre une personne juridique qui formule des commandements et d'autres qui doivent y obéir. Par là déjà ce système de droit public est essentiellement subjectiviste, puisqu'il pose le droit subjectif de commander appartenant à l'État personne.

A ce droit de l'État il oppose le droit subjectif de l'individu, droit naturel, inaliénable et imprescriptible, qui lui appartient en tant qu'homme, droit antérieur et même supérieur à l'État. Celui-ci est constitué pour assurer à l'homme la protection de ses droits individuels. Il était dit à l'article 2 de la Déclaration des droits de 1789 : « Le but de toute association politique est la conservation des droits naturels et imprescriptibles de l'homme. » Ainsi la première règle du droit public édicte l'obligation qui s'impose à l'État de s'organiser de telle façon qu'il assure dans les meilleures conditions possibles la protection des droits naturels de l'individu.

Cette reconnaissance des droits individuels détermine en même temps la direction et la limite de l'activité publique. Elle est par là même la source de toutes les règles relatives aux rapports des individus et de l'État. Celui-ci est obligé de protéger les droits individuels; cependant il peut les limiter, mais seulement dans la mesure où cette limitation des droits de chacun est nécessaire pour

assurer la protection des droits de tous. L'État est
obligé d'organiser les moyens de défense de l'association politique contre l'ennemi de l'extérieur,
puisque le maintien de cette association est nécessaire pour la conservation des droits individuels.
L'État doit donc organiser une force armée pour
assurer le service de guerre. Il doit aussi organiser la sûreté à l'intérieur, puisqu'elle est par
définition la protection sociale des droits individuels; il doit donc instituer un service de police.

Enfin l'État est soumis au droit objectif fondé
sur le droit subjectif de l'individu : il est tenu
d'assurer la protection des droits individuels;
d'où deux conséquences. Premièrement, lorsqu'un
conflit de droit s'élève entre l'État et un individu,
il doit être jugé par une juridiction organisée par
l'État avec toutes les garanties possibles de compétence et d'impartialité et l'État doit s'incliner
devant la décision qu'elle rend. Secondement, si
un différend s'élève entre deux particuliers, l'État
doit le juger encore par l'organe d'un tribunal
offrant toutes garanties d'indépendance et de capacité et il doit imposer à tous le respect de cette
décision. Pour cela il doit organiser un service de
justice.

Puissance souveraine qui est le droit subjectif
de la nation organisée en État, limitation de cette
puissance par les droits naturels de l'individu,
obligation pour l'État de s'organiser de manière
à protéger le mieux possible les droits individuels,

interdiction à l'État de limiter ces droits au delà
de ce qui est nécessaire pour protéger les droits
de tous, obligation pour l'État d'organiser et de
faire fonctionner des services de guerre, de police
et de justice, voilà en raccourci tout le système
du droit public, produit d'un long passé historique
et formulé en termes d'une précision parfaite par
les lois de la Révolution.

C'est un système subjectiviste, puisque au droit
subjectif de l'État il oppose le droit subjectif de
l'individu, et fonde sur celui-ci la limitation de la
souveraineté et les devoirs qui s'imposent à l'État.
C'est un système métaphysique, puisqu'il repose
essentiellement sur le concept de droit subjectif,
qui est certainement d'ordre métaphysique. C'est
enfin un système impérialiste ou régalien, puisqu'il
implique que les gouvernants exercent toujours la
puissance commandante, l'*imperium* de la nation
organisée en État.

En le formulant, les hommes de la Révolution
croyaient édicter des dogmes éternels, dont les
législateurs et les jurisconsultes de tous les temps
et de tous les pays n'avaient plus qu'à tirer les
conséquences logiques et à régler les applications
pratiques. Or, à peine un siècle s'est-il écoulé que
la désagrégation du système apparaît à tous. Les
deux idées qui lui servaient de support, la souveraineté de l'État et le droit naturel de l'individu,
disparaissent. On s'aperçoit que l'une et l'autre
sont des concepts métaphysiques, qui ne peuvent

plus servir de fondement au système juridique
d'une société toute pénétrée de positivisme. On a
compris d'abord que le droit de puissance publique ne peut s'expliquer par une délégation divine.
On comprend maintenant qu'il ne s'explique pas
davantage par une délégation nationale, que la
volonté nationale n'est qu'une fiction puisque
dans la réalité elle n'est, quoi qu'on fasse, que la
volonté de quelques individus, et que, serait-elle
une volonté unanime, elle ne serait encore que la
volonté d'une somme d'individus, c'est-à-dire une
volonté individuelle qui n'aurait aucun droit de
s'imposer à celui qui s'insurgerait contre elle. On
a compris que le *Contrat social* de Jean-Jacques
Rousseau, qui a enthousiasmé plusieurs généra-
tions d'hommes, au nom duquel s'est faite la
Révolution, n'est, derrière la splendeur du style,
qu'un tissu de sophismes. On a compris que
l'homme ne peut avoir de droits naturels individuels parce qu'il est par nature un être social,
que l'homme individuel est une pure création de
l'esprit, que la notion de droit suppose la vie
sociale, et que si l'homme a des droits il ne peut
les tirer que du milieu social et non les lui
imposer.

Enfin s'est produite dans la seconde moitié du
XIXᵉ siècle une transformation économique formidable, avec laquelle ne peut plus s'harmoniser le
système juridique rigide et métaphysique qu'avait
construit la Révolution. Suivant la formule des

économistes, dans tous les domaines de l'activité humaine, l'économie nationale se substitue à l'économie domestique. Cela veut dire que le petit groupe familial ne peut plus assurer la satisfaction des besoins humains, que de vastes organismes, qui s'étendent sur tout le territoire national et qui demandent le concours d'un grand nombre d'individus, peuvent seuls donner satisfaction à la masse des besoins élémentaires. En outre, par suite des découvertes scientifiques et des progrès industriels, les relations entre les hommes sont devenues si complexes et si nombreuses, l'interdépendance sociale est devenue tellement étroite que le fait seul que quelques-uns ne remplissent pas leur besogne propre réagit sur tous les autres. Enfin il est beaucoup de besoins d'une importance primordiale, comme, par exemple, les relations postales, les transports par chemins de fer, l'éclairage, dont la satisfaction est assurée par des organismes très vastes et très complexes, besoins tels que si le fonctionnement de ces organismes s'arrête un seul instant il en résulte une perturbation profonde qui met en péril la vie sociale elle-même.

C'est pourquoi aujourd'hui on ne demande plus seulement aux gouvernants d'assurer les services de guerre, de police, de justice, mais encore d'organiser et de faire fonctionner toute une série de services industriels et d'empêcher qu'ils ne soient interrompus pendant un seul instant.

Cette obligation générale, que la conscience moderne impose aux gouvernants, est en contradiction flagrante avec la notion de souveraineté. Les services de guerre, de police, de justice se conciliaient admirablement avec elle; ils semblaient même en être la manifestation directe. Il en est différemment des services industriels. Ce qui apparaît alors au premier plan, ce n'est plus le pouvoir de commander; c'est l'obligation d'agir pratiquement. Si l'on reconnaît un pouvoir aux gouvernants, ce n'est plus en vertu d'un droit primaire de puissance publique, mais à raison des devoirs qui leur incombent; par conséquent ce pouvoir n'existe que dans la mesure où ils remplissent ces devoirs. Ces activités dont l'accomplissement s'impose aux gouvernants constituent l'objet même des services publics.

Dès lors le principe de tout le système du droit public moderne se trouve résumé dans la proposition suivante : ceux qui en fait détiennent le pouvoir n'ont point un droit subjectif de puissance publique; mais ils ont le devoir d'employer leur pouvoir à organiser les services publics, à en assurer et à en contrôler le fonctionnement. Les actes qu'ils font ne s'imposent et n'ont de valeur juridique que s'ils tendent à ce but. Le droit public n'est plus un ensemble de règles s'appliquant à des sujets de droit d'ordre différent, l'un supérieur, les autres subordonnés, l'un ayant le droit de commander, les autres le devoir d'obéir.

Toutes les volontés sont des volontés individuelles; toutes se valent; il n'y a pas de hiérarchie des volontés. Toutes les volontés se valent si l'on ne considère que le sujet. Leur valeur ne peut être déterminée que par le but qu'elles poursuivent. La volonté du gouvernant n'a aucune force comme telle; elle n'a de valeur et de force que dans la mesure où elle poursuit l'organisation et le fonctionnement d'un service public.

Ainsi la notion de service public vient remplacer celle de souveraineté. L'État n'est plus une puissance souveraine qui commande; il est un groupe d'individus détenant une force qu'ils doivent employer à créer et à gérer les services publics. La notion de service public devient la notion fondamentale du droit public moderne. Les faits vont le démontrer.

LES TRANSFORMATIONS
DU DROIT PUBLIC

CHAPITRE I

POURQUOI DISPARAÎT LE SYSTÈME DE DROIT PUBLIC FONDÉ SUR LA NOTION DE PUISSANCE PUBLIQUE?

I. La conception romaine de l'*imperium*. — II. Pendant la période féodale la notion romaine de l'*imperium* s'amoindrit, mais subsiste cependant. — III. Construction juridique de la puissance royale sur le modèle du *dominium* romain. — IV. Théorie de Bodin et de Loyseau, de Lebret et de Domat. — V. La Révolution substitue la souveraineté de la nation à la souveraineté du roi. — VI. Le dogme de la souveraineté nationale longtemps objet d'une foi religieuse s'écroule devant la critique positive. — VII. Il est en contradiction avec des faits certains. — VIII. Il est inconciliable avec la décentralisation et le fédéralisme. — IX. Il est impuissant à protéger l'individ contre le despotisme.

Pourquoi disparaît le système de droit public fondé sur la notion de puissance publique, telle est évidemment la première question qui se présente à l'esprit. Les causes du phénomène, comme celles de tout grand fait social, sont nombreuses et complexes. Les unes sont antérieures à la formation du système et lui sont internes; les autres lui sont externes et à la fois d'ordre philosophique, politique, économique, ces trois facteurs agissant toujours d'ailleurs sur la formation du droit.

I

La notion de souveraineté, telle qu'elle apparaît dans le *Contrat social* et dans les constitutions de l'époque révolutionnaire, était le produit d'un long travail historique ; et cependant les conditions dans lesquelles s'était formée cette notion en faisaient quelque chose d'artificiel et de précaire. Aussi devait-elle disparaître le jour où l'évolution sociale amènerait les gouvernés à demander aux gouvernants autre chose que les services de guerre, de police et de justice.

Comme la plupart des institutions juridiques sur lesquelles ont vécu jusqu'à présent les peuples civilisés de l'Europe, la puissance publique trouve son origine première dans le droit romain. Pendant la période féodale elle s'éclipse à peu près complètement. Elle reparaît à l'époque moderne. Sous l'action des légistes elle devient la souveraineté royale, mélange de l'*imperium* romain et de la seigneurie féodale. Au XVIᵉ siècle, Bodin en esquisse la théorie. Le roi est personnellement titulaire de la souveraineté. En 1789, il en est dépossédé par la nation, dont on essaie de légitimer le droit par la métaphysique creuse du *Contrat social*.

A Rome c'est seulement au début de l'empire qu'apparaît une théorie juridique de la puissance publique. Le peuple en est titulaire ; mais il peut la déléguer à un homme ; il la transmet au prince par la *lex regia*[1]. Ainsi l'empereur concentre sur sa tête tous les pouvoirs que la république avait partagés entre les divers magistrats. L'autorité impériale a pour fondement deux pouvoirs, l'*imperium* proconsulaire issu du système de la prorogation, et la puissance tribunitienne issue des institutions plébéiennes. Le prince reçoit l'*imperium* proconsulaire du sénat ou de l'armée. Le peuple lui transfère par la *lex regia* la puissance tribunitienne.

Par l'évolution naturelle des choses on reconnaîtra à l'empereur l'*imperium* et la *potestas*, comme droit de commander inhérent à sa qualité même. Ce ne sera plus un droit qu'il exerce par délégation du peuple, mais un droit qui lui appartient en propre. L'évolution est accomplie à la fin du III° siècle avec Dioclétien et Constantin, et si, au VI° siècle, les Institutes de Justinien parlent encore de la *lex regia*, c'est un souvenir du passé, c'est une phrase copiée textuellement dans un texte d'Ulpien. Il reste établi que l'empereur romain par sa volonté fait la loi : « *Quod principi placuit legis habet vigorem* », qu'il en est ainsi parce que l'empereur est titulaire d'un droit de puissance (*imperium* et *potestas*), c'est-à-dire du droit d'imposer aux autres sa volonté, parce qu'elle est sa volonté, parce que comme telle elle a une certaine qualité qui fait qu'elle s'impose à l'obéissance de tous. Ainsi était créée par le génie de Rome la notion juridique de puissance publique, qu'on appellera plus tard la souveraineté et qui devait rester jusqu'au XX° siècle le fondement du droit public chez les peuples de l'Europe et des deux Amériques.

1. Cf. Ulpien, Loi 1, Digeste, *De constitutionibus principis*, I, 4.

II

Pendant la période féodale, cette notion de l'*imperium* s'éclipse presque complètement. Après l'effondrement de l'empire romain d'Occident sous le choc des Barbares, après la tentative éphémère de Charlemagne, la société européenne tend à s'organiser en un régime contractuel. Les différentes classes sociales sont coordonnées et hiérarchisées les unes aux autres par des conventions qui leur donnent des droits et leur imposent des devoirs réciproques. Le seigneur féodal n'est pas un prince qui commande en vertu d'un *imperium;* il est un contractant qui demande l'exécution des services promis en échange des services qu'il a promis lui-même. On ne trouve plus trace du mot *imperium* dans les textes de l'époque, mais un mot bien caractéristique, la *concordia*, qui doit unir tous les hommes, les puissants et les faibles, par une série de droits et de devoirs réciproques[1].

Malgré les violences et les luttes qui remplissent le moyen âge féodal, c'est là le fond même de la structure sociale. Mais cependant la notion d'*imperium* ne disparaît pas complètement. En Allemagne elle se maintient au profit de l'empereur; en France au profit du roi. Celui-ci reste toujours dans le monde féodal le grand justicier. Même au moment où la monarchie capétienne paraît réduite à rien, subsiste toujours dans l'esprit des hommes cette idée que le roi « est chargé d'assurer la paix par la justice ». « Ce n'est pas seulement l'Église, a écrit

1. Cf. E. Bourgeois, *Le Capitulaire de Kiersy-sur-Oise*, p. 320.

très exactement M. Luchaire, qui fait avant tout du
roi le grand justicier. La féodalité laïque a reconnu
elle-même que la racine et le fruit de l'office royal,
c'est la justice et la paix. Le serment prêté par Philippe Ier et ses successeurs à leur avènement les
oblige à conserver à chacun la justice qui lui est
due, à faire droit à tous, à mettre le peuple en possession de ses droits légitimes [1]. »

III

Ce devoir et ce pouvoir du roi d'assurer à tous la
paix par la justice formeront l'élément principal, à
l'aide duquel, par une combinaison ingénieuse des
souvenirs romains et des institutions féodales, les
légistes de la couronne reconstituent l'*imperium* au
profit du roi de France tel qu'il appartenait à l'empereur. C'est le roi lui-même, personne individuelle,
qui en est titulaire; c'est sa propriété, et la construction juridique de l'*imperium* royal est copiée sur
celle du *dominium* individuel. De même que le propriétaire a un droit absolu sur sa chose, de même
l'*imperium* royal est un droit absolu. De même que
le propriétaire peut disposer de sa chose totalement
ou partiellement, concéder des droits particuliers
sur elle, démembrer son droit de propriété, le transmettre héréditairement, de même le roi peut aliéner
totalement ou partiellement son *imperium*, le démembrer, le transmettre après décès. Ainsi se forme la

1. Luchaire, *Histoire des institutions monarchiques de la France
sous les premiers Capétiens*, 1, p. 40; Fliche, *Le Règne de Philippe Ier*,
1912.

conception de l'État patrimonial, qui a été dominante
à une certaine époque dans toute l'Europe et qui
devait laisser des traces profondes dans le droit pos-
térieur. Deux causes d'ordre tout à fait différent ont
concouru à cette formation.

D'une part, la persistance des notions juridiques
romaines dans l'esprit des légistes royaux. Institués
et soutenus par le roi pour donner un fondement et
un caractère juridiques à son pouvoir, les légistes
estiment qu'ils ne peuvent mieux coopérer à la
pensée du maître qu'en donnant au pouvoir royal la
structure que les juristes de Rome avaient donnée
au *dominium* de l'individu.

D'autre part le droit féodal avait, sous l'empire de
circonstances qu'il n'y a pas lieu d'expliquer ici,
établi un lien intime entre le pouvoir et la possession
d'une certaine terre. Il n'y a de pouvoir que là où il
y a possession foncière et la possession d'une terre
implique toujours pour le détenteur un certain pouvoir. Sans doute, on l'a dit plus haut, même au
temps où le régime féodal est parvenu à son complet
développement et subsiste encore dans sa pureté, on
reconnaît au roi un pouvoir propre, personnel, indépendant de la terre qu'il détient. Mais la conception
féodale est trop profondément entrée dans les esprits
pour qu'elle ne fasse pas sentir son action même sur
la nature du pouvoir reconnu au roi. Celui-ci est
certainement plus que le premier suzerain, le suzerain supérieur de son royaume. Cependant son pouvoir sera considéré avant tout comme un droit de
suzeraineté et par conséquent comme un droit de
propriété.

Combinez cette notion féodale avec le souvenir

des idées romaines sur le *dominium* et vous aper-
cevrez très nettement l'ensemble du système. Le
pouvoir de commander est un droit analogue au
droit de propriété, dont le roi pris individuellement
est le titulaire. Pour employer la terminologie
moderne, c'est un droit subjectif; le sujet de droit
qui en est le support est le roi, personne individuelle,
qui le transmet à ses héritiers suivant un ordre
successoral établi sur le modèle des successions
privées.

IV

De tout cela les jurisconsultes de l'ancien régime
ont fait une théorie très précise et très complexe. Il
ne peut entrer dans le cadre de ce volume de l'exposer
en détail. Mais il n'est point inutile, pour montrer
comment la théorie moderne de la souveraineté n'est
au fond qu'une création de l'ancien régime, de citer
quelques-uns des passages les plus caractéristiques
des trois juristes qui ont le mieux exposé les principes du droit public monarchique.

C'est d'abord Loyseau, qui écrit au commencement
du xviie siècle, en son *Traité des offices* : « Le roi est
parfaitement officier, ayant le parfait exercice de
toute puissance publique..., et il est ainsi parfaitement seigneur ayant en perfection la propriété de
toute puissance publique... Aussi il y a longtemps
que tous les rois de la terre ont prescrit la propriété
de la puissance souveraine[1]. » Au *Traité des seigneuries*, Loyseau reprend et précise la même idée :

1. Loyseau, *Traité des offices*, liv. II, chap. II, nᵒˢ 21 et 28,
p. 187 et 188, Paris, 1640.

« La seigneurie, dit-il, en sa gé érale signification est définie : puissance en propriété... La puissance est commune aux offices et aux seigneuries; la propriété distingue la seigneurie d'avec les offices, dont la puissance n'est que par fonction ou exercice et non pas en propriété comme celle des seigneuries[1]. » Puis, Loyseau distingue deux espèces de seigneuries : les seigneuries publiques et les seigneuries privées. « La seigneurie publique est appelée publique parce qu'elle concerne et emporte le commandement, la puissance publique, et qu'elle ne peut être exercée que par personne publique... La seigneurie publique est appelée en latin *imperium*, *potestas*, *dominatio*, et par nous domination et proprement seigneurie[2]. » Donc si l'*imperium* est une seigneurie, il est une propriété, puisque par définition toute seigneurie est une propriété. Toutefois il convient de noter que Loyseau fait lui-même une distinction entre la propriété de la puissance publique et la propriété privée, entre la seigneurie publique et la seigneurie privée : « Celui qui est soumis à la seigneurie privée est un esclave : celui qui est soumis à la seigneurie publique est un sujet[3]. »

Toute cette théorie est résumée par Domat en une phrase d'une énergique concision : « La première place où réside la force de l'autorité d'un souverain dans son État et d'où elle doit se répandre dans tout le corps est sa personne même[4]. »

Cette puissance, droit patrimonial dont le roi est

---

1. Loyseau, *Traité des seigneuries*, chap. i, n° 5, p. 6, Paris, 1640.
2. Loyseau, *Ibid.*, chap. i, n°ˢ 27 et 29, p. 6.
3. Loyseau, *Ibid.*, chap. i, n° 28, p. 6.
4. Domat, *Le Droit public*, tit. IV, sect. i, n° 3, p. 21, Paris, 1713.

titulaire en personne, on l'appelle, depuis la fin du xvi° siècle, la souveraineté.

La souveraineté n'était point primitivement la puissance du roi elle-même; elle n'était qu'un caractère particulier à certaines seigneuries et notamment aux seigneuries royales. Les deux mots latins dont paraît dériver le mot souveraineté, *superanus* et *supremitas*, désignaient le caractère de celui dont la seigneurie ne relevait d'aucune autre seigneurie supérieure, ou, suivant la formule souvent employée au moyen âge, celui dont la seigneurie ne dépendait que de Dieu. Ce sens du mot souveraineté apparaît très clairement dans Beaumanoir. C'est pour lui le caractère de certaines seigneuries féodales. Pour les affaires intérieures de sa baronnie, le baron ne dépend d'aucun suzerain et aussi « çascuns baron est souverain dans sa baronnie[1] ». Mais le caractère de souverain appartient surtout au roi : « Voirs est que lis rois est souverain par de sos chose et a de son droit la générale garde de son royaume[2]. » A partir de la seconde moitié du vi° siècle l'expression de souverain s'applique exclusivement au roi, et au xvi° siècle Pasquier écrit : « Voilà comme d'un mot de souverain qui s'employait communément à tous ceux qui tenaient les premières dignités de la France, mais non absolument, nous l'avons avec le temps accommodé au premier de tous les premiers, je veux dire le roi[3]. »

---

1. *La Coutume de Beauvoisis*, chap. xxxiv, § 41, II, p. 22, édit. Beugnot, 1842.
2. *Ibid.*, chap. lxi, § 72, II, p. 407.
3. Pasquier, *Recherches sur la France*, liv. VIII, chap. xix, I, col. 795, Amsterdam, 1723.

Bientôt, par un phénomène fréquent dans l'histoire des langues, le mot souveraineté, qui ne désignait qu'un simple caractère de la puissance royale, va désigner la puissance royale elle-même. C'est Bodin qui le premier emploie le mot en ce sens ; il est ainsi en partie responsable des controverses sans fin qui se sont élevées depuis. Il définit la souveraineté « la puissance absolue et perpétuelle d'une république ». Puis il analyse ce qu'il appelle les marques de la souveraineté. La première et la plus essentielle est de « donner de tous à tous en général et à chacun en particulier et cela sans le consentement de plus grand ni de pareil ni de moindre que soi[1] ». Il apparaît ainsi que dans la pensée de Bodin la souveraineté est la puissance du roi elle-même. Désormais ce sera le sens du mot. Loyseau lui-même, qui le plus souvent ne voit dans la souveraineté que le caractère de certaines seigneuries, emploie parfois le mot pour désigner la puissance du roi[2] ; et Lebret, qui donne d'abord au mot souveraineté le sens originaire et féodal, abandonne bientôt ce point de vue, et finalement la souveraineté est pour lui comme pour Bodin l'ensemble des pouvoirs dont le roi est titulaire[3].

Ainsi au XVIIe et au XVIIIe siècle la souveraineté est le droit de commander, dont le roi est titulaire. C'est un droit qui a les mêmes caractères que le droit de propriété. Le roi en est titulaire comme de

---

1. Bodin, *Les Six Livres de la République*, liv. I, chap. VII et XI, édit. française, Lyon, 1593.

2. Loyseau, *Traité des seigneuries*, chap. II, n°s 4-9, p. 14 et 15, Paris, 1640.

3. Lebret, *De la Souveraineté du roi*, liv. I, chap. II, p. 5, Paris, 1642.

ses droits patrimoniaux. La souveraineté est une propriété; mais elle est une propriété une et indivisible, inaliénable. Elle est absolue comme tout droit de propriété, sauf cependant certaines restrictions tenant à la nature des choses; et encore l'édit de 1770 affirme-t-il « qu'il n'y a aucune restriction tenant à de prétendues lois fondamentales ». Enfin cette souveraineté du roi se manifeste surtout dans la loi, qui est l'expression de la volonté royale souveraine.

V

De là dérivent directement la notion de souveraineté nationale une et indivisible, inaliénable et imprescriptible, la notion de loi expression de la volonté nationale, notions formulées dans les Déclarations et les constitutions de la période révolutionnaire. Partant, ces formules sont aussi artificielles que les notions qu'elles expriment. Ou plutôt, cette conception de la souveraineté droit subjectif d'une personne était un produit historique qui devait disparaître avec les circonstances qui lui avaient donné naissance. Cependant il n'en fut rien.

On connaît les doctrines de Locke, de Mably, de Rousseau, de Montesquieu. On sait le prestige et l'influence qu'eut en France la constitution votée en 1787 par le Congrès de Philadelphie. Pleins d'admiration pour ces doctrines et pour cette constitution, les membres de l'Assemblée constituante sont en même temps profondément pénétrés des conceptions princières et monarchiques. Or il se trouve que par une simple modification de mot, la

vieille notion monarchique de souveraineté se con-
cilie à merveille avec les doctrines des philosophes et
les principes de la constitution américaine. Il suffit
en effet de substituer la nation au roi, de dire la
nation là où auparavant on disait le roi. Le roi était
une personne, un sujet de droit, titulaire du droit de
souveraineté; comme lui la nation sera une personne,
un sujet de droit, titulaire du droit de souveraineté. La
souveraineté du roi était une, indivisible, inaliénable
et imprescriptible. La souveraineté nationale aura
exactement les mêmes caractères. La Déclaration
des droits de 1789 et la constitution de 1791 diront :
« Le principe de toute souveraineté réside essentiellement dans la nation..., la souveraineté est une,
indivisible, inaliénable et imprescriptible. Elle
appartient à la nation [1]... » Le même principe, pour
des raisons différentes il est vrai, était à la fois dans
le droit monarchique et dans la doctrine politique
de Jean-Jeacques Rousseau.

Ainsi les deux courants se rencontraient. La philosophie politique du xviiie siècle et le droit monarchique arrivaient aux mêmes conclusions, qui
s'imposaient aux législateurs révolutionnaires, profondément monarchistes par tradition et par tempé-
rament et philosophes par sentiment.

VI

Le fondement du droit public issu de la Révolution
se trouve ainsi défini et son origine historique déterminée. La nation est une personne titulaire du droit

1. *Déclaration des droits*, art. 3 ; const. 1791, tit. III, pr., art. 1.

subjectif de puissance publique, du pouvoir de commandement ou souveraineté. L'État est la nation organisée; il est ainsi titulaire de la souveraineté; et le droit public (le *Staatsrecht* des Allemands) est le droit de l'État, c'est-à-dire l'ensemble des règles qui s'appliquent à cette personne souveraine, déterminent son organisation intérieure et régissent ses rapports avec les autres personnalités, personnalités subordonnées si elles se trouvent sur le territoire de l'État considéré, personnalités égales si ce sont d'autres États.

On aperçoit aisément que si l'origine historique de cette conception est bien celle que nous avons marquée, celle-ci devait disparaître aussitôt que les circonstances qui l'avaient produite auraient elles-mêmes disparu. Cette notion de personnalité de la nation, support de la souveraineté, n'avait été consacrée par le droit révolutionnaire que pour concilier la tradition monarchique toujours vivante avec les principes d'une philosophie politique, qui, à l'époque, enthousiasmait et remplissait tous les esprits. La tradition monarchique devait bientôt s'oublier, et s'oublier définitivement quoi qu'en dise aujourd'hui un certain parti politique. Une philosophie nouvelle ne pouvait manquer de s'élaborer. Dès lors cette conception de souveraineté, droit subjectif de la nation organisée en État ne pouvait rester longtemps intacte.

Cependant son règne a été prolongé au delà de ce que l'on aurait pu prévoir et cela sous l'action d'influences qu'on ne saurait mieux caractériser qu'en disant qu'elles sont d'ordre religieux.

Dans son ouvrage célèbre, *L'Ancien Régime et*

la Révolution, M. de Tocqueville a intitulé un chapitre « Comment la Révolution a été une révolution
politique qui a procédé à la manière d'une révolution
religieuse et pourquoi? » (chapitre III). Il y écrit :
« Comme elle avait l'air de tendre à la régénération
du genre humain plus encore qu'à la réforme de la
France, elle a allumé une passion que jusque-là les
révolutions politiques les plus violentes n'avaient
jamais pu produire... Par là elle est devenue elle-
même une sorte de religion nouvelle, religion imparfaite il est vrai, sans Dieu, sans culte et sans autre
vie, mais qui néanmoins, comme l'islamisme, a inondé
toute la terre de ses soldats, de ses apôtres et de
ses martyrs. » Le dogme essentiel de cette religion
nouvelle, que la Révolution prétendait apporter au
monde, était le principe de la souveraineté nationale; et c'est parce que nos pères y ont cru comme
au credo d'une religion révélée que la souveraineté
nationale, qui était le produit contingent de circonstances historiques, s'est imposée aux esprits et a
survécu aux circonstances qui l'avaient produite.

Au reste tous les grands mouvements sociaux et
politiques ont revêtu un caractère religieux et
mythique. En chacun d'eux apparaît un mythe qui
a fait sa grandeur, sa force, par lequel il a profondément remué la conscience d'un peuple, d'une
race, de toute une époque. Le mythe est essentiellement principe d'action, générateur d'énergie; il recouvre d'une forme concrète une idée
abstraite, lui donne quelque chose de surhumain
et de mystérieux qui enflamme l'imagination des
foules, surtout aux époques où s'exaspère le besoin
de l'au-delà toujours présent au cœur de l'homme.

M. Georges Sorel a dit, et il a raison, que c'est le mythe de la divinité de Jésus-Christ qui a renversé l'ancien monde. De nos jours, quelques esprits comme Péguy[1] ont vu un moment dans l'affaire Dreyfus le mythe qui devait régénérer le monde moderne. M. Georges Sorel, qui est tout près de se croire un fondateur religieux, a prêché dans le même but le mythe de la grève générale. Ce sont là rêveries de nobles penseurs et rien de plus. Tout autre est le mythe de la souveraineté nationale : il a profondément remué les esprits ; il a ébranlé la vieille Europe monarchique jusque dans ses derniers fondements ; il a inspiré toutes les constitutions politiques du nouveau monde ; il a fait sentir son action jusque dans ce monde immobile et fermé qu'était l'empire chinois.

Mais la croyance mythique est, par définition même, la croyance à une chose fausse en fait. Fatalement, tôt ou tard, la fécondité créatrice du mythe s'épuise ; la réalité reprend ses droits. De nos jours avec les progrès de l'esprit critique, avec l'affaiblissement certain du besoin religieux, les mythes, s'il peut encore s'en former, n'ont qu'une courte durée. Cependant le caractère mythique de la souveraineté nationale a donné à cette notion, contraire aux faits, une durée d'action beaucoup plus longue que celle qu'elle aurait eue sans cela. Mais le moment est venu où elle a perdu sa vertu créatrice. On s'aperçoit que le temps est passé où elle pouvait être principe d'action et de progrès, qu'elle est en contradiction évidente avec les faits

[1]. Péguy, *Notre Jeunesse*, 1910.

les plus certains, qu'elle est impuissante à protéger les individus contre ceux qui détiennent la force gouvernante et à donner un fondement à l'obligation qui s'impose à eux d'assurer l'organisation et le fonctionnement des services publics.

VII

Sauf quelques rares exceptions, dans toutes les classes et dans tous les partis, les hommes du XIX° siècle se sont en général inclinés devant le principe de la souveraineté nationale comme devant un dogme religieux. Sans doute les rédacteurs du préambule de la charte de 1814 ont affirmé la permanence du principe monarchique et du droit divin; mais c'était une satisfaction platonique donnée aux désirs de Louis XVIII, et elle ne trompait personne. En 1830 on revient au principe de la souveraineté nationale.

Sans doute aussi l'école doctrinaire critiquait avec une vigueur et une pénétration remarquables tout ce qu'avait de vain et d'artificiel cette conception de la souveraineté; mais ces critiques restaient sans conséquence pratique. On doit cependant citer le passage suivant du discours prononcé par Royer-Collard en 1831, au moment de la discussion du projet de loi sur la pairie : « La majorité des individus, disait-il, la majorité des volontés quelle qu'elle soit, est-ce le souverain? S'il en est ainsi, il faut le dire bien haut, la souveraineté du peuple n'est que la souveraineté de la force et la forme la plus absolue du pouvoir absolu. Les sociétés ne sont pas des rassemblements numériques d'individus et de volontés ; elles ont un autre élément que le nombre ; elles ont un lien plus fort, le droit privilégié de l'humanité et les intérêts légitimes qui naissent du droit... La volonté d'un seul, la volonté de plusieurs, la volonté de tous, ce n'est que la force plus ou moins puissante ; il n'est dû à aucune de ces volontés, à ce seul titre de volonté, ni obéissance ni le moindre respect[1]. » Ces fortes paroles étaient sans écho et dans le parlement et dans le pays. La révolution de 1848 se faisait au nom de la souveraineté nationale ; et tous les trônes de l'Europe étaient ébranlés au nom du même dogme. Le suffrage universel égalitaire et majoritaire, que par un faux raisonnement on prétendait en faire découler, s'implantait en France et depuis faisait chaque jour une nouvelle conquête à l'étranger.

Mais à la fin du xixe siècle, au contraire, la question s'est nettement et vraiment posée de savoir ce qu'il y avait de réel dans ce principe de la souveraineté. Une critique forte et pénétrante a été dirigée contre lui. Auguste Comte à plusieurs reprises avait de sa main puissante ébranlé le dogme ; il avait dit notamment : « Depuis plus de trente ans que je tiens la plume philosophique, j'ai toujours représenté la souveraineté du peuple comme une mystification oppressive et l'égalité comme un ignoble mensonge. » A sa suite un véritable procès a été institué contre le dogme, procès dont les principaux meneurs sont aujourd'hui les théoriciens de

1. *Archives parlementaires*, 2e série, LXX, p. 360.

l'*Action française* et ceux du syndicalisme révolutionnaire.

Les premiers ne nient point l'existence même de la puissance publique, mais prétendent qu'elle n'appartient pas, qu'elle ne peut pas appartenir à la nation elle-même qui est incapable de se gouverner, qu'elle ne peut appartenir, suivant la tradition française, qu'à un roi d'origine nationale et dont l'intérêt dynastique se confond avec l'intérêt du pays. Au nom du positivisme, M. Deherme arrive à la même conséquence, avec cette différence toutefois que la puissance publique devrait appartenir selon lui à un dictateur. Les syndicalistes s'attaquent, eux, au principe même de la puissance politique, et, procédant directement de Proudhon, ils soutiennent que l'organisation économique doit partout remplacer et remplacera bientôt l'organisation politique. Il ne peut entrer dans notre plan de résumer et de discuter toutes ces doctrines. On en trouvera d'ailleurs l'exposé très net et la critique très pénétrante dans le beau livre de M. Guy-Grand, *Le Procès de la démocratie.*

Aussi bien toutes ces attaqu s théoriques seraient-elles restées vaines, si le principe avait pu s'adapter aux faits contemporains et s'il avait conservé sa force créatrice et sa vertu protectrice, s'il était encore une source de justice et de sécurité. Mais une masse énorme de faits démontrent aujourd'hui que le dogme de la souveraineté nationale est en contradiction violente avec les transformations sociales et politiques qui s'accomplissent, que d'autre part il a perdu son efficace et que même parfois son action est nocive.

Les faits sociaux et politiques abondent qui viennent heurter directement le dogme révolutionnaire. Nous ne parlerons que des plus saillants qui peuvent se grouper sous deux chefs : 1º La souveraineté nationale implique une correspondance exacte entre l'État et la nation; or bien souvent en fait cette correspondance n'existe pas. 2º La souveraineté nationale est par définition une et indivisible; elle implique la suppression sur le territoire national de toutes collectivités investies de droits de puissance; or de pareilles collectivités existent dans les pays décentralisés et les pays fédéralisés.

Que bien souvent il n'y ait pas correspondance entre l'État et la nation, c'est un fait d'évidence. D'abord parfois les mêmes gouvernants exercent une puissance sur plusieurs collectivités distinctes, dont chacune possède incontestablement le caractère de nation. Ces nations sont souvent rivales entre elles et ne restent unies que par leur subordination commune à une puissance supérieure. L'empire d'Autriche offre un exemple frappant de cet état de choses : il est une agglomération de nations ayant chacune son individualité très nette et très marquée. Nul n'osera parler de la volonté nationale autrichienne une et indivisible, ni dire que l'État autrichien est la nation autrichienne politiquement organisée. Les Tchèques de la Bohème, les Allemands de l'Autriche, les Italiens du Trentin et de l'Istrie, les Polonais de la Galicie, les Serbes de la Bosnie et de l'Herzégovine appartiennent en réalité à des nations distinctes; on n'aperçoit nullement la volonté collective dont une nation serait le support. Qu'il y ait un peuple anglais, ce n'est pas douteux;

Mais il n'est pas moins certain que le peuple irlandais ne s'est pas fondu dans la nation anglaise. Il y a cependant un Royaume-Uni qui est bien un État; mais là non plus il n'y a pas une nation, une, organisée en État; il y a une force gouvernante s'imposant en réalité à deux nations distinctes.

D'autre part le pouvoir des gouvernants s'exerce sur un grand nombre d'individus, qui sans doute ne forment pas une nation autonome, mais ne font pas partie de la nation noyau principal de l'État considéré. Ainsi tout gouvernement exerce un pouvoir sur les individus, qui ne sont pas ses nationaux, mais se trouvent sur son territoire. En outre tous les indigènes des colonies sont sujets d'un État métropolitain sans être membres de la nation. Tous les indigènes de nos colonies sont sujets français sans être citoyens français. Il y a ainsi une quantité considérable d'individus qui sont subordonnés au gouvernement français et qui ne sont point membres de la nation française. Par là toute la théorie de la souveraineté nationale s'effondre, puisque cette théorie implique que la puissance publique ne peut s'imposer qu'aux membres de la nation qui en est investie.

VIII

La souveraineté étant une et indivisible comme la personne nation qui en est titulaire, les mêmes hommes et le même territoire ne peuvent être soumis qu'à une seule puissance publique. La nation étant une personne et sa volonté étant la puissance politique souveraine, elle concentre en elle tout ce qu'il

y a de pouvoir et il ne peut pas y avoir sur le territoire national d'autres groupes ayant une part quelconque de souveraineté. Nombreux sont les textes
de l'époque révolutionnaire qui consacrent ce principe. Il suffit de rappeler l'article 1er du préambule
du titre III de la constitution de 1791 déjà cité : « La
souveraineté est une, indivisible, inaliénable et
imprescriptible. Elle appartient à la nation ; aucune
section du peuple ni aucun individu ne peut s'en
attribuer l'exercice. » Mais ce principe vient se
heurter à deux faits, qui occupent une place chaque
jour plus grande dans le monde moderne : la décentralisation et le fédéralisme. Aujourd'hui beaucoup
de pays unitaires et particulièrement la France évoluent vers une large décentralisation. Quant au
fédéralisme il est comme le droit commun des États
dans le nouveau monde. En Europe, la Suisse et
l'Empire allemand sont des États fédéraux et certainement le système est destiné à s'étendre.

Dans la doctrine d'après laquelle la souveraineté
est un droit de puissance dont est titulaire une collectivité, la décentralisation par région, la seule que
nous ayons en vue pour le moment, est un système
dans lequel certaines collectivités locales, dont le
nombre et le caractère varient suivant les pays, sont
titulaires de quelques prérogatives de la souveraineté, exercées par des organes et par des agents
considérés comme les représentants de la collectivité
locale et dont l'activité est plus ou moins étroitement
contrôlée par l'autorité supérieure. La commune
française est un exemple très net de collectivité
locale décentralisée. On dit qu'elle est titulaire de
véritables droits de puissance publique : pouvoir de

police, pouvoir d'établir et de lever des impôts, pouvoir d'exproprier. Ces pouvoirs sont exercés par des organes et des agents, représentants de la commune.

Malgré qu'on en ait, cela est absolument contradictoire avec la conception de la personnalité une et indivisible de la nation et de la souveraineté qui s'y rattache indissolublement. On dit bien, pour tâcher de concilier ces contraires, que l'État national fait volontairement concession d'une partie de sa souveraineté, qu'il détermine lui-même l'étendue de cette concession, qu'il peut toujours la retirer, qu'il conserve ainsi la souveraineté dans son indivisible totalité. Cela n'empêche point que pendant que dure cette concession il y a sur le territoire national une personne de puissance publique, possédant quelques prérogatives de la souveraineté et formant comme un fragment de la personnalité nationale. Or cela est tout à fait inconciliable avec l'unité et l'indivisibilité de la souveraineté.

On dit aussi, pour résoudre l'antinomie, que les collectivités décentralisées ne sont pas vraiment titulaires des prérogatives souveraines, qu'elles n'en ont que l'exercice, la souveraineté restant intacte dans sa substance attachée à la personnalité une et indivisible de la nation. C'est là un raisonnement purement verbal. En réalité les collectivités locales prises en elles-mêmes ne peuvent pas exercer les prérogatives souveraines; ce sont les agents locaux qui seuls le peuvent, parce que seuls ils ont une volonté. Dès lors, si l'on prétend que l'État est resté titulaire de toutes les prérogatives souveraines, les agents locaux sont agents de l'État et non pas des collectivités locales, et ainsi il n'y a plus du tout de

décentralisation au sens que la doctrine dominante
donne à ce mot.

Quant au fédéralisme, plus encore que la décentralisation par région, il est la négation même de la
souveraineté étatique. Il est constitué essentiellement par ce fait que sur un territoire déterminé
n'existe qu'une seule nation, mais que cependant sur
ce même territoire existent plusieurs États investis
comme tels de la puissance publique souveraine, un
État central ou fédéral qui est la nation elle-même
étatisée, et les États membres de la fédération
constitués par des collectivités locales.

Certains auteurs sont tellement hypnotisés par le
dogme de la personnalité souveraine de la nation
État qu'ils n'ont même pas aperçu la contradiction.
Par exemple notre savant collègue M. Esmein écrit :
« Dans les États unitaires la souveraineté est une.
L'État fédératif au contraire, bien que correspondant à une véritable unité nationale, fractionne la
souveraineté... Certains attributs de la souveraineté
sont enlevés par la constitution aux États particuliers et transférés à l'État fédéral[1]. » M. Esmein trouve
cela tout naturel. Mais les auteurs allemands et
suisses se sont vus face à face avec le problème, qui
pour leur pays se posait avec une acuité singulière,
et ils ont fait pour le résoudre de prodigieux efforts
qui naturellement sont restés infructueux.

Les uns, comme Seydel, ont soutenu que seuls les
États membres étaient des États, mais que l'Empire
allemand n'avait point le caractère d'État[2]. La doc-

1. Esmein, *Droit constitutionnel*, 5ᵉ édit. 1909, p. 6.
2. Seydel, *Kommentar zur Verfassung-Kunde für das deutsche
Reich*, 1ʳᵉ édit. 1897, p. 6 et 23.

trine s'explique chez un auteur bavarois; mais dire que l'Empire allemand n'est pas un État, c'est évidemment un paradoxe qui passe la mesure. D'autres auteurs ont prétendu au contraire que l'État central est seul un État et qu'il n'y a en droit aucune différence entre la circonscription décentralisée d'un pays unitaire et l'État membre d'un pays fédéral [1]. C'est encore aller contre des faits évidents. Du reste la doctrine serait-elle exacte, elle n'expliquerait rien, puisque la simple décentralisation est elle aussi antinomique à la souveraineté étatique.

Deux maîtres illustres du droit public, les professeurs Laband et Jellinek, ont cru résoudre le problème en disant qu'il peut y avoir, qu'il y a des États non-souverains, que les États membres d'une fédération sont des États, mais non-souverains, que seul l'État central possède la souveraineté. Ils s'efforcent de montrer que la souveraineté n'est pas la puissance publique, mais seulement un certain caractère de la puissance publique [2]. Malgré tous leurs efforts, la tentative est vaine, car ni Laband ni Jellinek n'arrivent à déterminer la différence qui existerait alors entre la circonscription décentralisée et l'État membre. D'autre part cette doctrine n'explique rien, parce que la difficulté est toujours d'expliquer comment la puissance publique peut être fragmentée soit dans le fédéralisme soit dans la décentralisation.

C'est en vain que M. Gierke [3] en Allemagne, M. Le Fur [4] en France ont dépensé des trésors de subtilité

---

1. Borel, *Étude sur la souveraineté et l'État fédératif*, 1886.
2. Laband, *Droit public*, édit. française 1900, I, p. 5 et suiv.; Jellinek, *Allgemeine Staatslehre*, 2ᵉ édit. 1905, p. 470 et suiv.
3. Gierke, *Jahrbuch de Schmoller*, VII, 1887, p. 1097.
4. Le Fur, *L'État fédéral*, 1897, p. 697 et suiv.

ingénieuse pour démontrer la permanence de l'unité
et de l'indivisibilité de la souveraineté dans l'État
fédéral et comment cependant celui-ci se distingue
de l'État unitaire. D'après ces auteurs, dans l'État
fédéral comme dans l'État unitaire il y a correspondance entre l'unité de l'État et l'unité nationale;
il n'y a qu'un seul État comme il n'y a qu'une seule
nation; il n'y a qu'une seule personne souveraine, la
nation organisée en État fédéral. Mais celui-ci est
une corporation d'États; les États membres concourent à former la personnalité souveraine de l'État
fédéral; ils sont ce que sont les citoyens dans un État
unitaire démocratique; ils participent (et c'est là le
trait caractéristique) à la formation de la volonté de
l'État, par conséquent à la substance même de la
souveraineté et pas seulement à son exercice.

Au vrai, tout cela n'est qu'un jeu de l'esprit, tout à
fait étranger à la réalité des choses. Qu'est-ce donc
que la substance de la souveraineté? Nous défions
quiconque de le dire. Comparer le caractère des
États membres à celui des citoyens d'un État unitaire démocratique n'explique rien du tout. Au surplus, cette doctrine ne fait pas comprendre mieux
que les autres comment la souveraineté étant la
volonté indivisible de la nation, des collectivités
locales peuvent en posséder quelques-unes des prérogatives.

En insistant un peu sur ces doctrines nous avons
voulu montrer avec quelle intensité le problème s'est
posé aux publicistes modernes, quels prodigieux
efforts ont été dépensés vainement et comment
malgré tout subsiste implacable la contradiction des
faits avec le concept de souveraineté.

IX

Au reste ce n'est pas cette antinomie irréductible qui a consommé dans le monde moderne la ruine du concept de souveraineté. Peut-être aurait-il subsisté malgré tout si son efficacité pratique, sa valeur pragmatique s'étaient imposées aux esprits. Or le fait diamétralement contraire s'est produit. La conscience moderne a eu le sentiment très net que ce qu'elle demande aux gouvernements ne peut trouver sa sanction et son fondement juridiques dans un système de droit public reposant sur la notion de souveraineté.

Un système juridique n'a de réalité que dans la mesure où il peut fonder et sanctionner des règles assurant la satisfaction des besoins qui s'imposent aux hommes dans une société donnée, à un certain moment. Il n'est d'ailleurs que le produit de ces besoins et s'il ne l'est pas ou ne leur garantit pas satisfaction, il est l'œuvre artificielle d'un législateur ou d'un juriste, il est sans valeur et sans force. Or un système de droit public ne peut réunir ces conditions de vitalité que s'il fonde et sanctionne les deux règles suivantes : 1° Ceux qui détiennent la puissance ne peuvent pas faire certaines choses; 2° ils doivent faire certaines choses. La conscience moderne est aujourd'hui profondément pénétrée de cette idée que le système de droit public impérialiste est impuissant à fonder et à sanctionner ces deux règles. Elle le comprend parce que la critique a démontré le néant de la doctrine; elle le comprend

surtout parce que les faits ont démontré son impuissance à protéger l'individu contre le despotisme.

Assurément quand en 1789 l'Assemblée nationale
proclama et définit le dogme de la souveraineté, la
pensée qui la préoccupa surtout (et cela restera son
éternel honneur) c'était de déterminer à la fois le
fondement et l'étendue des limites apportées à cette
souveraineté. C'est à cela que vint répondre la
Déclaration des droits de l'homme et du citoyen.
Elle pose et elle oppose la souveraineté de l'État et
l'autonomie de la volonté individuelle ou liberté;
elle affirme que le droit de l'État ou souveraineté est
limité par le droit de l'individu ou liberté et que
l'État ne peut agir que pour protéger cette liberté
et dans la mesure où il la protège. Mais il faut
bien cependant que cette liberté de l'individu soit
elle-même limitée : la vie sociale n'est possible
qu'avec et par cette limitation; les individualistes les
plus intransigeants en conviennent. Si donc la
liberté de l'individu limite la souveraineté de l'État,
ce n'est que dans une certaine mesure et la liberté a
elle aussi ses limites. Dès lors se pose une double
question : quelle est la mesure de la limitation qui
peut être apportée à la liberté? Où est la garantie
que cette limitation ne sera pas arbitraire? On y a
répondu (et il n'y avait pas d'autre réponse possible)
en disant : la liberté d'un individu ne peut être
limitée que dans la mesure où cela est nécessaire
pour protéger la liberté de tous; et cette limitation
ne peut être faite que par la loi, c'est-à-dire par une
disposition générale votée par la nation ou par ses
représentants (Déclaration des droits de 1789, art. 4
et 6).

C'étaient là, l'expérience l'a prouvé, des garanties bien fragiles. D'abord la doctrine individualiste qui pose la liberté individuelle n'a plus aujourd'hui que quelques fidèles; la masse des esprits n'y voient plus qu'une hypothèse d'ordre métaphysique, qui peut être défendue comme toutes celles de cet ordre, mais rien de plus. C'est dire qu'elle est la fragilité même. La nécessité d'une loi pour limiter la liberté individuelle est assurément une garantie. Le caractère de généralité protège l'individu contre la partialité des gouvernants. Mais les constituants de 1791 croyaient à l'infaillibilité de la loi, parce qu'ils y voyaient la volonté même de la nation. En cela, l'expérience l'a montré, ils se trompaient du tout au tout. Si la loi est votée directement par le peuple, elle est l'œuvre d'une foule avec ses passions et ses entraînements et rien n'assure son équité. Rousseau a dit, il est vrai : « Le souverain n'étant formé que des particuliers qui le composent n'a ni ne peut avoir d'intérêts contraires aux leurs; par conséquent la puissance souveraine n'a nul besoin de garant envers les sujets parce qu'il est impossible que le corps veuille nuire à tous ses membres[1]. » Qui ne voit aujourd'hui qu'il n'y a là qu'un affreux sophisme?

Si la loi est votée par un parlement élu, elle n'offre pas plus de garantie. Le parlement a beau affirmer qu'il représente la volonté nationale, la loi en fait est l'œuvre individuelle de quelques députés. En 1848 quand on eut institué le suffrage universel, on crut de bonne foi, mais naïvement, que tout était sauvé. Le plébiscite de 1851 ratifiait le coup d'État. Les

---

1. *Contrat social*, liv. I, chap. vii.

commissions mixtes, les lois de sûreté générale, et pour tout dire d'un mot, le despotisme des premières années du Second Empire, éclairaient les esprits sur les garanties qu'on peut attendre du suffrage universel.

D'ailleurs la doctrine de la souveraineté a toujours été en théorie et en fait une doctrine d'absolutisme. Dès le début du *Contrat social*, Rousseau déclare « qu'il est contre la nature du corps que le souverain s'impose une loi qu'il ne puisse enfreindre, qu'il n'y a ni ne peut y avoir nulle espèce de loi fondamentale obligatoire pour le corps du peuple, pas même le Contrat social ». Il justifie cette proposition par un étrange sophisme : « Quiconque, dit-il, refusera d'obéir à la volonté générale y sera contraint par tout le corps, ce qui ne signifie pas autre chose, sinon qu'on le forcera d'être libre[1]. » C'est au nom de cette doctrine et de ces sophismes que la Convention a fait peser sur la France la plus sanglante des tyrannies, et c'est en invoquant le droit populaire que les deux Napoléon ont imposé leur despotisme. Ils procèdent aussi directement de Rousseau et du faux dogme de la souveraineté tous les juristes allemands qui, à la suite de Gerber et de Laband, veulent faire la théorie juridique du despotisme impérial.

Ce n'est pas tout. L'homme moderne demande aux gouvernants non seulement de ne pas faire certaines choses, mais encore de faire certaines choses. Par conséquent le besoin s'impose d'un système de droit public qui donne un fondement et une sanction

1. Liv. I, chap. VII.

à cette obligation positive. Or à cet égard le système fondé sur la notion de souveraineté est évidemment frappé d'une impuissance irrémissible. On ne l'a pas aperçue tant qu'on n'a demandé à l'État que les services de guerre, de police et de justice. En effet, ceux qui détiennent le pouvoir sont naturellement amenés à prendre des mesures pour défendre le territoire et pour imposer l'ordre et la tranquillité. En agissant ainsi ils servent leurs intérêts propres, puisque la défense contre l'ennemi de l'extérieur et le maintien de l'ordre sur le territoire sont les conditions mêmes de la conservation par les gouvernants de leur puissance. Quand donc les gouvernés ne leur demandèrent que ces services de guerre, de police et de justice, le besoin n'apparut pas d'un système de droit établissant le fondement et la sanction de ces obligations.

D'autre part, quand l'activité des gouvernants n'avait que ce triple objet, leur intervention se produisait sous la forme d'actes unilatéraux qui paraissaient être des commandements. Dans l'activité des magistrats romains et de l'empereur ensuite, ce qui apparaît avant tout, c'est l'*imperium*, la *jurisdictio*, c'est-à-dire une puissance de commander. Les rois de France, héritiers des traditions romaines, possèdent aussi, sous des noms différents, l'*imperium* et la *jurisdictio*. Et quand en 1789 et 1791 on veut déterminer et analyser le contenu de l'activité gouvernante, on n'y aperçoit qu'une puissance de commander et on édifie la théorie des trois pouvoirs.

Aujourd'hui pour des causes très complexes et très nombreuses, par suite surtout des progrès de l'instruction, des transformations économiques et industrielles, ce n'est plus seulement le service de guerre, de police et de justice que l'on demande aux gouvernants ; ce sont des services très nombreux et très variés dont beaucoup ont le caractère industriel. Les auteurs allemands les désignent dans l'ensemble par l'expression de culture : les gouvernants doivent accomplir toutes les activités propres à développer la culture physique, intellectuelle, morale de l'individu et la prospérité matérielle de la nation. L'intérêt des gouvernants ne se confond plus alors avec celui des gouvernés. Il ne lui est pas opposé ; mais il en est très distinct. Par suite se fait sentir le besoin d'un système de droit public qui donne un fondement, une sanction à ces obligations ; ainsi apparaît l'impuissance du système impérialiste.

Sans doute, dans ce système, la souveraineté de l'État est limitée par la liberté. Mais la liberté est pour l'individu le droit de développer sans entrave son activité physique, intellectuelle et morale. Elle n'est pas le droit d'exiger que les autres, que l'État coopère activement à ce développement, accomplisse ces fonctions de culture.

En outre quand les gouvernants exercent ces attributions on n'aperçoit pas le commandement, les prérogatives d'une volonté souveraine, les manifestations de l'*imperium* traditionnel. Quand l'État donne l'enseignement, distribue des secours aux indigents, assure le transport des personnes et des choses, on a beau faire et beau chercher on ne trouve dans ces activités rien qu'on puisse rattacher de près ou de loin à un pouvoir de commandement. Or si l'État est par définition et par nature la collectivité commandante, il faut bien qu'il le soit toujours. Si dans une seule de ses manifestations l'État n'est pas souverain, c'est qu'il ne l'est jamais.

Et cependant dans tous ces services modernes qui prennent chaque jour une plus grande extension, instruction, assistance, travaux publics, éclairage, postes, télégraphes, téléphones, chemins de fer, etc., il y a une intervention de l'État qui doit être soumise au droit, réglée et disciplinée par un système de droit public. Mais ce système ne peut plus être fondé sur le concept de souveraineté puisqu'il s'applique à des actes où l'on ne peut apercevoir aucune trace de puissance commandante. Il se constitue donc forcément un système nouveau, se rattachant d'ailleurs par des liens intimes au précédent, mais fondé sur une notion toute différente, qui est partout, qui façonne toutes les institutions modernes du droit public, qui inspire toute la jurisprudence si féconde de notre conseil d'État; c'est la notion de service public.

CHAPITRE II

LE SERVICE PUBLIC

I. Ébranlement de la foi des hommes politiques au dogme de la souveraineté. — II. Hésitations et tendances des publicistes. — III. Éléments constitutifs du service public. — IV. Objet des services publics. — V. La notion de service public devient la notion fondamentale du droit public moderne. — VI. Voies de droit garantissant aux particuliers le fonctionnement régulier des services publics. Services concédés. — VII. Voies de droit garantissant aux particuliers le fonctionnement régulier des services publics. Services exploités directement.

La notion de service public remplace le concept de souveraineté comme fondement du droit public. Assurément cette notion n'est pas nouvelle. Du jour même où sous l'action de causes très diverses, dont l'étude n'est point à faire ici, s'est formée la distinction entre gouvernants et gouvernés, la notion de service public est née dans l'esprit des hommes. En effet, dès ce moment on a compris que certaines obligations s'imposaient aux gouvernants envers les gouvernés et que l'accomplissement de ces devoirs était à la fois la conséquence et la justification de leur plus grande force. Cela est essentiellement la notion de service public.

Ce qui est nouveau, c'est la place éminente que cette notion occupe aujourd'hui dans le domaine du droit; c'est la transformation profonde qui par là se produit dans le droit moderne. Cette proposition n'est pas une formule *a priori*; elle n'est que l'expression des faits que nous allons essayer d'analyser et de mettre en relief.

I

Il est d'abord un élément d'observation qu'il importe de ne pas négliger : ce sont les doctrines des théoriciens et les déclarations des hommes politiques. Sans doute nous ne trouvons encore chez aucun une affirmation générale et précise; mais les hésitations, les négations apparaissent nombreuses. Les hommes politiques dignes de ce nom sont d'accord pour reconnaître qu'un grand changement s'est produit dans la notion de l'État, que l'État n'a pas seulement le droit de commander, mais qu'il a aussi de grands devoirs à remplir. De leur côté les théoriciens affirment maintenant que la souveraineté n'occupe plus le premier plan dans la conception du droit public. Avec le système impérialiste il fallait nécessairement que l'État fût une personne, puisque, la puissance publique étant un droit, il fallait un sujet de ce droit. Maintenant on dit que la personnalité de l'État ne saurait être absolument niée, mais que son domaine doit être limité, que l'État est parfois une personne, mais qu'il ne l'est pas toujours, ou bien qu'il y a deux personnes en lui, de nature différente. Hésitations, contradictions qui sont caractéristiques et révèlent bien une crise de transformation.

Sans multiplier les citations, nous devons rappeler le discours prononcé par M. Clemenceau, alors président du conseil, à l'inauguration du monument de Scheurer-Kestner. Rappelant le rôle joué par le grand citoyen dans l'affaire Dreyfus, M. Clemenceau disait : « Le sort en était jeté. Déjà la foule d'instinct courait au parti de Barabbas. Ici la pensée s'arrête anxieuse. Le nombre, le suffrage universel en défaut : n'est-ce pas la loi même de la démocratie qui se trouve mise en question?... Eh bien, non, hâtons-nous de le dire, la démocratie n'est pas le gouvernement du nombre, au sens où le mot de gouvernement est entendu par les partisans de l'autorité... Il faut que la démocratie soit le gouvernement de la raison... Mais si nous attendions de ces majorités d'un jour l'exercice de la puissance qui fut celle de nos anciens rois, nous n'aurions fait que changer de tyrannie [1]. » Peu de temps auparavant, M. Barthou exprimait une idée analogue quand il écrivait : « Il faut vivre avec son temps et ne pas perpétuer dans les mœurs le dogme d'un État souverain et infaillible, dont les fonctionnaires seraient les esclaves résignés et muets [2]. »

On ne saurait d'ailleurs méconnaître que le grand courant qui se produit aujourd'hui en faveur de la représentation proportionnelle révèle les mêmes tendances. En disant cela nous n'avons point en vue l'attitude instable de certains hommes politiques, les revirements qui se sont produits chez quelques

1. *Journal officiel*, 1er février 1908.
2. Cité d'après l'*Humanité*, 1er février 1906.

uns d'entre eux depuis qu'ils ne sont plus au pouvoir. Ce sont là de vagues contingences que doit négliger l'observateur sérieux des choses sociales. Mais on ne saurait nier qu'il existe dans le pays en faveur de la réforme électorale un mouvement d'opinion d'une rare intensité, qu'ont bien compris les hommes politiques les plus clairvoyants de tous les partis. Ils ont le sentiment très net que la conscience moderne ne se contente plus de la notion simpliste de souveraineté s'exprimant par la majorité du corps électoral et qu'elle ne peut plus voir là le principe fondamental du droit public. Le jour (10 juillet 1912) où, par 339 voix contre 217, la Chambre des députés française a adopté un projet de loi électorale dont l'article 1er porte que les députés sont élus au scrutin de liste avec représentation des minorités, il s'est produit un fait d'une importance capitale dans l'évolution du droit public. On doit y voir la volonté d'établir un meilleur régime électoral, d'écarter autant que possible toutes les influences corruptrices et de soustraire l'administration aux intrigues politiques. Mais nous y voyons avant tout la reconnaissance par une Chambre française que la loi de majorité n'est plus la loi essentielle des démocraties modernes et que la notion de souveraineté nationale, qui s'y rattachait directement et intimement, n'est plus la notion fondamentale du droit public.

II

Si la foi des hommes politiques au dogme de la souveraineté est profondément ébranlée, celle des

juristes ne l'est pas moins. Un seul reste inébran-
lable au milieu des ruines du système. Dans les
nombreuses éditions de son livre sur le droit constitutionnel, M. Esmein écrit, toujours avec la même
calme et forte assurance : « L'État est la personnalité juridique d'une nation;... c'est le sujet et le
support de l'autorité publique. Le fondement du
droit public consiste en ce qu'il donne à la souveraineté en dehors et au-dessus des personnes qui
l'exercent à tel ou tel moment, un sujet ou titulaire
idéal et permanent qui personnifie la nation entière;
cette personne, c'est l'État qui se confond ainsi avec
la souveraineté, celle-ci étant sa qualité essentielle[1]. »

La même doctrine se retrouve chez beaucoup
d'auteurs allemands, notamment chez M. Laband.
Cependant ils appellent puissance publique (*Herrschaft*) ce que M. Esmein appelle souveraineté et
réservent ce dernier mot pour désigner certains
caractères de la puissance. Ce sont là distinctions
subtiles qui n'ont rien à faire ici. Au fond la doctrine
est la même. Seulement, tandis qu'elle est déterminée chez M. Esmein par une observation des faits
certainement inexacte, mais assurément conscien-
cieuse et impartiale, elle est inspirée à beaucoup de
juristes allemands par l'unique désir de donner au
moins en apparence une base juridique à la toute-
puissance impériale[2].

Les publicistes français aperçoivent bien aujour-
d'hui la transformation qui s'accomplit dans le droit;
mais il semble qu'ils n'osent pas se l'avouer à eux-

1. Esmein, *Droit constitutionnel*, 5ᵉ édit., 1909, p. 1 et 2.
2. Laband, *Droit public*, édit. française, 1900, surtout le tome I.

mêmes. Ils maintiennent la notion de souveraineté;
seulement, pressés par les faits, ils la réduisent à
peu près à rien. Ou bien ils nient la personnalité de
l'État, tout en voulant maintenir la souveraineté;
alors, privée de son support nécessaire, elle reste en
l'air. Il ne peut être question d'exposer ici, même
en résumé, toutes ces doctrines. Nous voudrions
seulement montrer en quelques mots comment les
deux écrivains les plus représentatifs de la doctrine
publi istique française, M. Hauriou et M. Berthélemy,
aboutissent l'un et l'autre à la négation de la souveraineté.

Déjà dans la 6ᵉ édition de son *Précis de droit administratif* (1909) M. Hauriou avait écrit « que la souveraineté et la loi ne sont plus au premier rang et ne
jouent plus le premier rôle dans la combinaison
pratique des forces » (Préface, p. 9). A la page 225 de
ses *Principes de droit public* (1910) M. Hauriou écrit
encore : « Ces réserves théoriques (limitation théorique de la souveraineté) n'ont pas d'action du
moment que l'on ne combat pas dans sa racine la
croyance en la toute-puissance de la volonté générale commandante. Peu de faux dogmes ont eu une
action aussi néfaste que celui-là. » N'est-ce pas la
condamnation formelle de la doctrine traditionnelle?
Mais alors quelle est dans la pensée de M. Hauriou la
notion fondamentale du nouveau système? Il semble
bien qu'elle peut se résumer ainsi : Oui, il y a une
puissance commandante; mais elle n'est point un
droit subjectif; il n'y a pas de personne juridique
titulaire d'un prétendu droit de puissance; mais il y
a un pouvoir de domination. « Toute l'organisation
sociale d'un pays, écrit M. Hauriou, aussi bien écono-

mique que politique, peut se ramener à un ensemble
de situations établies, maintenues par un pouvoir de
domination... Le pouvoir de domination a comme
fonction propre de créer et de protéger les situations
établies. On envisage trop souvent le pouvoir sous
la forme simplifiée du commandement et de la contrainte sans se préoccuper de sa fonction... Le
pouvoir a bien réellement sa fonction propre qui est
de créer de l'ordre et de la stabilité... Cette fonction
il la remplit plus ou moins bien ; mais quand il la
remplit correctement, il est légitime[1]. »

Ces citations nous paraissent suffisantes pour
dégager ce qu'il y a d'essentiel dans l'œuvre de
M. Hauriou. Ainsi pour le savant publiciste la puissance souveraine n'est plus l'élément essentiel du
droit public. La personnalité de l'État a un domaine
très limité qui se réduit au commerce juridique. Le
pouvoir de domination existe bien toujours ; mais ce
n'est plus un droit subjectif dont l'État personne
juridique serait titulaire ; c'est avant tout une fonction sociale. Cette fonction sociale, c'est au fond le
service public ; et ainsi M. Hauriou est bien près de
reconnaître que le service public est le seul et véritable fondement du système moderne.

La même tendance apparaît aussi dans l'œuvre de
M. Berthélemy. Comme M. Hauriou, il réduit la personnalité de l'État à une personnalité exclusivement
patrimoniale. La puissance publique existe sans
doute ; mais d'après l'auteur il n'y a point de sujet
de droit qui en soit le titulaire. « Les actes d'autorité accomplis par les administrations, dit-il, n'im-

1. Hauriou, *Principes de droit public*, 1910, p. 78 et 79.

pliquent pas l'existence d'une personne juridique au nom de laquelle ils sont faits... L'idée de personnalité n'est indispensable que quand il s'agit de représenter l'État comme sujet de droits. Les personnes seules en effet ont des droits. C'est une grande erreur de voir dans l'usage de la puissance un exercice de droits. Les fonctionnaires qui commandent n'exercent pas les droits du souverain; ils exercent des fonctions, dont l'ensemble si l'on veut constitue la puissance souveraine [1]. »

Nous ne voulons point rechercher si M. Berthélemy est logique avec lui-même quand, après avoir dit que ce qu'on appelle communément la puissance ou la souveraineté est une pure fonction des organes constituant l'État, il distingue les fonctions d'autorité et les fonctions de gestion, ni reprendre les longues controverses qu'a soulevées à un moment donné cette distinction. Mais il importe de marquer et de retenir que M. Berthélemy comme M. Hauriou voit essentiellement dans ce qu'on appelle la puissance souveraine une fonction et non point un droit subjectif de commander, que lui aussi arrive à éliminer du droit public la notion de droit subjectif de puissance et à lui donner pour unique fondement la notion d'une fonction sociale s'imposant aux gouvernants.

Cette notion de fonction sociale qu'aperçoivent les hommes politiques et les théoriciens publicistes, et qu'ils placent à la base du droit public, c'est au fond la notion de service public dont il faut maintenant définir les éléments constitutifs.

---

1. Berthélemy, *Droit administratif*, 7ᵉ édit. 1913, p. 41 et 42.

III

Déjà on les a vus se dessiner. Ils consistent essentiellement dans l'existence d'une obligation d'ordre
juridique s'imposant aux gouvernants, c'est-à-dire à
ceux qui en fait détiennent le pouvoir dans un pays
donné, obligation d'assurer sans interruption l'accomplissement d'une certaine activité. Cette notion,
on le verra dans la suite de ce livre, rend compte de
toutes les solutions données aujourd'hui dans la pratique du droit public, et ces solutions de fait seront
la démonstration de la réalité de cette notion; nous
n'en voulons pas d'ailleurs donner d'autre. Mais pour
arriver à une précision, il importe de dire dès maintenant : 1° ce que sont les gouvernants ; 2° quel est
le fondement de l'obligation qui s'impose à eux;
3° quel est l'objet de cette obligation.

Que sont les gouvernants? Que dans la conception
actuelle ils ne soient pas les représentants d'une
personne collective souveraine qui serait la nation,
c'est incontestable et cela résulte de ce qui a été dit
au chapitre Ier. On ne croit plus aujourd'hui au
dogme de la souveraineté nationale pas plus qu'au
dogme du droit divin. Les gouvernants sont donc
ceux qui détiennent en fait la puissance de contrainte. Pourquoi, comment la détiennent-ils? Autant
de questions qui évidemment ne peuvent pas recevoir de réponse générale. Le fait de détenir cette
puissance est un produit historique, économique et
social, qui dans chaque pays a ses caractères propres. L'organisation du gouvernement varie aussi
avec les temps et les pays. Mais tous ces éléments,

quelque importance qu'ils aient, ne sont à tout
prendre que d'ordre secondaire. Il reste toujours ce
fait que dans le pays considéré il y a un homme
ou un groupe d'hommes qui peuvent imposer aux
autres une contrainte matérielle; et par là même ce
pouvoir n'est pas un droit, mais une possibilité de
fait, pas autre chose. On pouvait y voir un droit
quand on croyait que ces hommes avaient reçu une
investiture divine, ou quand on croyait qu'ils étaient
les représentants d'une personne collective, qui
comme telle avait une volonté supérieure aux
volontés individuelles. A notre époque ces croyances
religieuses, métaphysiques, se sont évanouies. Dès
lors la puissance de contrainte gouvernementale ne
peut être un droit; elle n'est, comme il a été déjà
dit, qu'une possibilité de fait.

Mais si l'on ne croit plus au droit des gouvernants,
on croit à l'existence d'obligations s'imposant à eux.
De tous temps la masse des hommes a senti que les
détenteurs du pouvoir ne pouvaient légitimement
imposer l'obéissance que s'ils rendaient certains services et dans la mesure où ils les rendaient. Les
exemples historiques sont nombreux de classes
sociales perdant leur puissance politique parce
qu'elles ne rendaient plus les services sociaux qui
étaient la condition même de cette puissance. Ce
sentiment longtemps obscur dans l'esprit des
hommes est devenu de nos jours une claire conception. C'est pourquoi on ne se contente pas d'affirmer
la chose; on cherche passionnément à déterminer le
fondement juridique de ces obligations, et cela est
un des problèmes essentiels qui se posent à l'homme
moderne. Sans doute on conçoit aisément une obli-

gation morale s'imposant aux gouvernants, ayant pour fondement tel ou tel système de morale. Mais aucun d'eux n'échappe à la critique. Au reste, toute solution d'ordre moral est le résultat d'une impression individuelle, d'une intuition comme on dit aujourd'hui, et non point une affirmation positive d'ordre scientifique. Or, la masse des esprits modernes demande pour les problèmes sociaux des solutions claires fondées sur l'observation rationnelle des faits. Au surplus ce n'est pas seulement une obligation morale qui s'impose aux gouvernants, c'est une obligation d'ordre juridique susceptible de recevoir une sanction positivement organisée. Si nous constatons que dans un pays donné cette sanction positive existe, nous serons en droit d'en conclure que cette obligation juridique des gouvernants est une réalité.

Il semble que, lorsque prévalait la doctrine individualiste, le droit de l'individu pouvait fonder une obligation d'ordre juridique à la charge des gouvernants. Mais on reconnaît aujourd'hui que cette doctrine est aussi précaire que les divers systèmes de morale, qu'elle n'est au fond qu'une hypothèse métaphysique aussi fragile que toutes les autres. De plus elle peut fonder une obligation négative, et non pas des obligations positives. Au reste d'après le grand pontife de l'individualisme, J.-J. Rousseau, le droit de l'individu ne limite point la toute-puissance de la volonté générale. « Il est contre la nature du corps politique, disait-il, que le souverain s'impose une loi qu'il ne puisse enfreindre [1]. »

1. *Contrat social*, liv. I, chap. VII.

Si l'on ne voit dans les gouvernants que les détenteurs de la plus grande force, peut-il y avoir des lois supérieures à eux et leur imposant des obligations négatives et positives? Si leur action est limitée par ces obligations, détiennent-ils encore la plus grande force? Parler de gouvernants détenant la plus grande force et d'obligations juridiques s'imposant à eux, n'est-ce pas formuler deux propositions contradictoires? Les théoriciens allemands de la *Herrschaft* ne sont-ils pas seuls dans la vérité quand, comme Seydel, ils disent : « C'est donc une vérité indéfectible qu'il n'y a pas de droit sans le *Herrscher* (le gouvernant détenteur de la puissance), au-dessus du *Herrscher*, ou à côté du *Herrscher*; il y a seulement un droit par le *Herrscher* [1]. »

Eh bien! non. La conscience moderne proteste énergiquement contre une pareille conclusion. Et comme au fond le droit est une création de la conscience humaine, on peut affirmer que des obligations d'ordre juridique s'imposent aux gouvernements, parce qu'il y a dans l'esprit de l'homme moderne une répugnance invincible à ce qu'il en soit autrement. On peut aussi l'affirmer parce que, on le verra dans la suite du livre, toute une série d'institutions s'organisent spontanément pour donner une sanction positive à ces obligations. Qu'après cela les juristes sociologues cherchent à déterminer le fait social qui est le fondement de ces obligations, libre à eux. Personnellement nous l'avons tenté et nous avons cru le trouver dans le grand fait de l'in-

---

1. Seydel, *Grundzüge einer allgemeine Staatslehre*, 1873, p. 14.

terdépendance sociale [1]. Cette manière de voir a rencontré de très vives et de très graves objections, que nous ne voulons point tenter de réfuter ici. Nous persistons à penser que le fait de l'interdépendance sociale permet de donner au problème une solution intéressante. Mais à dire le vrai, cela n'a pas d'importance parce que la notion d'un devoir juridique s'imposant aux gouvernants remplit la conscience des hommes modernes. Or ce qui fait le droit, la règle de droit, c'est la croyance, pénétrant profondément la masse des hommes, à une époque et dans un pays donnés, que telle règle est impérative, que telle charge doit être accomplie. Le droit, en un mot, est avant tout une création psychologique de la société, déterminée par les besoins d'ordre matériel, intellectuel et moral. En disant cela nous n'entendons d'ailleurs aucunement affirmer l'existence d'une prétendue conscience sociale distincte des consciences individuelles. Ce serait là une affirmation d'ordre métaphysique que nous nous garderons bien d'énoncer.

D'autre part, s'il est certain que la puissance des gouvernants à des causes très diverses, matérielles, économiques, morales, religieuses, il paraît aussi difficilement contestable que cette puissance gouvernante ne puisse se maintenir d'une manière durable que par la croyance des gouvernés que les détenteurs de la puissance leur rendent des services; que cette croyance soit au reste conforme ou non à la réalité; que l'activité des gouvernants soit réellement profitable aux gouvernés, ou qu'elle leur

1. *L'État, le droit objectif*, 1901, p. 23 et suiv.; *Traité de droit constitutionnel*, 1911, I, p. 14 et suiv.

paraisse telle par suite de leur ignorance et de leurs superstitions. Il y a là un élément capital de la force politique et du droit public, qui n'a rien de commun d'ailleurs, qu'on ne s'y trompe pas. avec la théorie du contrat social. D'après celle-ci les hommes naturellement isolés s'unissent par une convention, de laquelle naît une volonté collective qui est le souverain et qui constitue le gouvernement. En fait, au contraire, le groupe social est le donné primaire; la différenciation s'y produit spontanément entre gouvernants et gouvernés, et la puissance de ceux-là s'impose à ceux-ci d'une manière d'autant plus durable qu'ils croient davantage qu'elle leur est utile.

Il existe donc une correspondance intime entre la possession de la puissance et l'obligation d'accomplir certaines activités, de rendre certains services. Cette correspondance toujours sentie est comprise clairement et voulue fortement par l'homme moderne. Cela suffit pour fonder l'obligation juridique des gouvernants. Il n'y a pas aujourd'hui, dans le monde civilisé, un seul esprit qui ne soit profondément pénétré de cette idée que tous ceux qui détiennent le pouvoir à un titre quelconque, empereurs, rois, présidents de la république, ministres, parlements, le détiennent non pour leur profit, mais pour celui des gouvernés; et l'idée a tellement de force que tous les détenteurs du pouvoir le répètent à l'envi, alors même qu'en fait ils tâchent à retirer le plus de bénéfice possible de leur situation.

IV

Les activités dont l'accomplissement est considéré comme obligatoire pour les gouvernants forment l'objet des services publics. Quelles sont ces activités? Quelle en est exactement l'étendue? Il est impossible de faire à la question une réponse générale. Déjà en 1911 nous écrivions : « Quelles sont les activités dont l'accomplissement constitue pour les gouvernants une obligation? A cette question on ne peut point faire de réponse fixe. Il y a là quelque chose d'essentiellement variable, d'évolutif au premier degré. Il est même difficile de fixer le sens général de cette évolution. Tout ce que l'on peut dire, c'est que, à mesure que la civilisation se développe, le nombre des activités susceptibles de servir de support à des services publics, augmente et que le nombre des services publics s'accroît par là même. C'est logique. En effet de la civilisation on peut dire qu'elle consiste uniquement dans l'accroissement du nombre des besoins de tous ordres pouvant être satisfaits dans un moindre temps. Par suite, à mesure que la civilisation progresse, l'intervention des gouvernants devient normalement plus fréquente, parce qu'elle seule peut réaliser ce qu'est la civilisation [1]. »

On a fait précédemment observer qu'il y a trois activités dont on a demandé de tous temps l'accomplissement aux gouvernants : la défense de la collectivité et du territoire contre l'ennemi de l'extérieur,

---

1. *Traité de droit constitutionnel*, 1911, I, p. 100 et 101.

le maintien de la sécurité, de l'ordre et de la tranquillité sur le territoire et à l'intérieur de la collectivité, éléments constitutifs des trois services publics originaires : la guerre, la police et la justice. Aujourd'hui on ne se contente plus de ces services. Quelques économistes attardés peuvent bien, du fond de leur cabinet d'étude, déclarer que l'État n'a pas d'autre chose à faire qu'à procurer la sécurité à l'extérieur, l'ordre et la tranquillité à l'intérieur, qu'il doit se désintéresser de tout le reste et laisser liberté entière à l'action et à la concurrence individuelles, dont le jeu naturel assurera normalement la satisfaction de tous les besoins sociaux. Les faits sont plus forts que toutes les théories ; et la conscience moderne veut autre chose. Elle veut autre chose dans l'ordre intellectuel et moral : elle n'admet pas par exemple que l'État n'intervienne pas dans le service d'enseignement. Elle veut autre chose dans le domaine matériel : elle n'admet pas par exemple que l'État n'organise pas des services d'assistance.

D'autre part, la transformation économique et industrielle profonde, qui s'est accomplie depuis un siècle dans toutes les nations civilisées et que nous signalions dès les premières pages de ce livre, a fait naître pour les gouvernants beaucoup de devoirs nouveaux. L'interdépendance étroite qui existe entre les peuples, la solidarité des intérêts économiques, les échanges commerciaux qui deviennent chaque jour plus nombreux et aussi le rayonnement des idées morales, des découvertes et des doctrines scientifiques imposent à tous les États l'obligation d'organiser des services publics qui assurent d'une manière permanente les communications internationales. C'est ainsi que s'est constitué un service public qui dans tous les pays modernes occupe le premier plan : le service des postes et des télégraphes. Pour aucun autre n'apparaît mieux le caractère juridique de l'obligation qui s'impose aux États, obligation à la fois de droit interne et de droit international. Dans aucune institution moderne n'apparaît mieux que dans le service international des postes la solidarité d'obligations et de droits qui unit toutes les nations.

A l'intérieur de chaque État une transformation économique s'est produite, que nous avons déjà tenté de caractériser en disant que partout et dans presque tous les ordres d'activité une économie nationale est venue remplacer l'économie domestique. Il en résulte que les hommes d'un même groupe social sont devenus bien plus dépendants les uns des autres et cela pour les besoins les plus élémentaires, les besoins de tout instant. Le groupe familial se suffisait à peu près à lui seul au moins pour les besoins quotidiens. Aujourd'hui il faut qu'il s'adresse à d'autres groupes et, comme il s'agit de besoins d'ordre élémentaire de chaque instant, il faut que l'activité qui est chargée d'y répondre ne puisse pas être interrompue. Les gouvernants doivent donc intervenir pour que cette activité s'exerce d'une manière permanente.

On pourrait multiplier les exemples. Le temps est loin où chacun transportait sa personne et ses choses par ses propres moyens. Aujourd'hui, à quelque classe sociale qu'il appartienne, chacun demande le transport des personnes et des choses à des groupes qui assurent ce service. Comme dans l'état de nos

mœurs et de nos besoins économiques ces transports
en commun ne peuvent être suspendus même pour
un temps très court, apparaît la nécessité chaque
jour plus évidente d'organiser les services de transport en services publics, service de tramways et
d'autobus dans les grandes villes, service de chemins
de fer dans le pays tout entier, service d'ailleurs qui
devient comme celui des postes de plus en plus un
service international. Non seulement l'éclairage
public, mais l'éclairage privé devient lui-même
service public. Il n'est plus un paysan du fond de
l'Auvergne ou de la Bretagne qui se contente
aujourd'hui de la vieille chandelle de résine ou de
suif fabriquée à la maison, et qui éclairait ses parents.
Le temps n'est pas loin où tous les foyers voudront
l'éclairage électrique. Et comme il y a là un besoin
élémentaire au premier chef, voilà un nouvel objet
de service public. L'invention de la houille blanche
est la cause d'une révolution économique et industrielle, qui n'est qu'à ses débuts; et le transport de
l'énergie électrique deviendra certainement dans un
avenir prochain objet de service public, comme l'ont
au reste très bien aperçu les auteurs de la grande
loi du 15 juin 1906 sur les distributions d'énergie
électrique.

Il ne convient pas d'insister plus longtemps sur
ces considérations d'ordre purement économique.
Elles n'étaient point cependant inutiles. Elles montrent en effet comment le droit évolue avant tout
sous l'action des besoins économiques. On a vu
d'abord comment la notion de souveraineté a été
ébranlée quand en fait on a compris que l'État devait
autre chose aux gouvernés que la sécurité à l'inté-

rieur et à l'extérieur. Maintenant on aperçoit que l'objet même des obligations de l'État et le sens de son action se trouvent déterminés par la situation économique du pays et les besoins de ses habitants. Bref la notion de service public semble pouvoir être ainsi formulée : c'est toute activité dont l'accomplissement doit être réglé, assuré et contrôlé par les gouvernants, parce qu'il est indispensable à la réalisation et au développement de l'interdépendance sociale et qu'il est de telle nature qu'il ne peut être assuré complètement que par l'intervention de la force gouvernante.

S'il était besoin d'un critérium formel pour reconnaître les activités devant servir de support à l'organisation d'un service public, nous dirions qu'il se trouve dans le désordre social produit par la suspension, même pendant un temps très court, de cette activité. Par exemple, en octobre 1910, la grève des chemins de fer français, quoique partielle et très courte, a montré d'une façon évidente que les transports par chemins de fer constituaient au premier chef les éléments d'un service public. De même la grève générale des mineurs anglais en 1912, par les désastres qu'elle a failli entraîner, a montré que le moment approche où l'exploitation des mines de houille devra être organisée en service public; et la loi Asquith, qui impose aux propriétaires de mines l'obligation de payer à leurs ouvriers un salaire minimum, est le premier pas vers l'organisation en service public des exploitations houillères.

V

On comprend bien maintenant le sens et la portée de la transformation profonde qui s'accomplit dans le droit public. Il n'est plus un ensemble de règles s'appliquant à une personne souveraine, c'est-à-dire investie du droit subjectif de commander, déterminant les rapports de cette personne avec les individus et les collectivités se trouvant sur un territoire donné, rapports entre personnes inégales, entre un souverain et ses sujets. Le droit public moderne devient un ensemble de règles déterminant l'organisation des services publics et assurant leur fonctionnement régulier et ininterrompu. De rapport de souverain à sujets, il n'en apparaît plus. De droit subjectif de souveraineté, de puissance, pas davantage. Mais une règle fondamentale de laquelle dérivent toutes les autres, la règle qui impose aux gouvernants l'obligation d'organiser les services publics, d'en contrôler le fonctionnement, d'en éviter toute interruption.

Le fondement du droit public, ce n'est plus le droit subjectif de commandement, c'est la règle d'organisation et de gestion des services publics. Le droit public est le droit objectif des services publics. De même que le droit privé cesse d'être fondé sur le droit subjectif de l'individu, sur l'autonomie de la personne même et repose maintenant sur la notion d'une fonction sociale s'imposant à chaque individu, de même le droit public n'est plus fondé sur le droit subjectif de l'État, sur la souveraineté, mais repose sur la notion d'une fonction

sociale des gouvernants, ayant pour objet l'organisation et le fonctionnement des services publics.

On aperçoit immédiatement les conséquences
générales qui découlent de cette conception. En
montrant dans la suite de ce livre que ces conséquences se réalisent en fait, on établira que notre
formule n'exprime pas une simple vue de l'esprit,
mais bien une réalité.

D'une part l'intervention des gouvernants n'étant
pas l'exercice d'un droit de puissance, les actes
qu'ils font n'ont aucun caractère spécifique, qui se
rattacherait à ce qu'ils seraient la mise en œuvre
d'un droit de puissance. S'ils ont des caractères
propres, s'ils produisent des effets particuliers, c'est
parce qu'ils sont déterminés par un but de service
public. Cela est vrai pour la loi elle-même. Dans le
système impérialiste la loi est la manifestation par
excellence de la souveraineté; elle est essentiellement un commandement formulé par le souverain
et s'imposant par là aux sujets. On verra que cela
n'est plus conforme aux faits. La loi ou certaines de
ses dispositions peuvent être la formule d'une règle
de droit, produit du milieu social et que les gouvernants croient devoir formuler pour lui donner une
plus grande force, en général sous la pression de
l'opinion publique. Mais la grande masse des lois
sont en réalité édictées afin d'organiser les services
publics et d'en assurer le fonctionnement. La loi est
ainsi avant tout la loi d'un service public.

Proposition d'une importance capitale, car elle
fait nettement apparaître la manière dont joue le
système moderne de droit public. Les gouvernants
sont obligés juridiquement d'assurer l'organisation

et le fonctionnement des services publics. A cet effet ils édictent des règles générales : les lois. C'est le but poursuivi par les gouvernants qui leur donne leur caractère. Nul ne peut violer cette règle : ni le particulier qui ne peut user du service que conformément à la loi, ni les gouvernants ni leurs agents qui ne peuvent rien faire de nature à empêcher le fonctionnement du service conformément à sa loi. Ainsi il est vrai de dire que les services publics sont des institutions de droit objectif[1].

Les actes administratifs eux aussi tirent leur caractère de leur destination à un but de service public. Sans doute on devra distinguer les actes administratifs proprement dits ayant un caractère juridique et les simples opérations administratives. Mais celles-ci et ceux-là ont un caractère commun provenant du but qui les détermine. De distinction entre les différents actes administratifs, il n'y a point à en faire, et notamment point de distinction entre de prétendus actes de gestion et d'autorité.

Caractère objectif des services publics, loi des services publics qui n'est que la reconnaissance et la mise en œuvre de l'obligation générale qui s'impose aux gouvernants, caractère commun de tous les actes administratifs parce qu'ils sont déterminés par un but de service public, voilà les trois éléments essentiels du système. Les gouvernants et les agents ne sont plus ces maîtres des hommes imposant une puissance souveraine, un *imperium* à des sujets. Ils ne sont plus les organes d'une per-

---

1. Cf. Hauriou, *Droit administratif*, 5° édit. 1907, p. 1 et suiv.; *Principes de droit public*, 1910, p. 124 et suiv.

sonne collective qui commande. Ils sont les gérants
d'affaires de la collectivité.

Par là on comprend comment, contrairement à ce
qui est dit souvent, l'augmentation du nombre des
services publics et leur extension n'ont pas pour
conséquence nécessaire d'accroître la puissance des
gouvernants. Leurs charges se trouvent accrues,
leurs fonctions élargies, leur droit de domination
est devenu nul parce que personne n'y croit plus; il
reste nul après comme avant. Il est vrai que l'organisation et le fonctionnement des services publics
entraînent de fortes dépenses pour lesquelles il faut
aux gouvernants de l'argent, beaucoup d'argent;
que, la richesse constituant l'élément principal de
la puissance, l'augmentation et l'extension des services publics accroissent en même temps les charges
des contribuables et la puissance des gouvernants.
On peut ajouter qu'en régime démocratique l'élection étant la source de laquelle dérivent tous les
pouvoirs et, d'autre part, le nombre des agents
publics augmentant forcément avec le nombre des
services, les considérations d'ordre électoral feront
de plus en plus sentir leur influence pernicieuse,
viendront fausser tous les ressorts administratifs, et
que, si l'extension des services publics est sous tous
les régimes regrettable, elle est néfaste dans les pays
de démocratie.

Tout cela est en partie vrai, mais ne change absolument rien aux faits. Le nombre des services publics
augmente chaque jour; c'est un mouvement qui
coïncide avec les progrès de la civilisation. Théoriquement cela ne peut accroître le droit de puissance
des gouvernants puisque ce droit n'existe pas. Que

cela augmente leur puissance de fait, il est difficile
de le nier. Mais il ne faut pas oublier que cet accroissement de force est contrebalancé, sinon annihilé,
par un mouvement extrêmement important, qui est
une des caractéristiques de l'évolution moderne du
droit public, le mouvement décentralisateur.

Dire qu'un service devient ou va devenir un service
public, c'est dire que ce service sera organisé par les
gouvernants, qu'il fonctionnera sous leur contrôle
et qu'ils devront en assurer le fonctionnement sans
interruption. Mais cela ne veut pas dire nécessairement que les agents préposés à la gestion du service,
les richesses qui y sont affectées, soient placés sous
la dépendance immédiate et directe des gouvernants.
Au contraire, pour beaucoup d'anciens et de nouveaux services, tend à s'établir le système de décentralisation, qui apparaît sous des formes diverses
que le moment n'est pas encore venu d'étudier[1]. Il
suffit de signaler maintenant la décentralisation
régionale, dans laquelle les fonctionnaires du service ont des attaches locales plus ou moins étroites ;
la décentralisation patrimoniale, qui implique l'affectation d'un patrimoine autonome à un service public
déterminé ; la décentralisation *fonctionnariste*, qui
suppose un certain rôle de direction donné aux fonctionnaires techniques du service ; et enfin la concession, système dans lequel l'exploitation du service
est confiée à un particulier agissant sous le contrôle
des gouvernants.

A côté de la décentralisation se produit un mouvement du même ordre et agissant dans le même

1. Cf. *infra*, chap. IV, §§ I et II.

sens, mouvement que l'on peut appeler l'*industriali-sation* des services publics. Il ne s'agit bien entendu que des services qui ont par eux-mêmes le caractère industriel, comme les divers services de transports, chemins de fer, postes. En France, le service des chemins de fer concédés (qui, on l'a déjà montré, est certainement, quoi qu'on en puisse dire, un service public) a reçu du fait même de la concession une organisation industrielle, les compagnies conces-sionnaires ne pouvant réaliser des bénéfices qu'à cette condition. Quant au réseau exploité directe-ment par l'État, il tend forcément à recevoir une organisation exclusivement industrielle. Il faut de toute nécessité le soustraire aux influences délétères des hommes politiques, sinon, c'est la désorgani-sation, l'anarchie, le pillage des finances. Or, il faut nécessairement qu'un grand réseau de chemins de fer fonctionne régulièrement, et le seul moyen c'est de lui donner, sous le contrôle des gouvernants, une autonomie administrative et financière.

La loi de finances du 13 juillet 1911 est déjà entrée dans cette voie. L'article 41, § 1er, formule très nettement le principe : « L'ensemble des lignes qui constituent le réseau des chemins de fer de l'État (ancien réseau des chemins de fer de l'État et réseau racheté de l'Ouest) et de celles qui y seront rattachées par des lois ultérieures est exploité, au compte de l'État, par une administration unique placée sous l'autorité du ministre des Travaux publics et dotée de la personnalité civile. » Par la force même des choses, le service des postes, télégraphes et télé-phones recevra dans un avenir prochain une organi-sation reposant sur la même idée. Il en sera de

même de tous les services publics de nature industrielle. La loi de finances du 13 juillet 1911, déjà
citée, a dans une certaine mesure industrialisé le
service des poudres et salpêtres (art. 33 et suivants).
. Le 26 juin 1910, la Chambre des députés a été saisie
par M. Steeg, alors simple député, d'une proposition
tendant « à accorder l'autonomie au service des
postes et télégraphes de façon à permettre une
exploitation industrielle [1] ».

Quel que soit le mode suivant lequel les services
publics sont exploités, on doit voir en eux l'élément
fondamental de l'État moderne, qui repose ainsi
essentiellement sur la notion d'une certaine fonction
sociale s'imposant aux gouvernants. Et par suite le
service public est une institution d'ordre objectif,
soumise à une loi qui s'impose avec la même rigueur
aux gouvernants et aux gouvernés.

VI

Si tout ce que nous venons de dire est vrai, si
l'évolution que l'on vient de décrire est bien celle
qui s'accomplit en réalité dans beaucoup de pays
modernes et particulièrement en France, il en
résulte évidemment que les législations et les
jurisprudences de ces pays doivent s'orienter vers
l'organisation d'un système pratique, destiné d'une
part à contraindre indirectement les gouvernants à
ériger en service public toutes les activités qui pré-

---

1. Cf. Alcindor, *L'autonomie financière des postes*, *Revue de
science et de législation financière*, juillet-septembre, 1910 et tirage
à part avec le texte de la proposition Steeg.

sentent les caractères précédemment définis, et
d'autre part à donner aux particuliers des garanties
qui leur assurent l'application de la loi qui régit le
service. Or précisément notre législation et notre
jurisprudence évoluent très nettement en ce sens.
Toute une construction juridique, dont il est facile
déjà d'apercevoir l'armature, s'élabore en vue de ce
but. Il n'est point inutile d'insister sur ce point, car
là nous trouvons la meilleure démonstration de ce
qui précède, la meilleure preuve que ce ne sont
pas de pures théories, mais bien l'expression même
des faits.

D'abord étant supposée une activité, dont le caractère est devenu tel qu'il apparaît à la conscience
juridique du pays qu'elle doit être organisée en
service public, étant supposé que malgré cela les
gouvernants ne font rien, n'édictent point de loi
pour organiser le service public correspondant à
cette activité, les particuliers ont-ils une voie de
droit pour contraindre les gouvernants à agir?
Incontestablement l'idée encore dominante dans le
droit moderne, c'est qu'à cet égard la garantie essentielle des particuliers se trouve dans le système
électoral et représentatif qui fonctionne aujourd'hui
à des degrés divers dans tous les pays civilisés.

On se fait encore d'étranges illusions sur les heu-
reux effets de ce système et sur les garanties qui en
résultent. Mais à tout prendre la croyance encore très
répandue que le système électoral et représentatif
constitue une garantie précieuse au profit des gouvernés, l'action que par la voie de la presse surtout
l'opinion publique peut exercer sur le parlement font,
d'une part que les gouvernés supportent en fait assez

facilement l'abstention, même non justifiée du législateur; et d'autre part il est en somme assez rare que les gouvernants restent inactifs quand l'opinion réclame impérieusement leur intervention.

Mais enfin si malgré cela, si pour une raison quelconque le gouvernement n'intervenait pas quand il est d'évidence qu'il doit intervenir parce qu'il s'agit d'une activité dont l'inaccomplissement, même partiel ou momentané, cause un trouble profond dans le pays, les particuliers ne seraient point désarmés. Alors apparaît en effet une institution juridique nouvelle que, pour nous conformer à la terminologie courante, nous appellerons la responsabilité de l'État. Voilà le grand fait du droit public moderne, le fait nouveau totalement inconnu dans le système impérialiste. L'abstention de l'État engage sa responsabilité envers les particuliers lésés et cela alors même que c'est l'État législateur qui s'abstient. Pour le moment nous nous bornons à marquer ce point capital, sauf à lui donner dans la suite quelque développement[1].

Si une loi a été faite pour organiser le service public et en régler la gestion, elle n'est point inattaquable. La loi, on l'a déjà dit, n'est pas le commandement formulé par une volonté souveraine; elle est l'ensemble des mesures prises par voie générale pour assurer le fonctionnement d'un service public. Dès lors elle ne peut plus être inattaquable, et tous les pays tendent à organiser des voies de recours contre les lois. On le montrera avec quelques détails au chapitre suivant.

1. Cf. chap. VII.

Mais supposons la loi portée et le service public fonctionnant. S'il fonctionne conformément à la loi, l'administré est-il désarmé au cas où ce fonctionnement légal par hypothèse lui occasionnerait un préjudice ? Non point ; la grande loi de la responsabilité publique reçoit ici une de ses plus notables applications comme on le verra plus loin.

Si le service public fonctionne contrairement à la loi ou s'il ne fonctionne pas du tout malgré l'existence d'une loi qui en ordonne le fonctionnement, en un mot s'il y a violation de la loi du service, la responsabilité de l'État, la responsabilité du service, suivant l'expression consacrée, jouera sur la demande du particulier, à la condition bien entendu qu'il ait été lésé. Mais, même au cas où il n'a point éprouvé de préjudice direct, une voie de droit est ouverte aux administrés. Cela est extrêmement important, parce que cela met nettement en relief le caractère des services publics. Mais il importe de préciser le caractère de cette voie de droit. Elle est exclusivement d'ordre objectif. Voici ce que cela veut dire.

On formule souvent la question suivante : le particulier a-t-il droit au fonctionnement des services publics conformément à la loi? C'est en ces termes que les commissaires du gouvernement ont à plusieurs reprises posé la question devant le Conseil d'État. M. Romieu notamment disait dans les conclusions qu'il prononçait dans une des premières affaires de l'espèce portées devant la haute assemblée : « Il faut donc rechercher si les usagers ont un droit au fond à exiger l'intervention de l'administration [1]. »

1. Affaire *Croix de Seguey-Tivoli*, arrêt 21 décembre 1906, *Recueil*, p. 968.

La question est mal posée ou du moins elle l'est dans des termes susceptibles de provoquer des confusions. Demander s'il existe un droit au profit du particulier au fonctionnement légal d'un service, c'est demander s'il existe un lien juridique entre le particulier et l'État-personne, lien de droit en vertu duquel le particulier pourrait faire condamner l'État à exécuter le service conformément à la loi. Or il est évident qu'il n'en est pas ainsi; et cette mauvaise terminologie explique les hésitations qu'on aperçoit aisément dans les conclusions présentées par les savants commissaires du gouvernement.

Mais les faits sont plus forts que tout. Sous leur action se forment une règle de droit nouvelle et aussi une procédure nouvelle pour la mettre en œuvre. Voici où en est aujourd'hui cette formation. Quand un service public a été créé et organisé, il doit fonctionner conformément à sa loi. S'il y a un acte de l'administration contraire à cette loi, tout particulier est armé d'une action pour faire annuler cet acte. C'est une voie de droit d'ordre objectif. Cela veut dire que le particulier ne demande pas, ne peut pas demander que l'État soit condamné à lui assurer le fonctionnement régulier du service. Il demande seulement l'annulation de l'acte administratif illégal. Aucun lien de droit n'existe entre l'État et l'administré obligeant l'État envers l'administré; mais une loi, c'est-à-dire une disposition d'ordre général, règle le service, et si l'État la viole, l'administré peut intervenir pour faire annuler l'acte illégal. Cela est vrai quel que soit le service et quel que soit son mode d'exploitation. On ne distingue point les prétendus services d'autorité et de gestion, les services exploités directement, décentralisés ou concédés. Le conseil d'État a hésité ; les formules dont il s'est servi sont parfois d'une correction critiquable. Les faits ont triomphé de tout ; et la formation de l'institution juridique dont on vient de marquer les traits essentiels peut être aujourd'hui considérée comme à peu près achevée.

Notre pensée ne peut être d'analyser en détail la jurisprudence du conseil d'État sur ce point. Elle est cependant l'instrument par excellence de la formation du droit public et c'est toujours à elle qu'il faut aller si l'on veut faire une étude vraiment réaliste et non pas formuler des théories artificielles et préconçues. Mais il suffira de rapporter ici les décisions les plus caractéristiques.

Les trois affaires, dans lesquelles le conseil d'État a été appelé tout d'abord à se prononcer, se présentaient dans des conditions un peu particulières. Il s'agissait d'un service public de transport en commun (tramway) exploité par concession. On doit rappeler qu'en France l'exploitation des tramways, qu'elle soit directe ou concédée, est placée par la loi du 11 juin 1880 (art. 21 et 39) sous un contrôle étroit des préfets, agents du gouvernement. La question qui se posait était celle de savoir si le public est recevable à attaquer pour excès de pouvoir les actes par lesquels l'autorité de contrôle refuse d'exercer son pouvoir ou l'exerce contrairement à la loi du service concédé, qui est essentiellement le cahier des charges de la concession. Admettre la recevabilité de ce recours, c'était décider que l'administré est toujours armé d'une voie de droit pour réprimer toutes les violations, même commises par l'administration de contrôle, de la loi d'un service même concédé. Non d'ailleurs sans quelques hésitations, dans les trois affaires le conseil d'État a reconnu la recevabilité du recours. Notamment le 4 février 1905 il déclare recevable le recours formé par les habitants de la rue du Quatre-Septembre contre un arrêté du préfet de la Seine du 25 août 1902 qui, contrairement au cahier des charges, avait autorisé la compagnie de l'Est parisien à établir la traction par trolley aérien sur le parcours Opéra-Place de la République[1].

L'année suivante le conseil d'État fait un pas de plus. Dans les affaires précédentes les intéressés attaquaient un acte spontané et positif de l'autorité administrative. Dans l'affaire du *Syndicat Croix de Seguey-Tivoli*, les intéressés attaquent le refus du préfet de mettre sur leur demande, en vertu de ses pouvoirs de contrôle, en demeure une compagnie de tramways de reprendre l'exploitation d'une ligne qui, au dire des requérants, aurait été supprimée par la compagnie contrairement au cahier des charges. Le conseil d'État déclare le recours recevable[2].

En 1907 le conseil déclare recevable le recours formé par un officier en congé de longue durée contre la décision du ministre de la Guerre qui avait refusé d'obliger la compagnie de l'Ouest à lui délivrer un billet à prix réduit, et cela, prétendait le requérant, contrairement à l'article 54 du cahier des charges. L'arrêt s'éclaire par les remarquables con-

1. Conseil d'État, 4 février 1905 (*Storch*), *Recueil*, p. 116.
2. Conseil d'État, 21 décembre 1906, *Recueil*, p. 961, avec les conclusions de M. Romieu; *Sirey*, 1907, III, p. 33, avec une note de M. Hauriou.

clusions de M. le Commissaire du gouvernement Teissier, qui déclare que tous les intéressés sont recevables à attaquer par le recours pour excès de pouvoir l'acte administratif, fait en violation du cahier des charges, qui fait partie de la loi organique des chemins de fer [1].

VII

Ce n'est pas seulement pour obtenir le fonctionnement régulier des services publics concédés que les particuliers sont armés par le droit public moderne, c'est aussi relativement aux services publics exploités directement par l'État ou les diverses unités administratives. Ici apparaît encore mieux la substitution de l'idée de service public à celle de souveraineté. Si l'État était resté la puissance qui commande souverainement, on ne comprendrait pas comment le particulier pourrait exiger de cette souveraineté qu'elle intervienne pour organiser les services publics et assurer leur fonctionnement. L'État serait évidemment libre d'agir comme il l'entendrait et pourrait apprécier discrétionnairement comment doivent fonctionner les services. Si le droit moderne organise des garanties au profit des particuliers contre l'État lui-même, si tout intéressé est armé de moyens de droit pour faire annuler tout acte de l'État contraire à la loi du service, c'est bien que le droit public tout entier repose sur la notion

1. Conseil d'État, 15 novembre 1907 (*Poirier*), *Recueil*, 1907, p. 820 avec les conclusions de M. Teissier; *Revue du droit public*, 1909, p. 48, note de M. Jèze.

d'une règle de droit imposant aux gouvernants une obligation de service public.

La recevabilité du recours objectif, formé par l'administré contre tout acte contraire à la loi du service, a été reconnue par le conseil d'État dans des conditions très intéressantes à propos du service public de l'enseignement primaire. Si l'on peut discuter le point de savoir en quel sens on doit entendre la neutralité, si l'on peut soutenir que la neutralité est une chimère et qu'il est impossible qu'un enseignement même élémentaire soit vraiment neutre, il n'est pas douteux cependant que la neutralité est dans le système français un principe essentiel de l'organisation de l'enseignement primaire public, en vertu notamment des grandes lois du 28 mars 1882 et 30 octobre 1886. Mais comment les particuliers peuvent-ils agir pour obtenir que le service de l'enseignement fonctionne conformément à cette loi de neutralité ?

Incontestablement si la violation de la loi est telle qu'elle constitue une faute personnelle du maître, le père de famille peut mettre en jeu la responsabilité personnelle de celui-ci, comme l'a reconnu expressément le tribunal des conflits (2 juin 1908) dans l'affaire Morizot. Mais une pareille hypothèse ne se présentera que rarement. En fait le plus souvent la loi de neutralité est violée sans qu'il y ait à vrai dire faute personnelle d'aucun fonctionnaire. Quand par exemple des pères de famille prétendent que la loi de neutralité est violée du fait que l'administration universitaire met entre les mains des élèves des manuels tendancieux, irréligieux ou du moins anti-catholiques, si le fait est vrai, il y a évidemment violation de la loi de neutralité, loi du service, sans qu'il y ait aucune faute personnelle au sens juridique du mot. Comment les pères de famille vent ils alors agir? Sont-ils armés pour réprimer de violation de la loi du service? Oui. La question a été portée devant le conseil d'État, qui a donné une solution confirmant tout ce qui précède.

Il était saisi de recours formés par des pères de famille et tendant à l'annulation de décisions prises par l'autorité académique et prononçant l'exclusion d'élèves, motivée par ce fait qu'ils avaient refusé de se servir d'un manuel régulièrement employé dans l'école. Les auteurs du recours soutenaient que cette exclusion avait été prononcée à tort, parce que les enfants avaient, sur l'ordre de leurs pères, refusé de se servir de manuels qui violaient la neutralité de l'école, blessaient les croyances catholiques. Dans six espèces le conseil d'État a déclaré le recours mal fondé parce que, de l'ensemble des dispositions législatives et réglementaires, il résulte que les autorités universitaires sont compétentes pour le choix des méthodes et des livres scolaires, que les enfants qui fréquentent l'école sont donc tenus de se soumettre aux règles établies à cet égard, et que par suite le refus de l'élève de s'y conformer constitue un manquement à la discipline tombant sous l'application des sanctions pénales édictées par le règlement intérieur de l'école. Mais tout en déclarant le recours mal fondé, le conseil d'État indique aux pères de famille la voie qu'ils· auraient dû suivre pour atteindre le but poursuivi. Ici le texte même de l'arrêt doit être reproduit parce qu'il est d'une netteté parfaite et singulièrement caractéristique :

« Que si les parents estiment que les livres en
usage dans les écoles sont rédigés en violation du
principe de la neutralité scolaire, consacré par la
loi du 28 mars 1882 comme une conséquence du
régime de laïcité qu'elle a institué, il leur appartient
de porter leur réclamation devant les autorités compétentes, qu'ils ont notamment le droit de demander
au ministre de prononcer l'interdiction dans les
écoles publiques par application de l'article 4 de la
loi du 27 février 1880 des livres incriminés et de se
pourvoir ensuite en excès de pouvoir devant le conseil d'État. » Ainsi la haute assemblée a édifié au
profit des pères de famille tout un système de protection contre les violations possibles de la loi de
neutralité [1].

Elle a donné une solution analogue dans une
affaire où les détails piquants ne manquent pas, une
affaire qui n'était en apparence qu'une banale
querelle de village, mais qui au fond soulevait un
grave problème. Il s'agissait du service public des
postes et télégraphes. A la suite de démêlés survenus
entre la receveuse des postes et un habitant de la
commune qui, au dire de la receveuse, possédait un
chien méchant et dangereux, le sous-secrétaire
d'État aux postes et télégraphes avait décidé que
désormais les télégrammes ne seraient plus remis
au domicile du propriétaire du chien, à moins qu'il
ne consentît à faire apposer une boîte et une sonnette

---

1. Six arrêts du conseil d'État, 20 janvier 1911, *Recueil*, p. 75
et 77, 8 avril 1911, *Recueil*, p. 481 et 482, avec les conclusions de
M. Pichat, *Recueil*, p. 69. Cf. *Revue du droit public*, 1911, p. 69
une note de M. Jèze; *Sirey*, 1911, III, p. 49 une note de
M. Hauriou. Rap. conseil d'État, 17 janvier 1913.

à l'entrée de son enclos. Recours pour excès de pouvoir est formé contre cette décision ; il est fondé sur ce qu'elle est contraire à la loi du service public télégraphique et notamment au décret du 12 janvier 1894 d'après lequel les télégrammes doivent être remis au destinataire lui-même ou à son représentant. Pour priver un particulier de ces avantages, il faut un cas de force majeure, une faute du destinataire qu'il appartient à l'administration d'établir. Aucun de ces éléments ne se trouvant dans l'affaire, le conseil d'État prononce l'annulation de la décision du sous-secrétaire d'État et ainsi assure à l'administré les avantages du fonctionnement régulier du service [1].

Cette protection juridictionnelle du particulier a été même parfois organisée expressément par la loi, notamment par la loi du 15 juillet 1893 sur l'assistance médicale gratuite et la loi du 14 juillet 1905 sur l'assistance aux vieillards, infirmes et incurables. On dit couramment que la loi de 1905 a reconnu aux vieillards de soixante-dix ans et aux incurables un droit à l'assistance. Cela n'est pas exact. Ce qui est vrai, c'est que le vieillard et l'incurable sans ressources sont dans une certaine situation légale telle, qu'ils sont fondés à faire annuler par les juridictions compétentes toute décision administrative qui, leur âge, leur infirmité et leur état d'indigence étant légalement constatés, leur aurait refusé l'allocation ou l'hospitalisation. Ainsi se trouve établi par la loi pour un service public déterminé le même système de protection juridic-

1. Conseil d'État, 29 décembre 1911 (*Chomel*), *Revue du droit public*, 1912, p. 36 avec une note de M. Jèze.

tionnelle que celui qu'a institué la jurisprudence
pour l'ensemble des services.

Si nous avons fait connaître avec quelques détails
cette jurisprudence et insisté sur ces dispositions
législatives, c'est parce qu'il y a là des institutions
toutes nouvelles, formées spontanément, et qui sont
bien tout à la fois la conséquence et la démonstration
de la transformation que nous essayons de décrire :
la disparition du droit subjectif de l'État et du droit
subjectif de l'individu, la formation de la notion du
devoir objectif s'imposant aux gouvernants en vue
des services publics, la situation légale juridiquement
protégée dans laquelle se trouvent les administrés
au regard du service.

Il nous plaît de constater que par des voies différentes et avec des expressions différentes un éminent
publiciste, M. Hauriou, arrive exactement aux
mêmes conclusions que nous-même. « Les services
publics, dit-il, envisagés par rapport au public appelé
à en user, constituent... des situations établies.
Le public n'est pas créancier des services publics; il
est seulement en situation d'en profiter. Les administrés ont à leur disposition un moyen pratique
d'améliorer leur situation : formuler une réclamation
et ensuite saisir le conseil d'État par la voie contentieuse de l'excès de pouvoir; mais ce moyen pratique
ne nous fait pas sortir de la donnée de la situation
objective[1]. »

Il convient d'ajouter que la loi elle-même a favorisé
cette protection juridictionnelle de l'administré. Elle
interdit en effet à l'administrateur de se soustraire

---

1. Hauriou, *Principes de droit public*, 1910, p. 94.

par son silence au contrôle des juges. Pendant longtemps l'administration active pouvait empêcher l'administré de former un recours juridictionnel : elle ne répondait pas à sa demande et dès lors, comme il n'y avait pas d'acte administratif, le conseil d'État ne pouvait pas être saisi. Déjà le décret du 2 novembre 1864 avait apporté à ce danger un remède relatif. Il décidait que si le ministre, au cas de recours hiérarchique, restait quatre mois sans répondre, ce silence devait être assimilé à une décision de refus et pouvait être attaqué devant le conseil d'État.

La loi du 17 juillet 1900 (art. 3) est venue généraliser cette disposition. Elle décide en effet « que dans les affaires contentieuses qui ne peuvent être introduites devant le conseil d'État que sous la forme de recours contre une décision administrative, lorsqu'un délai de plus de quatre mois s'est écoulé sans qu'il soit intervenu aucune décision, les parties intéressées peuvent considérer leur demande comme rejetée et se pourvoir devant le conseil d'État ». Ainsi la mauvaise volonté de l'administration active ne peut jamais paralyser le recours de l'intéressé.

Cependant il semble bien que le système de protection juridictionnelle ne soit pas encore complètement achevé et qu'une lacune reste à combler. Sans doute la protection de l'administré se trouve complétée par la responsabilité de l'administration, qui est aujourd'hui reconnue dans de très larges conditions. Sans doute le conseil d'État annule les actes d'administration contraires à la loi du service. Mais comment contraindre l'administration à exécuter le jugement qui la condamne? Comment contraindre

l'administrateur actif à respecter la décision qui a
annulé ses actes? Comment l'empêcher de faire à
nouveau un acte contraire à la loi? Sans doute en
fait le plus souvent l'administration active ne s'in-
surge pas contre la décision juridictionnelle. Par
son prestige, son autorité indiscutée le conseil
d'État impose ses décisions au respect de tous. Mais
il n'en est pas moins vrai qu'à l'heure actuelle il
n'existe. pas de moyens organisés pour contraindre
les administrations à se conformer aux décisions
juridictionnelles. Incontestablement dans un avenir
prochain, ces moyens s'organiseront. On en aperçoit
déjà les premiers éléments. La question est d'ailleurs
d'ordre général et elle reviendra au moment où nous
étudierons l'évolution du contentieux administratif[1].

1. Cf. chap. vi, § v.

CHAPITRE III

LA LOI

I. Le vrai caractère de la loi et sa force obligatoire. Les lois normatives. — II. Les lois constructives ou lois organiques des services publics. — III. La loi et le règlement. — IV. La critique contentieuse des lois. — V. Doctrine et jurisprudence.

Dans le système de droit public fondé sur la notion de souveraineté, tout le monde s'accordait à reconnaître que la loi était la manifestation par excellence de la souveraineté. Rousseau le dit à plusieurs reprises. La loi est par définition l'expression de la volonté générale se manifestant sur un objet d'ordre général; et c'est parce qu'elle réunit « l'universalité de la volonté à celle de l'objet » qu'elle a une puissance commandante sans limite, qu'elle ne peut jamais être injuste et que tous lui doivent une obéissance sans condition et sans réserve. « Sur cette idée, dit Rousseau, on voit à l'instant qu'il ne faut plus demander à qui il appartient de faire des lois, puisqu'elles sont des actes de la volonté générale, ni si le prince est au-dessus des lois, puisqu'il est membre de l'État, ni si la loi peut être injuste, puisque nul n'est injuste envers lui-même, ni comment on est libre et soumis aux lois, puisqu'elles ne sont que des registres de nos volontés[1]. » De là est né ce qu'on a très justement appelé parfois le fétichisme de la loi.

Qu'il faille des lois et que la loi par son caractère de généralité soit la meilleure garantie de l'individu contre l'arbitraire, que la protection essentielle de la liberté se trouve dans ce principe que jamais l'autorité ne puisse prendre de décision individuelle que dans les limites fixées par une règle générale formulée d'avance d'une manière abstraite, tout cela est incontestable ; et ici le nouveau système de droit public ne fait que préciser et garantir les éléments du système antérieur. Mais dans ce système comme dans la doctrine de Rousseau, la loi était un commandement du souverain. Comme telle, la loi ne pouvait être injuste ; elle s'imposait à tous sans réserve ni restriction. La constitutionnalité elle-même de la loi ne pouvait être appréciée par un tribunal quelconque. La question de la responsabilité de l'État législateur ne pouvait pas même se poser.

Cette conception de la loi était évidemment parfaitement logique avec le système impérialiste. Mais il apparaît clairement que si la notion de puissance souveraine n'est plus à la base du droit public, cette conception doit disparaître. Par conséquent si dans la vie juridique des États modernes nous saisissons des faits, si nous apercevons des situations, si nous reconnaissons la recevabilité d'actions, qui sont en contradiction absolue avec les conséquences qui viennent d'être précisées et dérivent logiquement de

1. *Contrat social*, liv. II, chap. VI.

la notion de loi expression de la volonté souveraine, nous aurons par là même fait une nouvelle constatation directe de la transformation du droit public.

I

La loi est une disposition par voie générale, une règle de conduite. Mais si la conscience moderne écarte du domaine politique toutes les hypothèses métaphysiques, l'hypothèse de la souveraineté nationale comme celle du droit divin et de l'investiture divine, la loi ne peut pas être le commandement formulé par une volonté souveraine. Il reste donc que la loi est tout simplement l'expression de la volonté individuelle des hommes qui la font, chefs d'État, membres du parlement. En dehors de cela, tout ce que l'on peut dire n'est que fiction. En France notamment, la loi est l'expression de la volonté des 350 députés et des 200 sénateurs qui forment la majorité habituelle au Sénat et à la Chambre. Quant aux règlements qui, on le montrera plus loin, sont au fond de véritables lois, ils sont l'expression de la volonté du chef de l'État ou du fonctionnaire, quel qu'il soit, qui les édicte.

La conception purement réaliste de l'État conduit nécessairement à une conception purement réaliste de la loi. On ne saurait cependant nier que malgré cela la conscience moderne reconnaît unanimement à la loi un caractère obligatoire, sinon impératif. On ne voit plus dans la loi l'ordre d'une volonté supérieure s'imposant à une volonté subordonnée. Mais on affirme néanmoins que les fonctionnaires et les

simples particuliers sont obligés d'appliquer la loi
et que la force de contrainte dont disposent les gouvernants doit nécessairement et peut légitimement
être mise en mouvement pour assurer l'obéissance à
la loi.

Ne sont-ce pas là deux conceptions contradictoires?
Point du tout. D'abord il semble bien qu'il existe un
droit objectif supérieur aux gouvernants. Nous nous
sommes déjà expliqué sur ce point[1]. Du moment
qu'une société humaine existe en fait, il doit y avoir
une discipline sociale, condition indispensable pour
le maintien du groupement. Si l'homme moderne
repousse toute affirmation d'ordre métaphysique, il
a au contraire le sentiment puissant qu'il existe une
règle de conduite sociale dérivant du fait social lui-
même. Sentiment ou notion intellectuelle d'une
règle sociale, qu'on ne s'y trompe pas, ce n'est ni un
sentiment ni une notion d'ordre métaphysique. Cette
règle sociale telle que l'aperçoit l'homme moderne
n'est point en effet transcendante à la société; elle est
immanente, pour parler le langage des philosophes.
Elle est un élément même de cette société, ou plutôt
elle est la société elle-même. L'homme est subordonné à cette règle, non pas parce qu'elle crée un
devoir supérieur, mais seulement parce que, en fait,
il vit dans la société, ne peut vivre que là et par suite
se trouve nécessairement encadré dans la discipline
sociale. Il est par exemple évident que la règle qui
interdit le meurtre, le pillage, l'incendie, les violences
de toutes sortes existe en tant que règle de droit
avant d'être formulée dans la loi positive. La con-

---

1. Cf. *supra*, chap. II, § IV.

science humaine perçoit aisément le caractère obligatoire d'une pareille règle et y voit non pas l'obligation transcendante correspondant à un devoir métaphysique, mais une nécessité sociale qui s'impose à tous les hommes vivant en société et parce qu'ils y vivent.

Cela compris, on aperçoit aisément pourquoi la loi positive possède une force obligatoire. Elle ne contient point de commandement à proprement parler. Mais elle est obligatoire parce qu'elle formule une règle de droit, qui est elle-même obligatoire en tant que règle sociale. Ce sont les lois que nous avons appelées ailleurs les lois normatives [1]. L'exemple le plus net est celui des lois pénales ou du moins de celles définissant les infractions et les prohibant. Les lois pénales qui fixent la peine rentrent plutôt dans la catégorie des lois constructives, dont il va être parlé plus loin. Dans la législation civile existent aussi certaines dispositions qui sont des lois normatives, celles par exemple qui énoncent des principes généraux comme l'article 1382 du code civil : « Tout fait quelconque de l'homme qui cause un dommage à autrui oblige celui par la faute duquel il est arrivé à le réparer. » Enfin beaucoup de dispositions insérées dans nos Déclarations des droits étaient des règles considérées comme supérieures et antérieures au législateur.

En disant que ces lois normatives s'imposent à tous parce qu'elles contiennent une règle de droit, reconnue par la conscience des hommes à une époque et dans un pays donnés, nous exprimons une

1. *L'État, le droit objectif et la loi positive*, 1901, p. 551 et suiv.

idée tout à fait analogue à celle qu'a si remarquablement développée le grand publiciste anglais
Dicey dans son beau livre *Le Droit et l'opinion
publique*[1], et que l'auteur résume ainsi : « Il existe
à une époque donnée un ensemble de croyances,
de convictions, de sentiments, de principes acceptés
ou de préjugés fermement enracinés qui, pris
ensemble, forment l'opinion publique d'une période
particulière, ou ce que nous pouvons appeler le
courant régnant de l'opinion. En ce qui concerne
tout au moins les trois ou quatre derniers siècles
et particulièrement le XIXᵉ siècle, l'influence du
courant dominant l'opinion a déterminé en Angleterre, directement ou indirectement, si nous consi-
dérons la question largement, le cours de la législation[2]. »

Elle est vraie non seulement pour l'Angleterre,
mais pour tous les pays, non seulement pour le
XIXᵉ siècle, mais toutes les époques. Seulement il
faut ajouter que, si l'opinion est le facteur essentiel
de la législation, elle ne joue ce rôle que lorsqu'elle
en est arrivée à considérer qu'une certaine règle
s'impose sous une sanction sociale. En d'autres
termes l'opinion publique ne devient facteur de
législation que lorsque les consciences individuelles,
qui concourent à la former, ont acquis un contenu
juridique. Il arrive un moment où la notion du
caractère obligatoire de certaines règles pénètre si
généralement et si profondément la conscience des

1. Voici le titre complet du livre : *Leçons sur le rapport du droit
et de l'opinion publique, en Angleterre au XIXᵉ siècle*, édit. française,
1906.

2. *Op. cit.*, p. 18.

membres d'une société que toute loi qui les formule rencontre immédiatement une adhésion unanime et que son caractère obligatoire apparaît à tous avec la plus complète évidence [1].

Qu'on remarque bien d'ailleurs que la loi normative ainsi comprise ne doit pas se confondre avec la coutume. La loi n'est pas la coutume; mais comme celle-ci elle est l'expression d'une règle qui s'élabore, sous l'action des besoins sociaux, dans les consciences individuelles. La même règle trouve, il est vrai, parfois son expression première et d'ailleurs forcément imparfaite dans une pratique coutumière et ensuite dans la loi une expression plus précise et plus complète. Sans doute le caractère obligatoire de la loi et celui de la coutume ont le même fondement. Mais la loi et la coutume sont des degrés différents de l'expression du droit objectif. Bien souvent le degré coutume fait défaut et le droit objectif trouve son expression première et directe dans la loi.

On pourrait dire et on a dit que la réalité d'une règle de conduite fondée sur l'interdépendance sociale étant admise, cette règle est morale et non point juridique, qu'elle n'est pas impérative par elle-même, qu'elle ne le devient que lorsqu'elle est formulée dans la loi positive. La preuve en est, dit-on, qu'avant que la règle soit formulée dans la loi positive, les actes contraires à cette règle n'entraînent aucune répression et que ceux faits conformément à elle ne produisent aucun effet juridique, ne sont pas socialement sanctionnés. La loi positive ne serait

---

1. Cf. Deslandres, *Étude sur le fondement de la loi*, *Revue du droit public*, 1908, p. 33.

donc point la simple constatation d'une règle sociale ;
elle y ajouterait quelque chose ; elle seule lui donnerait le caractère juridique.

Assurément tant qu'il n'y a pas de loi écrite ou
tout au moins pas de coutume constatée, il n'existe
pas de la règle de droit une sanction régulière et
juridiquement organisée. Mais cela ne prouve pas
que la règle de droit ne soit pas obligatoire par
elle-même, étant surtout compris, ce qui a été dit
précédemment, que la règle de droit n'est point un
ordre à proprement parler, mais une discipline
de fait que l'interdépendance sociale impose à tous
les membres du groupe. D'autre part il ne faut pas
confondre le caractère obligatoire de la règle avec
la sanction socialement organisée de cette règle.
L'organisation sociale de cette sanction forme l'objet
d'une autre catégorie de loi que nous appelons à
défaut d'autre terme les lois constructives.

II

Ce sont en réalité toutes celles qui organisent des
services publics. Elles forment la majeure partie des
lois modernes. Si l'on veut nier l'existence des lois
normatives, à tout prendre nous n'y voyons pas
grand inconvénient. Il reste, en effet, que toute
disposition par voie générale, qui émane des gouvernants et qui a pour but d'organiser un service
public, s'impose à tous sous la sanction légitime de
la contrainte matérielle. En effet, en édictant de
pareilles dispositions les gouvernants ne font que
remplir la fonction sociale qui leur incombe en

raison de la place qu'ils occupent dans la société. On a dit plus haut que finalement on pouvait négliger la question de savoir s'il existe une règle de droit à proprement parler antérieure et supérieure aux gouvernants. Pour la même raison on peut négliger la question de savoir s'il existe des lois normatives, car si elles existent elles ne sont que l'expression de cette règle de droit. Personnellement nous admettons l'existence de cette règle et des lois qui la constatent; mais ce n'est en réalité qu'un postulat. Or, qu'on l'admette ou non, il est un fait irréductible : la nécessité, inéluctable, puisque c'est la condition même de la vie sociale, d'organiser certaines activités en service public, et par conséquent la valeur sociale et la force socialement obligatoire de toute disposition par voie générale portée pour l'organisation et le fonctionnement des services publics.

Il y a d'autre part cette conception, qui a été au reste formulée par l'antiquité grecque et qui a profondément pénétré l'esprit des hommes modernes, à savoir que pour l'organisation et le fonctionnement des services publics, les gouvernants doivent procéder par voie de disposition générale et qu'ils ne peuvent prendre de décision individuelle que dans la mesure fixée par la disposition générale, parce que là se trouve la plus sûre protection de l'individu contre l'arbitraire.

Ainsi apparaît en fin de compte, à la fois dans sa complexité et son unité, le caractère obligatoire de la loi. Il est complexe puisqu'il repose à la fois sur le caractère de généralité de la loi et sur le but qui la détermine. Il est un puisqu'il repose essentiellement sur l'obligation incombant aux gouvernants d'assurer le fonctionnement des services publics.

A dire le vrai, il n'est pas une loi qui ne soit la loi organique d'un service public et dont la force obligatoire ne puisse s'expliquer par là; et il en est beaucoup dont elle ne peut s'expliquer que par là. Il en est ainsi de toutes les lois appelées proprement lois organiques, c'est-à-dire des lois qui réglementent l'organisation intérieure de l'État. Si l'on admet la personnalité de l'État et si l'on définit la loi l'ordre formulé par la volonté souveraine de l'État, on est dans l'impossibilité absolue de comprendre comment les lois organiques peuvent être véritablement des lois, puisque l'État ne peut pas s'adresser un commandement à lui-même. Au contraire le caractère obligatoire de pareilles dispositions apparaît très nettement si on le rattache à l'obligation qui s'impose aux gouvernants d'organiser les services publics. Les lois qui organisent des services publics spéciaux ont le caractère obligatoire précisément parce qu'elles ont cet objet spécial. Les lois constitutionnelles et les lois d'administration générale sont obligatoires parce qu'elles ont pour but de donner à l'État l'organisation d'ensemble la plus propre à lui permettre de mettre en œuvre les divers services.

Même les formules de principes généraux contenues dans les Déclarations et dans certaines constitutions se rattachent à la notion de service public. Quand, se plaçant au reste dans la conception individualiste (mais au point où nous en sommes cela n'a pas d'importance), les auteurs des Déclarations de 1789, de 1793, de l'an III et de la constitution de 1848 formulaient les principes de liberté, de propriété, n'était-ce pas tout simplement l'affirmation que l'obligation s'impose aux gouvernants de créer des services publics destinés à protéger cette liberté et cette propriété?

Nous en dirons autant des lois pénales. Ce sont elles qui paraissent être au plus haut degré des lois impératives, ou plutôt des lois prohibitives s'adressant aux particuliers. En y regardant de près on s'aperçoit que peut-être l'injonction ne s'adresse pas en réalité aux particuliers. Le législateur n'interdit pas de tuer, de voler, etc... Cette interdiction, il n'a pas qualité pour l'édicter. Il organise simplement le service public de sécurité et il décide que si un fait, prévu et défini par lui et qualifié infraction, est commis, les tribunaux prononceront une certaine peine contre l'individu qui en est régulièrement reconnu l'auteur. Suivant l'expression de Binding, l'impératif pénal ne s'adresse pas aux particuliers [1]. Ainsi la question du fondement du droit de punir ne se pose pas si par là on entend la question de savoir sur quel fondement repose le droit de la société de dire ce qui est permis et ce qui est défendu. Les gouvernants doivent assurément, on leur a toujours reconnu cette mission, protéger la sécurité à l'intérieur de la collectivité. Ils remplissent cette charge en édictant des lois pénales. Par là elles sont obligatoires et légitimes.

Enfin les lois civiles elles-mêmes ne sont en réalité que des lois organiques de services publics, encore les services de police et de justice. De ces lois on

1. Binding, *Die Normen*, I, p. 66, 2ᵉ édit., 1890.

s'est demandé comment on peut dire qu'elles sont impératives, puisque toutes les législations civiles, et particulièrement l'article 6 du code Napoléon, décident qu'en principe on peut toujours y déroger par une convention particulière. Alors on a été amené à dire que les lois civiles s'adressent aux agents de juridiction chargés de statuer sur les différends entre les particuliers. Les parties peuvent faire des conventions contraires à toutes les lois civiles qui ne touchent ni à l'ordre public, ni aux bonnes mœurs. Mais la loi détermine d'une manière précise le devoir du juge. Il doit en principe juger les rapports privés suivant les conventions intervenues entre les parties. A défaut de conventions ou au cas d'obscurité de celles-ci le juge doit statuer conformément aux dispositions de la loi civile. On voit ainsi que les lois civiles supplétives sont bien des lois organisant un service public, le service de la justice. Quant aux lois civiles qui intéressent l'ordre public et les bonnes mœurs, comme toutes les lois sur l'organisation de la famille, sur la compétence, la capacité, lois auxquelles les parties ne peuvent pas déroger par des conventions, elles déterminent encore le rôle et les devoirs du juge, qui doit déclarer nulles et sans valeur toutes les conventions faites en violation de ces lois. Par là elles aussi sont évidemment des lois organiques du service de justice.

Finalement, même au regard des fonctionnaires la loi ne contient pas véritablement un ordre; elle n'a d'autre force que celle qu'elle tire de sa destination à un service public.

Nous reconnaissons volontiers que jusqu'à présent c'est surtout par le raisonnement que nous sommes arrivé à déterminer le caractère que nous attribuons à la loi, et que ces conclusions seraient bien fragiles si nous nous en tenions là. Il reste à montrer l'essentiel, à savoir que ce caractère de la loi, déterminé par l'analyse, concorde seul avec les faits, qui sont en contradiction violente avec la conception impérialiste.

Dans le système de droit public d'après lequel la loi était un commandement émané de la puissance souveraine, quatre propositions découlaient de ce caractère et étaient admises comme des dogmes sacrés. Les voici :

1° La loi était une décision qui ne pouvait émaner que du peuple ou de ses représentants.

2° La loi, étant l'émanation de la volonté souveraine de l'État, ne pouvait être l'objet d'une critique contentieuse ni par voie d'action ni par voie d'exception et pas davantage donner lieu à une action en responsabilité.

3° La loi, étant une émanation de la puissance souveraine, était une, indivisible, comme la souveraineté elle-même; il ne pouvait y avoir dans un pays de lois particulières pour des régions ou des groupes.

4° La loi étant un commandement, était toujours un acte unilatéral : loi et convention étaient deux notions s'excluant; on ne pouvait concevoir des lois-conventions.

Aujourd'hui aucune de ces quatre propositions n'est vraie. Il y a des lois qui n'émanent pas du peuple ou de ses représentants. Les lois peuvent être l'objet d'une critique contentieuse, et engager la responsabilité de l'État. Il y a des lois régionales et des lois de groupes. Enfin il y a des lois-conventions. Chacun de ces points demande quelque développement.

III

Il est d'abord évident que si la loi est le commandement émané de la puissance souveraine, elle ne peut être faite que par l'organe qui détient cette puissance. Pendant longtemps, en effet, on a considéré comme un principe absolu que la loi ne pouvait émaner que du parlement, qui par représentation seul exerçait les diverses prérogatives de la souveraineté nationale. C'est au fond le célèbre principe de la séparation des pouvoirs. A l'article 3 du préambule du titre III de la constitution de 1791 il était dit : « Le pouvoir législatif est délégué à une assemblée nationale composée de représentants temporaires librement élus par le peuple... », et à l'article 1er de la section 1 du chapitre III du titre III : « La constitution délègue exclusivement au corps législatif les pouvoirs et fonctions ci-après : de proposer et de décréter les lois; le roi peut seulement inviter le corps législatif à prendre un objet en considération... » Ainsi le pouvoir de faire la loi est une prérogative tellement propre à la représentation nationale que même l'initiative des lois lui appartient exclusivement.

Ce n'est pas tout. A l'article 6 de la section 1 du chapitre IV du titre III de la constitution de 1791 on lit : « Le pouvoir exécutif ne peut faire aucune loi même provisoire, mais seulement des proclamations conformes aux lois pour en ordonner ou en rappeler l'exécution. » Quoi qu'on en ait dit, cette dernière disposition est fort nette : elle enlevait au roi entièrement ce que nous appelons aujourd'hui le pouvoir réglementaire. Le mot proclamation est tout à fait caractéristique : il implique que l'acte du roi n'aura pas de valeur par lui-même, qu'il ne sera pas une règle s'imposant aux tribunaux, mais seulement une instruction adressée aux fonctionnaires pour ordonner ou rappeler l'exécution de la loi.

Le même principe était nettement formulé dans la constitution de l'an III : « La loi est la volonté générale exprimée par la majorité ou des citoyens ou de leurs représentants. » Le Directoire ne peut faire que des proclamations conformes aux lois et pour leur exécution [1]. Malgré ces textes restrictifs, dès cette époque on trouve, sous le nom d'arrêtés du Directoire, un assez grand nombre d'actes qui sont incontestablement autre chose que des proclamations, et qui contiennent des dispositions par voie générale, ayant force exécutoire par elles-mêmes et s'imposant, comme la loi proprement dite, à l'application par les tribunaux et par les corps administratifs.

Sous le Consulat et le Premier Empire le nombre de ces dispositions par voie générale émanant du gouvernement augmente dans de très grandes proportions. La constitution de l'an VIII ne parle plus de proclamations, mais de règlements. « Le gouvernement propose les lois, et fait les règlements nécessaires pour assurer leur exécution » (art. 44). Le changement de termes est caractéristique : il ne s'agit plus d'un acte rappelant l'application d'une

---

1. Constitution an III, art. 144, §§ 1 et 2.

loi, mais d'un acte contenant une règle s'imposant
comme telle. Depuis l'an VIII, quelle que soit la
forme du gouvernement, empire, royauté, république,
le nomb. 3 des règlements faits par le pouvoir exécutif augmente constamment. Sans doute, si l'on
excepte la charte de 1814 dont l'article 14 donne au
roi le droit de faire des ordonnances nécessaires
pour l'exécution des lois et la sûreté de l'État, tous
les autres actes constitutionnels rattachent le pouvoir réglementaire du chef de l'État à son pouvoir
exécutif et lui donnent pour fin d'assurer l'exécution
des lois [1]. Mais ces restrictions sont impuissantes ;
comme toujours les faits sont plus forts que les constitutions ; le pouvoir réglementaire s'étend constamment et un grand nombre de règlements apparaissent,
qu'il est impossible de rattacher à l'exécution des
lois. Ainsi il s'est formé à côté de la législation proprement dite toute une législation que l'on peut
appeler réglementaire et qui a pour les particuliers,
les administrateurs et les juges la même force obligatoire que les lois formelles.

Le lieu n'est point ici d'exposer les controverses
sans fin qui se sont élevées sur le pouvoir réglementaire du président de la République et notamment à
propos d'une prétendue délégation législative qui lui
serait donnée par le parlement. Quoi qu'il en soit
de toutes ces controverses, le fait incontestable c'est
que le chef de l'État fait aujourd'hui, non seulement
des règlements qui se rattachent à des lois formelles
antérieures, mais encore beaucoup de règlements

1. Cf. notamment charte 1830, art. 13; const. 1848, art. 49;
const. 1852, art. 14. Les lois constitutionnelles de 1875 ne parlent
pas expressément du pouvoir réglementaire.

autonomes, qui ne se rattachent à aucune loi formelle
et dont cependant nul ne songe à contester la validité. De ce nombre sont, par exemple, tous les règlements de police générale faits par le président de la
République et parmi lesquels on peut très justement
citer les décrets réglementaires du 1er mars 1899 et
du 10 septembre 1901 sur la construction et la circulation des automobiles, le décret du 8 octobre 1901
sur la police et l'usage des voies de navigation intérieures. De tous ces règlements on a été dans l'impossibilité absolue, malgré des prodiges de subtilité, de dire par quoi ils se distinguent spécifique-
ment de la loi. Comme elle ils contiennent par
définition même des dispositions par voie générale,
qui incontestablement s'imposent aux particuliers,
aux administrateurs et aux juges. Tout acte fait en
violation d'un règlement est nul tout comme s'il
avait été fait en violation d'une loi.

Cela ne veut pas dire au reste que le président de
la République puisse faire des règlements sur toute
matière. Il est certain qu'il est des matières dites
législatives sur lesquelles seul peut légiférer le parlement. Mais c'est une question de compétence; et
il ne résulte point de là qu'il y ait une différence
de nature entre la loi et le règlement.

Au surplus, s'il a existé à un certain moment une
différence spécifique entre le règlement et la loi,
elle tend, par l'évolution naturelle des choses, à disparaître. Peut-être même est-elle entièrement dis-
parue. Si cette différence a existé elle n'a pu être
que celle que M. Hauriou expliquait ainsi : les lois
sont des limitations par voie générale apportées à
la libre activité de l'individu; les règlements sont

des dispositions par voie générale qui ont pour but d'assurer l'organisation et le fonctionnement des services publics[1]. Or nous croyons avoir montré au paragraphe II du présent chapitre que la loi elle-même est devenue essentiellement une disposition par voie générale édictée en vue de l'organisation et du fonctionnement d'un service public. Que ce soit la loi qui évolue et arrive à se confondre avec le règlement ou que ce soit au contraire le règlement qui se rapproche de la loi, cela n'a au fond aucune importance. Le point capital c'est que l'évolution s'est produite, c'est qu'il y a des dispositions qui ont bien réellement le caractère de loi et qui n'émanent pas de l'organe considéré comme représentant la souveraineté nationale et que par conséquent la notion de loi ne se rattache plus à la notion de souveraineté[2].

Il reste à noter qu'on ne saurait point tirer argument en faveur d'une distinction de fond entre la loi et le règlement de ce que, à l'occasion d'un règlement, sont recevables et l'exception d'illégalité et le recours pour excès de pouvoir, qu'ils ne le sont point à l'occasion de la loi. La différence est exacte, encore qu'elle tende à disparaître et qu'elle n'existe point dans certains pays. Mais elle ne touche aucunement la nature intrinsèque des actes. La recevabilité d'un recours et d'une exception dépend en effet, non pas du caractère intrinsèque de l'acte considéré, mais de la qualité de l'organe ou de l'agent qui le fait. Si le recours pour excès de pouvoir et l'exception

---

1. Hauriou, *Droit administratif*, 7ᵉ édit. 1911, p. 50.
2. Cf. Moreau, *Le Règlement administratif*, 1901; Duguit, *Traité de droit constitutionnel*, 1911, I, p. 137, 201 et suiv., II, p. 451 et suiv.

d'illégalité ne sont pas recevables à l'occasion d'une loi, c'est parce que le droit français n'a pas encore admis que les actes du corps législatif puissent être l'objet d'une critique contentieuse. Assurément cela tient à la sui vivance de l'ancienne idée que le corps législatif représente la souveraineté de la nation. Mais on verra aux deux paragraphes suivants que l'évolution est sur le point d'être achevée et que le moment n'est pas éloigné où le recours pour excès de pouvoir et l'exception d'illégalité seront recevables pour la loi comme pour le règlement.

IV

Dans la conception impérialiste il était logique qu'aucune critique contentieuse ne pût être dirigée contre la loi. Elle était l'ordre formulé par la volonté souveraine et, à cause de cela, elle était présumée exprimer une règle de droit. On ne peut critiquer la loi devant un tribunal quelconque, puisque le tribunal est chargé d'appliquer le droit et que la loi est par définition même source du droit. En outre, on ne le peut pas parce que la souveraineté n'est susceptible ni de plus ni de moins, que la loi est la manifestation directe de cette souveraineté et que par conséquent nulle autorité ne peut être compétente pour en apprécier la valeur.

En Angleterre ce point de vue est resté intact jusqu'à maintenant. On connaît l'adage célèbre : « Le parlement anglais peut tout faire hormis changer un homme en femme. » M. Dicey a mis très remarquablement en relief le sens et la portée du principe :

« Le mot parlement, écrit-il, signifie dans la bouche d'un jurisconsulte le roi, la chambre des lords et la chambre des communes. Le principe de la souveraineté parlementaire signifie ni plus ni moins que le parlement ainsi défini a, d'après la constitution anglaise, le droit de faire ou de ne pas faire une loi quelconque. Il signifie de plus que la loi anglaise ne reconnaît à aucun homme ni à aucun corps le droit de négliger ou d'écarter les lois faites par le parlement[1]. »

L'Angleterre en est restée là et ne paraît pas devoir aller plus loin, pour le moment du moins. Au contraire en Amérique et en France, une évolution très importante s'est produite, et pour notre pays elle n'est point encore arrivée à son terme. Le point de départ en est la reconnaissance à la fin du xviiie siècle en France et en Amérique d'une distinction entre les lois ordinaires et les lois constitutionnelles, que pour éviter des confusions M. Dicey a qualifiées de rigides. Il n'y a point lieu d'exposer ici l'origine de cette distinction, les circonstances qui ont le plus profondément agi sur sa formation en France et en Amérique et non plus l'action des idées françaises sur les américaines et réciproquement[2].

A la fin du xviiie siècle, la distinction est devenue en France et en Amérique un principe essentiel de droit public. Quelque importante qu'elle soit il ne faut pas cependant en exagérer la portée. Elle n'im-

---

1. *Introduction à l'étude du droit constitutionnel*, édit. française, 1902, p. 35.

2. Cf. Borgeaud, *Établissement et revision des constitutions*, 1893; Gajac, *De la distinction des lois ordinaires et constitutionnelles*, thèse Bordeaux, 1905; Duguit, *Traité de droit constitutionnel*, 1911, II, p. 513 et suiv.

plique point la reconnaissance de deux législateurs
également souverains, chacun dans son domaine, le
législateur constituant et le législateur ordinaire.
Elle implique encore moins la reconnaissance d'un
législateur constituant dont la souveraineté serait
supérieure à celle du législateur ordinaire. Dans le
système de droit public fondé sur la notion de souveraineté, il y a et il ne peut y avoir qu'une souveraineté, et il ne peut y avoir en elle des degrés.
Toute loi, loi constitutionnelle ou ordinaire, est et
reste un ordre de la volonté souveraine, une, de
l'État. Mais cet ordre s'exprime en des formes différentes pour la loi constitutionnelle et la loi ordinaire.
Voilà tout. C'est beaucoup; car il en résulte qu'une
loi constitutionnelle étant faite en une forme autre
que celle de la loi ordinaire ne peut être ni modifiée
ni abrogée par celle-ci et ne peut l'être que par une
loi constitutionnelle ou du moins que suivant les
formes qu'elle-même a déterminées.

Cela compris, on aperçoit la question qui s'est
posée, qui ne pouvait pas ne pas se poser en France
et en Amérique. Quand le législateur ordinaire fait
une loi qui viole une loi constitutionnelle, peut-on
former un recours tendant à en obtenir l'annulation?
Y a-t-il un tribunal compétent pour prononcer cette
annulation? On a répondu non et on répond encore
non en Amérique et en France. Sans doute la constitution de l'an VIII, art. 21 et la constitution de 1852,
art. 29 donnaient au sénat conservateur pouvoir
« pour maintenir ou annuler tous les actes (y compris les actes législatifs) qui lui sont déférés comme
inconstitutionnels... » Mais ni le sénat du Premier
Empire ni celui du Second n'ont rempli la mission

qui leur était ainsi conférée ; ils n'ont été en réalité qu'un instrument entre les mains du maître pour modifier à son gré la Constitution.

Une autre question s'est posée connexe de la première, mais cependant bien différente. Celui contre lequel on invoque une loi devant un tribunal civil ou criminel peut-il opposer une exception d'inconstitutionnalité ? Le tribunal peut-il, non point prononcer la nullité de la loi, mais refuser de l'appliquer, à cause de son inconstitutionnalité, à l'espèce dont il est saisi ? L'Amérique a répondu affirmativement et c'est aujourd'hui une jurisprudence fortement établie que toute juridiction peut recevoir l'exception d'inconstitutionnalité et déclarer qu'elle n'appliquera pas la loi invoquée parce qu'elle est inconstitutionnelle, aucune juridiction, même la haute cour de justice fédérale, ne pouvant d'ailleurs prononcer l'annulation de la loi.

Comment l'Amérique est-elle arrivée tout de suite à cette solution ? Quel rôle a joué dans la formation de cette jurisprudence le souvenir de l'époque coloniale, pendant laquelle les tribunaux pouvaient et devaient logiquement refuser d'appliquer les lois qui outrepassaient les limites du pouvoir législatif concédé aux colonies par la métropole ? Quelle influence a eue la nécessité où l'on s'est trouvé de donner une solution aux conflits naissant forcément entre la législation fédérale et celle des États membres de l'Union ? Comment pour étayer cette jurisprudence sur un texte constitutionnel, a-t-on invoqué le chapitre III, section II, n° 1 de la constitution fédérale qui en réalité était tout à fait étranger à la question ? Quelle influence les décisions de la haute cour de

justice fédérale ont-elles eues sur le développement
du droit américain? Voilà autant de questions intéressantes, dans l'examen desquelles nous ne pouvons
entrer. Elles ont été d'ailleurs souvent étudiées [1].

En France, à la différence de ce que l'on décide en
Amérique, on a longtemps considéré comme une
sorte de dogme que les tribunaux quels qu'ils fussent
ne pouvaient point recevoir une exception d'inconstitutionnalité et refuser d'appliquer à l'espèce dont
ils étaient saisis une loi formelle dont ils reconnaî-
traient l'inconstitutionnalité. Sans doute on a toujours décidé que l'exception d'illégalité était recevable à propos d'un règlement, même d'un règlement
fait, disait-on, par le chef de l'État sur une délégation expresse du parlement. Pour donner une base
légale à cette dernière solution on a toujours invoqué
l'article 471, n° 15 du code pénal, qui dans ses termes
ne s'applique qu'aux règlements comportant une
sanction pénale. Mais on l'étendit sans difficulté à
tous les règlements.

On n'alla pas plus loin. Pendant longtemps la
doctrine et la jurisprudence ont été unanimes pour
décider que jamais un tribunal quelconque ne peut
apprécier la constitutionnalité d'une loi et refuser
de l'appliquer parce qu'il la juge inconstitutionnelle.
La pensée dominante qui déterminait cette solution
était certainement celle-ci : la loi est une émanation
de la souveraineté même; il n'est pas possible à un
tribunal de juger cette souveraineté; il n'est pas

1. Voir notamment, Nérinx, *L'Organisation judiciaire aux
États-Unis*, 1909, p. 36 et suiv.; Larnaude, *Bulletin de la société de
législation comparée*, 1902, p. 179 et suiv.; Boudin, *Political science
quarterly*, juin 1911, p. 338.

possible qu'une critique contentieuse soit dirigée contre une décision de la nation souveraine. C'était la conséquence logique de la notion que l'on se formait de l'État et de la loi. Les juges n'étant que des agents de l'État ne pouvaient opposer leur volonté à celle de l'État souverain législateur et décider contre lui qu'une chose qu'il avait voulue, il n'avait pas le pouvoir de la vouloir.

Ce n'est pas ainsi cependant que l'on explique habituellement la non-recevabilité de l'exception d'inconstitutionnalité. On la rattache généralement au principe de la séparation des pouvoirs et on dit que les tribunaux, organes du troisième pouvoir, le judiciaire, ne peuvent en aucun cas empiéter sur l'un des deux autres, le législatif ou l'exécutif. On invoque l'article 3 du chapitre v du titre III de la constitution de 1791 : « Les tribunaux ne peuvent ni s'immiscer dans l'exercice du pouvoir législatif... », et l'article 10 du titre II de la loi du 16 août 1790 : « Les tribunaux ne pourront prendre ni directement ni indirectement aucune part à l'exercice du pouvoir législatif, ni empêcher ou suspendre l'exécution des décrets du corps législatif sanctionnés par le roi, à peine de forfaiture. »

Mais en réalité ces textes étaient étrangers à la question et le principe de la séparation des pouvoirs conduisait à une tout autre solution. Le tribunal qui refuse d'appliquer une loi parce qu'il la juge inconstitutionnelle ne s'immisce point dans l'exercice du pouvoir législatif. Il ne suspend même pas l'application de la loi qui reste intacte avec toute sa force ; seulement il ne l'applique pas à l'espèce qui lui est soumise. Précisément parce que l'ordre judiciaire forme un troisième pouvoir distinct, indépendant des deux autres et égal à eux, il ne peut être contraint d'appliquer une loi qu'il juge inconstitutionnelle. Les Américains l'ont bien compris : le principe de la séparation des pouvoirs les a conduits logiquement à reconnaître aux tribunaux le droit d'apprécier la constitutionnalité des lois. Imposer au pouvoir judiciaire l'obligation d'appliquer même une loi inconstitutionnelle, c'est le déclarer inférieur au législatif, c'est le placer sous sa dépendance et violer le principe de la séparation. Si donc on a refusé aux juges français le pouvoir d'apprécier la constitutionnalité d'une loi, ce ne peut être que pour la raison indiquée : la loi s'impose, sans restriction ni réserve, parce qu'elle est l'expression de la volonté souveraine de l'État.

V

Si, comme nous le prétendons, cette conception de la loi disparaît, il doit exister une tendance très forte à reconnaître aux tribunaux le droit d'apprécier la constitutionnalité des lois. Or précisément cette tendance nous apparaît très nette et dans la doctrine et dans la jurisprudence. Sans doute la jurisprudence judiciaire s'est toujours refusée à recevoir l'exception d'inconstitutionnalité; et nous croyons que si la question se posait aujourd'hui nettement devant un tribunal judiciaire français celui-ci donnerait encore la même solution. On invoquerait toujours le précédent de 1833, la cour de cassation ayant rejeté à cette date l'exception

d'inconstitutionnalité invoquée par un journaliste
contre la loi du 8 octobre 1830, « attendu que la loi
du 8 octobre 1830, délibérée et promulguée dans la
forme constitutionnelle prescrite par la charte fait
la règle des tribunaux et ne peut être attaquée
devant eux pour cause d'inconstitutionnalité [1] ».

Au contraire la doctrine française, la jurisprudence du conseil d'État et certaines jurisprudences
étrangères, qui jusqu'à présent s'étaient inspirées
du système français, tendent aujourd'hui très nettement à reconnaître aux tribunaux le pouvoir de
juger la constitutionnalité des lois, nous devrions
dire la légalité des lois invoquées devant eux. Dès
1894, dans un article du *Monde économique* M. le
professeur Beauregard, aujourd'hui député, soutenait que les tribunaux auraient le devoir de ne tenir
aucun compte d'une loi qui établirait le système du
cadenas, parce qu'elle violerait le principe constitutionnel qu'aucun impôt ne peut être établi que par
une décision du parlement. En 1895 M. Jèze soutenait sans hésiter que, lorsqu'une loi contient une
violation flagrante de la constitution, le tribunal ne
peut pas l'appliquer, parce que se trouvant en présence de textes contradictoires, il doit appliquer la
loi supérieure qui est la loi constitutionnelle [2]. Beaucoup de bons esprits estiment aujourd'hui qu'il
faudrait donner expressément aux tribunaux le
pouvoir d'apprécier la constitutionnalité des lois [3].

M. Hauriou a défendu cette thèse à propos des

1. *Sirey*, 1833, I, p. 357.
2. *Revue générale d'administration*, 1895, II, p. 411.
3. Saleilles, Thaller, *Bulletin de la Société de législation comparée*,
1902, p. 240 et suiv.

arrêts du conseil d'État du 7 août 1909, qui ont refusé d'annuler le décret prononçant la révocation pour faits de grève d'un certain nombre d'employés des postes, bien que ce décret eût été pris en violation flagrante de l'article 65 de la loi de finances du 22 avril 1905, aux termes duquel aucune révocation de fonctionnaire ne peut être prononcée sans qu'au préalable communication lui ait été donnée de ses notes, ou du moins, suivant l'interprétation admise, sans qu'il ait été mis à même d'en prendre connaissance. M. Hauriou fait très justement observer que les considérants des arrêts sont impuissants à justifier la solution donnée par le conseil, que cette solution ne peut s'expliquer que par l'idée que si l'article 65 de la loi de 1905 était applicable même au cas où des fonctionnaires sont révoqués pour faits de grève, il serait inconstitutionnel parce qu'il contiendrait une disposition absolument incompatible avec les conditions essentielles à l'existence de tout État, avec ce qui est sa raison d'être, le fonctionnement sans interruption des services publics; que le conseil d'État, en maintenant le décret de révocation a tout simplement refusé d'appliquer une loi inconstitutionnelle [1].

M. Hauriou a parfaitement raison et cela s'harmonise admirablement avec la notion que, d'après les faits, nous nous formons de l'État moderne : un groupement de services publics assurés et contrôlés par les gouvernants.

M. le professeur Berthélemy vient d'adhérer lui aussi à l'opinion d'après laquelle les tribunaux ont

1. Hauriou, *Note* sous conseil d'État, 7 août 1909 (*Winkel*), *Sirey*, 1909, III, p. 147.

compétence pour apprécier la constitutionnalité d'une loi et pour refuser d'appliquer une loi qu'ils reconnaissent contraire à la constitution. « Nous n'hésitons pas, dit-il, à adhérer à cette manière de voir[1]. »

D'ailleurs, à l'heure actuelle, sur le continent européen, beaucoup de pays entrent nettement dans cette voie. En Allemagne le profeseur Laband écrit : « Cette question, tant de fois discutée par les jurisconsultes allemands, est tranchée par l'immense majorité des auteurs en faveur du droit d'examen des juges[2]. » En Norvège le pouvoir des tribunaux de ne point appliquer une loi jugée inconstitutionnelle a été déduit logiquement du caractère reconnu à la fonction juridictionnelle, sans qu'il ait été besoin d'un texte formel qui le consacre. Il a été reconnu en 1890 par la cour suprême de Norvège et en 1893 par la cour urbaine de Christiania. En 1904 la première chambre de l'Aréopage a consacré cette doctrine en termes très nets[3].

Enfin la même solution vient d'être adoptée récemment par le tribunal d'Ilfov (Bucarest) le 2 février 1912 et par la cour de cassation de Roumanie qui a confirmé ce jugement (16 mars 1912). Ces décisions sont remarquablement rédigées. Elles ont été rendues sur une lumineuse consultation donnée par M. Berthélemy et M. Jèze dans un procès engagé entre la ville de Bucarest et sa compagnie de tramways ; celle-ci demandait au tribunal d'écarter

1. Berthélemy, *Note* sous jugement du tribunal d'Ilfov (Bucarest), 2 février 1912, *Sirey*, 1912, IV, p. 12.
2. Laband, *Droit public*, édit. française, 1900, II, p. 322.
3. *Revue du droit public*, 1905, p. 481.

l'application d'une loi du 18 décembre 1911 comme
inconstitutionnelle parce qu'elle violait les articles
14 et 30 de la constitution roumaine et portait
atteinte au droit de propriété. L'exception d'inconstitutionnalité étant ainsi opposée, le tribunal d'Ilfov
l'a déclarée recevable et fondée par un jugement
très nettement et très fortement motivé [1].

Un mois après, ce jugement était confirmé par un
arrêt de la cour de cassation de Roumanie, où on
lit : « Considérant que lorsqu'une loi invoquée dans
une cause quelconque est contraire à la constitution, le juge en présence de ce conflit ne peut pas
se soustraire au jugement du procès; que tout
comme au cas de contradiction entre deux lois
ordinaires il est du droit et du devoir du juge de les
interpréter et de décider laquelle des deux doit être
appliquée et qu'il est tout autant de son devoir
d'agir de même au cas où l'une de ces deux lois est
la Constitution; considérant que dans ces limites on
ne saurait contester au pouvoir judiciaire le droit
de vérifier la constitutionnalité d'une loi; qu'en
effet ce droit résulte en premier lieu et tout naturellement et logiquement de la nature et des attributions de ce pouvoir qui sont d'appliquer les lois et
par conséquent la loi constitutionnelle également,
qu'il n'existe dans la Constitution aucune disposition
qui enlève ce droit au pouvoir judiciaire [2]... »

Ces renseignements montrent que si la jurisprudence européenne n'admet pas encore au profit des

1. Voir la *consultation* de MM. Berthélemy et Jèze et le jugement, *Revue du droit public*, 1912, p. 130; *Sirey*, 1912, IV, p. 9.
2. Voir le texte complet de l'arrêt, *Revue du droit public*, 1912,
p. 365 et suiv.

intéressés l'ouverture d'un recours tendant à obtenir d'un haut tribunal l'annulation d'une loi pour violation d'une règle de droit supérieure à elle, elle a une tendance très nette à admettre l'exception d'inconstitutionnalité. La jurisprudence française sera certainement amenée, par la force des choses, dans un avenir prochain, à donner la même solution. Il est probable que le conseil d'État ouvrira la voie. On a déjà montré quelques pages plus haut que M. Hauriou avait pu très raisonnablement expliquer les arrêts du 9 août 1909 par l'idée que, si l'article 65 de la loi de 1905 avait pu s'appliquer à un décret révoquant des fonctionnaires en grève, elle eût été une violation flagrante de la loi fondamentale de tout État moderne. Depuis longtemps le conseil d'État admet la recevabilité de l'exception d'illégalité en ce qui concerne les règlements d'administration publique, bien qu'il les considère comme faits en vertu d'une délégation législative. Depuis 1907 le conseil d'État admet le recours pour excès de pouvoir contre ces mêmes règlements d'administration publique, tout en maintenant l'idée de délégation législative[1]. S'il y a délégation, logiquement il faut considérer le règlement d'administration publique comme étant l'œuvre du parlement, car ou bien le mot délégation n'a pas de sens, ou bien il implique qu'un organe transmet à un autre sa propre compétence.

En déclarant le recours pour excès de pouvoir recevable contre un règlement d'administration publique

1. Conseil d'État, 6 décembre 1907 (*Grandes Compagnies*), *Recueil*, p. 913; *Sirey*, 1908, III, p. 1; 26 décembre 1908, *Recueil*, p. 1094; 7 juillet 1911, *Recueil*, p. 197.

fait sur délégation législative, le conseil d'État
sera naturellement conduit à recevoir le recours
contre une loi formelle. La distance est petite et
sera facilement franchie. Il est donc vraisemblable
que, dans un avenir qui n'est peut-être pas très
éloigné, on reconnaîtra aux tribunaux le pouvoir
d'apprécier la constitutionnalité des lois et aussi la
recevabilité du recours pour excès de pouvoir dirigé
contre elles.

La Chambre des députés est d'ailleurs depuis plusieurs années déjà saisie de propositions en ce sens.
Le 28 janvier 1903 MM. Jules Roche, Charles Benoist
et Audiffred ont déposé une proposition tendant à
ajouter à la loi constitutionnelle du 25 février 1875
un article 9 qui serait ainsi conçu : « Il est établi une
cour suprême chargée de statuer sur les réclamations des citoyens pour violation de leurs droits
constitutionnels par le pouvoir législatif et par
le pouvoir exécutif. » A la même date, M. Charles
Benoist présentait une proposition tendant à instituer une cour suprême pour connaître des atteintes
portées aux droits et aux libertés des citoyens[1].

1. *Journal officiel, Documents parlem.*, Chambre, 1903, session
ordinaire, p. 95 et 99.

CHAPITRE IV

LES LOIS PARTICULIÈRES

I. Les lois locales. — II. Les lois des services décentralisés. — III. Les lois statutaires et les lois disciplinaires. — IV. Les lois des associations. — V. Les lois-conventions : contrats collectifs de travail. — VI. Les lois-conventions : concessions de service public. — VII. Sanction des lois-conventions. — VIII. Leur force obligatoire.

A d'autres points de vue encore la loi nous apparaît bien nettement comme n'étant plus, ne pouvant plus être le commandement de la volonté souveraine de l'État. Nous allons toucher à ce qui nous paraît constituer la transformation la plus profonde qui s'accomplit dans les sociétés modernes. Le droit public impérialiste formait une construction logique dont on ne saurait contester la rigueur. De ce point de vue l'État est la nation souveraine fixée sur un territoire déterminé et organisée en gouvernement. La souveraineté étatique est une volonté commandante telle qu'il ne peut y avoir sur le territoire national d'autres volontés individuelles ou collectives égales ou supérieures. La royauté était une et indivisible; la république, le territoire, la souveraineté sont uns et indivisibles. On doit citer encore l'article 1er du préambule du titre III de la constitution de 1791 et l'article 1er de la constitution de 1848 : « La souveraineté est une, indivisible ; elle appartient à la nation. Aucune section du peuple ni aucun individu ne peut s'en attribuer l'exercice. »

La conséquence qui résulte de cela au point de vue de la loi, on l'aperçoit aisément. La loi étant l'expression de la volonté souveraine une et indivisible, il est évident qu'il ne peut y avoir sur un territoire qu'une seule loi, que les membres de la nation ne peuvent être soumis qu'à une seule loi, la loi nationale et qu'il ne peut y avoir ni des lois régionales ni des lois d'associations ou de corporations. Or nous allons voir que sur le territoire de l'État, à côté de la loi nationale, se forment des lois locales, des lois de groupes, qui s'imposent aux citoyens et aux tribunaux.

I

De toute évidence la conception impérialiste excluait le fédéralisme. On sait avec quelle férocité la Convention poursuivit toute tentative fédéraliste vraie ou supposée. Par fédéralisme au reste la Convention entendait essentiellement ce que nous appelons aujourd'hui décentralisation, c'est-à-dire tout système dans lequel des circonscriptions territoriales plus ou moins étendues (départements, communes...) sont soumises à des lois s'appliquant exclusivement à elles et considérées comme faites pour elles et en leur nom par des organes qui sont leurs représentants. Que cela fût contraire au principe de l'unité de la souveraineté, c'est ce que les auteurs de la constitution de 1791 avaient très nettement déclaré. Sans doute l'assemblée nationale de 1789 avait établi un système d'administration locale décentralisée, en ce sens que tous les fonctionnaires locaux étaient élus et que les pouvoirs de contrôle du gouvernement étaient extrêmement restreints. Mais aux articles 2 et 3 de la section II du chapitre IV du titre III de la constitution, il était dit : « Les administrateurs n'ont aucun caractère de représentation. Ils sont des agents élus à temps par le peuple pour exercer sous la surveillance et l'autorité du roi les fonctions administratives. » Ainsi quoique élus les organes locaux ne sont point les représentants de la collectivité locale et la volonté de cette collectivité, si elle existe, n'ayant point de représentants ne peut point édicter une loi locale. Il n'y a qu'un pays, qu'une nation, qu'une souveraineté, qu'une loi.

Or aujourd'hui tout observateur impartial est frappé de ce que l'on peut appeler le morcellement de la loi, et particulièrement sa régionalisation. Elle apparaît tout d'abord d'une manière frappante dans les pays fédéraux où sur le même territoire s'appliquent en même temps la loi fédérale et la loi de l'État membre. Nous n'y insisterons point ; non pas qu'une forme de gouvernement, qui est le droit commun des deux continents américains, qui est réalisée en Allemagne et en Suisse et dont le domaine s'agrandira encore probablement dans un avenir prochain, doive être négligée, mais parce que l'antinomie entre la conception impérialiste de la loi et la forme fédérale est d'évidence, et que pré-

cédemment nous avons montré l'insuccès des efforts
tentés pour la résoudre [1].

Mais ce n'est pas seulement dans les pays fédéraux,
c'est même dans les pays unitaires, comme la France,
qu'apparaît cette régionalisation de la loi. La loi est
toujours avant tout la règle émanée du gouvernement
central qui s'applique en principe à tous les individus
se trouvant sur le territoire. Mais à côté d'elle apparaissent des lois locales.

Depuis 1871 en France la question de la décentralisation a été constamment à l'ordre du jour. La loi
du 10 août 1871 sur les conseils généraux a marqué
un pas en avant dans le sens décentralisateur. Les
auteurs de la loi du 5 avril 1884 sur les conseils
municipaux ont eu la prétention, au reste peu justifiée, de faire vraiment une loi de décentralisation.
Nos chambres sont depuis plusieurs années saisies
de diverses propositions tendant à substituer la
région au département, à lui donner une véritable
autonomie, à élargir les prérogatives communales.
Quelques bons esprits espèrent que la réforme électorale avec le scrutin de liste et la représentation
des minorités sera le prélude d'une grande réforme
administrative dans le sens décentralisateur. C'est
possible; mais enfin ni la réforme électorale ni
la réforme administrative ne sont encore faites
et nous ne voulons raisonner que sur les réalités
actuelles.

Or aujourd'hui, en fait et en droit, les communes,
au moins les grandes villes, ont incontestablement
une législation à elles propre, complètement distincte

---

1. Chap. I, § VIII.

de la loi nationale. Nous disons, au moins les grandes villes, parce que, si en droit le régime municipal est le même pour toutes les communes grandes et petites, cependant par la force des choses l'autonomie des grandes villes est en droit et en fait une réalité, quand celle des petites communes est une fiction. D'autre part nous n'ignorons pas que c'est la loi nationale qui a créé le régime municipal et que l'autonomie qu'elle a accordée, elle peut en droit la retirer. Mais de même que la coutume a certainement accru cette autonomie pour les villes, de même elle pourrait bien rendre impossible son retrait complet.

Quoi qu'il en soit, dans un certain domaine, notamment en matière de police et d'organisation des services municipaux, les maires ont compétence pour faire, sous le nom de règlements, de véritables lois communales (Loi du 5 avril 1884, art. 97 et 98). Ces règlements constituent un véritable droit objectif communal, s'appliquant à tous ceux qui se trouvent en fait sur le territoire de la commune. Ces lois communales peuvent, sinon modifier, du moins augmenter pour le territoire de la commune les obligations inscrites dans la loi nationale de police. Les règlements communaux sont de véritables lois : dispositions par voie générale, ils s'imposent à l'obéissance sous une sanction pénale. L'acte individuel fait conformément à eux est légitime et peut produire un effet de droit; l'acte qui les viole peut être attaqué par le recours en annulation ou entraîner une responsabilité.

De la loi, de la coutume, de la jurisprudence il résulte bien que les lois communales doivent être considérées comme faites au nom de la collectivité locale. Le maire est aujourd'hui dans toutes les communes de France l'élu du conseil municipal, élu lui-même par le suffrage universel de la commune. La loi de 1884 ne reconnaissait point au conseil municipal, corps représentatif de la commune, un pouvoir de contrôle sur les règlements municipaux. Mais en fait la coutume le lui a reconnu; il n'est pas une ville de France où il ne s'exerce d'une manière très étroite et certaines lois nouvelles, comme la loi du 15 février 1902 sur la protection de la santé publique, associent le conseil municipal à la rédaction des règlements de police. Il est aujourd'hui reconnu de tout le monde que le préfet, agent du pouvoir central, ne peut réformer les règlements du maire, mais seulement les annuler pour violation de la loi, qu'il ne peut pas se substituer au maire quand celui-ci a pris toutes les mesures de police nécessaires et que si le préfet outrepasse ses pouvoirs sur ce point le maire est recevable à attaquer par le recours pour excès de pouvoir la décision préfectorale. Cela prouve bien que le maire, législateur véritable dans sa commune, n'agit pas comme subordonné du préfet agent du gouvernement central, mais comme représentant de la collectivité locale décentralisée.

Pusieurs arrêts du conseil d'État l'ont très nettement décidé. C'est notamment un arrêt du 7 juin 1902 qui déclare recevable et fondé le recours formé par le maire de Néris contre un arrêté du préfet de l'Allier, qui avait édicté, pour les jeux au casino de cette station thermale, des mesures qui se trouvaient en contradiction avec le règlement général des jeux porté par le maire dans les limites de ses attributions [1]. En 1910 le conseil d'État a confirmé cette jurisprudence. Il admet le recours d'un maire contre l'arrêté du préfet annulant l'arrêté par lequel un maire avait rapporté l'arrêté d'un de ses prédécesseurs portant interdiction des processions [2].

Que les règlements municipaux soient vraiment des lois de la commune, cela apparaît aussi du point de vue de la responsabilité. Le conseil d'État a une tendance très marquée à reconnaître la responsabilité de la commune à raison des règlements municipaux. Les solutions données sur ce point se rattachent à la jurisprudence qui tend à reconnaître la responsabilité publique à l'occasion d'actes par voie générale. Elle implique évidemment que le règlement municipal est bien véritablement la loi de la commune, puisque c'est elle qui supporte la responsabilité à laquelle il peut donner naissance.

Cette responsabilité de la commune a été reconnue par le conseil d'État (15 juin 1912) à propos d'un arrêté par lequel le maire avait illégalement réglementé les sonneries des cloches de l'église et notamment prescrit l'usage des cloches pour les enterrements civils. Le haut tribunal déclare l'arrêté illégal, l'annule et en même temps reconnaît en principe la responsabilité de la commune envers le curé à cause du préjudice moral que pareil arrêté lui a occasionné [3].

---

1. *Sirey*, 1902, III, p. 81 avec une note de M. Hauriou.
2. Conseil d'État, 16 décembre 1910, *Recueil*, p. 957.
3. *Le Temps*, 17 juin 1912.

II

Il n'y a pas seulement des lois locales ; il y a aussi des lois propres à certains services publics qui sont décentralisés en tant que services. Cette décentralisation par service est un des phénomènes juridiques les plus intéressants de notre époque.

Nous avons déjà signalé l'évolution qui se produit dans beaucoup de pays modernes, particulièrement en France, et qui tend à une décentralisation se réalisant dans le service public par la participation des fonctionnaires du service à sa direction. Ce mode d'organisation n'est d'ailleurs applicable qu'aux services techniques ; il ne le serait point à des services comme la guerre, la justice, qui doivent rester sous la direction immédiate des gouvernants.

Les éléments d'un système complet de décentralisation par service sont, outre la participation des agents à la direction du service, le groupement corporatif de tous les fonctionnaires du service, et la *patrimonialisation*, c'est-à-dire l'affectation au service d'un patrimoine autonome dont la gestion sera confiée, sous le contrôle du gouvernement, aux agents eux-mêmes. Ce contrôle se traduira surtout dans le système des dépenses obligatoires, c'est-à-dire dans le pouvoir du gouvernement d'inscrire d'office au budget les dépenses nécessaires au fonctionnement du service dans le cas où les gérants s'y seraient refusés. Enfin la contre-partie de la décentralisation par service, c'est une responsabilité personnelle des agents envers les administrés expressément reconnue et fortement sanctionnée.

Nous n'avons encore que des ébauches de cette organisation; mais tout nous semble démontrer qu'une évolution très nette se produit en ce sens et que le développement de la décentralisation par service est la condition indispensable pour que le nombre des services publics puisse s'accroître sans que la puissance de l'État devienne excessive et absorbe les initiatives individuelles.

En France, les établissements publics sont incontestablement un exemple de décentralisation par service. Ce sont des services publics patrimonialisés et administrés par leurs agents, formant un conseil et ayant une liberté d'action plus ou moins grande, à l'heure actuelle certainement trop restreinte, mais qui probablement avec le temps s'étendra. Le type en est certainement nos universités, créées par la loi du 10 juillet 1896 et organisées par les grands décrets de 1897. Elles ont chacune un patrimoine autonome, géré sous le contrôle de l'État, par un conseil composé complètement, à l'exception du recteur président, de professeurs de l'université intéressée élus par leurs collègues. Les professeurs de l'enseignement supérieur ont un statut fortement protégé et sont placés sous le pouvoir disciplinaire des conseils d'université, en réalité conseils corporatifs, et en appel du conseil supérieur de l'instruction publique composé pour la plus grande part de membres élus.

Parallèlement à la tendance vers l'organisation de services publics autonomes se produit la tendance vers l'établissement d'un statut propre aux fonctionnaires de chaque service, statut qui a deux buts, d'ailleurs étroitement dépendants l'un de l'autre.

D'une part il est destiné à protéger l'agent contre toute mesure arbitraire, à lui assurer une situation stable, un avancement régulier, à le soustraire aux influences politiques; et d'autre part il a pour but d'attacher le fonctionnaire au service, d'en assurer ainsi un meilleur fonctionnement. C'est d'ailleurs ce dernier but qui est prépondérant. Le droit public tend à protéger le fonctionnaire, non pas vraiment dans l'intérêt personnel de celui-ci, mais avant tout pour garantir la bonne gestion du service. Ou si l'on veut, le droit public ne protège le fonctionnaire que dans l'intérêt du service. Ce statut des fonctionnaires sera propre à chaque service. Sans doute la Chambre des députés est saisie depuis plusieurs années d'un projet tendant à établir un statut général commun à tous les fonctionnaires, quelques catégories exceptées. A la fin de 1911 M. le député Maginot a déposé un remarquable rapport sur ce point. Mais la Chambre n'a point encore discuté le projet et nous doutons qu'elle le vote jamais. La variété des services est déjà si grande qu'il est impossible d'établir un statut général commun. La solution du problème est dans l'établissement d'un statut propre à chaque service et établi à la suite d'un accord entre la direction et les représentants du personnel.

· Le lien intime existant entre la décentralisation d'un service et le statut des agents apparaît très nettement dans les articles 41 et suivants de la loi de finances du 13 juillet 1911, donnant une autonomie relative au service des chemins de fer de l'État. L'article 56 crée un conseil, dit conseil du réseau, dont doivent faire partie quatre agents du réseau, choisis par le ministre parmi les délégués élus aux divers comités et commissions du réseau. Ce conseil devait donner son avis sur les règles relatives au statut du personnel (art. 58, n° 2). Ce statut, qui aux termes de l'article 68 devait entrer en application dans l'année, a été établi à la suite d'un accord entre la direction et les délégués du personnel. Il y a bien eu quelques incidents, quelques protestations de la part de certains agents; mais enfin le calme s'est fait et le statut est entré en application. On doit signaler le fait; il est intéressant en lui-même; mais surtout il est comme l'annonce de ce qui très probablement se fera dans un avenir prochain successivement pour tous les services publics techniques, si du moins les menées révolutionnaires ne viennent pas entraver ou fausser, au détriment de ceux qu'elles prétendent servir, l'évolution normale des choses.

Si nous avons donné ces quelques indications sur la décentralisation par service, c'est qu'il nous a semblé qu'elles faisaient d'elles-mêmes apparaître la tendance à l'établissement d'une loi propre à chaque service décentralisé et distincte de la loi nationale. Le service public décentralisé, autonome et patrimonialisé est un organisme juridique se suffisant à lui-même; il doit donc avoir sa loi propre. Elle apparaît d'abord en ce que le service a la possibilité de régler lui-même son organisation et son fonctionnement. La règle établie à cette fin est bien une loi au sens matériel : elle est une disposition par voie générale; elle est accompagnée d'une sanction juridictionnelle; tout acte qui la viole est frappé de nullité et peut être attaqué par le recours pour excès de pouvoir.

Cette loi propre à chaque service décentralisé, distincte de la loi nationale, apparaît très nettement pour les grands établissements publics. L'administration hospitalière d'une grande ville s'organise elle-même, se donne à elle-même sa loi. Sous le nom de règlements elle édicte quantité de règles qui sont de véritables lois sur la gestion du service. Tous actes qui la violent sont annulés sur le recours pour excès de pouvoir. Le conseil d'État l'a souvent décidé. La loi du service autonome est ainsi distincte de la loi nationale par son objet, par son but, par l'organe duquel elle émane. Nous en dirons autant des règlements que fait chaque université sur le fonctionnement de ses services. Chaque conseil d'université possède à cet égard une véritable compétence législative.

III

La loi propre à chaque service décentralisé nous apparaît d'une manière encore plus frappante en ce qui concerne le statut spécial qui tend à s'établir pour les fonctionnaires de chaque service autonome. Le mot statut, qui maintenant est passé dans la terminologie du droit, désigne d'une manière générale la situation légale qui appartient à une personne déterminée dans une collectivité donnée et en raison de ce qu'elle appartient à cette collectivité. Donc parler du statut des fonctionnaires appartenant à un service public déterminé, c'est reconnaître que, parce qu'ils appartiennent à ce service, ils se trouvent dans une situation légale particulière.

Sans doute s'il existait un statut général des fonctionnaires on ne saurait que difficilement soutenir
qu'il ne résulte pas de la loi nationale. Il serait une
dérogation au statut des simples citoyens; mais il
serait une dérogation d'ordre général, voulue dans
l'intérêt de l'organisation générale et par le législateur national. Il en est différemment du statut
propre aux fonctionnaires de services particuliers.
Il leur est fait alors une situation spéciale se rattachant directement au service lui-même. Les organes
propres de ce service participent à l'établissement
du statut; parfois même il émane exclusivement
d'eux. Il va de soi que le statut ne s'applique et ne
peut s'appliquer qu'aux fonctionnaires de ce service.
Il y a bien alors une loi du service, distincte de la
loi nationale, établie en vue du service et faisant
aux agents qui lui appartiennent une situation tout
à fait particulière.

Nous avons déjà mentionné le statut établi au
mois de septembre 1912 au profit des employés des
chemins de fer de l'État et institué à la suite d'un
accord entre la direction et le personnel. Il contient
toute une série de règles qui font au personnel une
situation toute spéciale. C'est bien là une loi, puisque
c'est une disposition par voie générale, avec une
sanction juridictionnelle. On ne peut pas dire que
ce soit la loi nationale; c'est bien une loi ayant son
existence propre, une loi uniquement applicable à
un groupement distinct de la nation et trouvant
dans ce groupement son origine, son objet et son
but.

Peut-être y a-t-il dans cette constatation la solution d'un des problèmes les plus ardus du droit

public, sur lequel les publicistes allemands et depuis quelques années les français ont beaucoup écrit. Nous voulons parler du fondement et du caractère du droit disciplinaire. En pratique la question se pose surtout ainsi : comment le même fait est-il et peut-il être l'objet d'une répression disciplinaire quand il échappe cependant à toute répression pénale? Comment un même fait peut-il être l'objet à la fois d'une répression pénale et d'une répression disciplinaire?

Dans tout ce qui a été écrit récemment sur la question apparaît très nettement la tendance à voir dans le droit disciplinaire le droit d'un groupe distinct de l'État. Ainsi le professeur Jellinek, qui a mis si fortement en relief la conception de la personnalité étatique titulaire du droit subjectif de puissance publique et formulant le droit objectif dans la loi, n'hésite pas à dire que la répression disciplinaire est complètement distincte de la répression pénale, qu'à la différence de celle-ci elle ne dérive point de la puissance commandante de l'État. Il ajoute que le pouvoir disciplinaire appartient à des groupes tout à fait distincts de l'État, aux communes, aux églises, aux sociétés, à la famille, aux établissements publics, et même parfois aux simples particuliers [1].

Notre collègue M. Bonnard paraît avoir aperçu le vrai caractère du droit disciplinaire et son exposé semble bien rendre compte des faits. Pour lui le droit disciplinaire est le droit pénal des corporations distinctes de l'État et ainsi le droit disciplinaire et

1. Jellinek, *System der öffentlichen subjektiven Rechte*, 2ᵉ édit., 1905, p. 214 et suiv.

le droit pénal ont une origine et un domaine absolument distincts. M. Bonnard ajoute que dans le
droit moderne les fonctions publiques tendent à
s'organiser corporativement et qu'ainsi le droit disciplinaire des fonctions publiques est le droit pénal
des corporations de fonctionnaires. Il fait observer
que cela cadre très bien avec la tendance marquée
des lois et règlements récents à donner le pouvoir
disciplinaire à des sortes de conseils corporatifs
composés de fonctionnaires du service [1].

Assurément M. Bonnard restreint trop le droit
disciplinaire en disant qu'il est le droit pénal des
corporations. Peut-être, il est vrai, n'emploie-t-il pas
le mot corporation en son sens étroit, historique et
juridique. D'autre part il va certainement trop loin,
quand il dit, sans restriction suffisante, que les
fonctions publiques tendent à s'organiser corporativement. Mais il paraît hors de contestation que le
droit disciplinaire n'est pas un droit national, un
droit étatique, qu'il est bien en effet le droit pénal
de groupements plus ou moins autonomes, distincts
de la nation, de l'État. Ce sont des corporations
proprement dites, des associations, des groupes
régionaux, des groupes sociaux comme les familles,
les syndicats professionnels, ou des éléments qui
n'ont pas à vrai dire le caractère corporatif, *associa-
tionnel*, mais qui forment une entité distincte, tels
les services publics, d'autant plus autonomes qu'ils
sont plus décentralisés.

Le droit disciplinaire des fonctionnaires d'un service public déterminé est donc le droit pénal du

---

1. Bonnard, *De la répression disciplinaire*, thèse Bordeaux, 1902.

groupement qu'est ce service. Celui-ci a un droit organique; mais il a aussi un droit pénal dont le fondement est celui de tout droit répressif : la nécessité de punir tout acte qui est de nature à compromettre la vie même du groupe, ici le fonctionnement du service. Ainsi les agents publics se trouvent subordonnés à deux lois pénales tout à fait distinctes : la loi pénale nationale et la loi pénale du service auquel ils appartiennent. Leur domaine ne se confond point : l'une a pour but d'assurer la sécurité de la collectivité nationale; l'autre le fonctionnement du service public conformément à sa loi organique. Ainsi un fait peut être puni par l'une et point par l'autre; le même fait peut être puni par les deux; la répression pénale n'exclura point la répression disciplinaire ni réciproquement.

Tout cela n'est-il pas en contradiction flagrante avec la notion impérialiste de la loi une pour tous les hommes se trouvant sur un même territoire?

Le statut disciplinaire étant ainsi une partie du droit objectif propre à un service public déterminé, rien ne s'oppose à ce qu'il s'organise juridictionnellement. Les infractions disciplinaires seront prévues et définies par la loi du service et aucun fait ne pourra être puni que s'il rentre dans la définition légale. Les peines seront aussi prévues et énumérées limitativement; l'autorité disciplinaire ne pourra prononcer que les peines prévues pour le fait constaté. Enfin la peine disciplinaire sera prononcée par un véritable tribunal devant lequel seront assurées à l'inculpé toutes les garanties qui existent devant un tribunal de droit commun.

C'est certainement en ce sens qu'évolue la répression disciplinaire. Pour certains fonctionnaires, le pouvoir de discipline est exercé par de véritables juridictions, comme le conseil supérieur de la magistrature qui n'est que la cour de cassation siégeant toutes chambres réunies, le conseil supérieur de l'instruction publique. Dans quelques services une échelle des peines est expressément établie; et certainement bientôt la loi du service définira les infractions disciplinaires punissables.

L'évolution du droit disciplinaire suit pas à pas la marche des services publics vers l'autonomie. Ainsi on voit se constituer une loi, une loi au sens propre du mot, une loi pénale à côté et en dehors du droit pénal national. Peu de faits démontrent mieux la disparition de la conception impérialiste et unitaire du droit public.

Certaines catégories d'agents publics sont soumises à un droit disciplinaire dans des conditions particulièrement intéressantes. Ce sont les membres des assemblées délibérantes et spécialement les membres du parlement.

Les règlements des chambres ne sont point des lois formelles; ils résultent de simples résolutions votées par chaque chambre; mais il constituent pour chacune et pour tous ses membres une véritable loi au sens matériel. La chambre peut bien modifier son règlement; mais tant qu'il existe, elle est liée par lui et elle doit s'y conformer. Ces règlements contiennent un véritable droit pénal applicable aux membres de la chambre, édictant des pénalités, dont l'une, la censure avec exclusion temporaire, peut à la Chambre des députés aboutir à une véritable incarcération (art. 126). Ce droit pénal est appliqué soit par le président, soit par la chambre, qui font véritablement acte de juridiction.

Évidemment, avec la conception de la loi ordre de la volonté souveraine, il est singulièrement difficile d'expliquer comment une décision par voie générale sans doute, mais qui n'émane pas d'un pouvoir constitutionnellement établi pour formuler la loi, peut cependant elle aussi contenir de véritables dispositions pénales. Nous avons nous-même écrit que cela s'expliquait si l'on voyait dans chacune des assemblées politiques une corporation autonome, ayant pour elle et pour ses membres un véritable pouvoir législatif, les parties disciplinaires du règlement étant le droit pénal de cette corporation[1]. Peut-être serait-il plus simple et plus exact de voir dans l'organe législatif, non pas une corporation, mais un véritable service public autonome, le service législatif. Les règlements des chambres seraient la loi de ce service. Autonome, il aurait sa propre loi comme ceux dont il a été parlé plus haut.

IV

Si les assemblées délibérantes ne sont point des corporations autonomes, beaucoup de groupements ont au contraire ce caractère. Le mouvement associationniste, particulièrement sous la forme syndicaliste qu'il revêt aujourd'hui, restera certainement le phénomène social caractéristique de la fin du

1. *Traité de droit constitutionnel*, 1911, II, p. 317.

xix⁰ siècle et du commencement du xx⁰ siècle. La
Révolution, on le sait, n'avait point reconnu le droit
d'association. La loi Le Chapelier des 14-17 juin 1791
avait expressément prohibé les associations professionnelles, « l'anéantissement de toutes les espèces
de corporations de citoyens du même état et profession étant une des bases fondamentales de la Constitution... » Et le code pénal prohibait sous des
peines sévères toute association de plus de vingt
personnes (art. 291 et 292).

C'était parfaitement logique. L'association, en
effet, est un groupement qui s'installe au sein de la
collectivité nationale et qui vient en rompre l'absor-
bante unité. L'association a sa loi distincte de la loi
nationale; cette loi émane d'un groupe qui n'est pas
la nation. Dans la conception d'un droit individualiste et régalien, cela est tout à fait impossible :
l'individu fait partie de la nation; il ne peut être
soumis qu'à la loi nationale; en cela réside la
garantie de sa liberté. Il ne peut faire partie d'un
autre groupe que la nation; car alors il serait soumis
à une autre loi et cela serait contraire à l'unité de la
souveraineté.

Toutes ces idées, d'une logique parfaite, étaient
très nettement exprimées dans la loi Le Chapelier.
Les associations professionnelles sont contraires au
principe de la liberté, aux bases fondamentales de
la constitution; il est donc interdit de les rétablir de
fait sous quelque prétexte et quelque forme que ce
soit. Il est notamment expressément interdit aux
citoyens d'un même état ou profession, « de former des
règlements sur leurs prétendus intérêts communs »
(art. 2). Cette loi corporative serait en effet directe-

ment contraire au principe de l'unité de la loi nationale.

Par conséquent, si le formidable mouvement associationniste et syndicaliste que l'on connaît a pu se
produire, s'il s'élargit chaque jour davantage, c'est
que la conception de la loi ordre de la volonté souveraine de la nation une a vécu. Qu'on ne dise pas
que les statuts d'une association ne sont pas une loi,
mais bien les clauses d'un contrat individuel. Ce
serait une proposition tout à fait erronée, qui a pu
être un moment soutenue, mais qui n'est plus
défendue aujourd'hui que par quelques civilistes
attardés. Les auteurs de la loi Le Chapelier ne s'y
étaient point trompés. Ils avaient bien aperçu le
caractère réglementaire des statuts de toute association et c'est précisément pour cela qu'ils la prohibaient comme contraire à la constitution. Sans
doute la loi du 1er juillet 1901 sur la liberté d'association (art. 1er) déclare qu'en principe l'association
est régie par le titre III du livre III du code civil
sur les contrats et obligations. Il n'y a là rien de
moins qu'une erreur législative. Au reste il est à
noter que cette loi de 1901, qui prend le contre-pied
des conceptions civilistes et individualistes, qui est
à la fois produit et facteur d'une évolution sociale
destructive de ces conceptions, a été rédigée par des
hommes qui invoquaient à chaque instant les principes traditionnels. Nouvelle preuve après mille
autres que la pensée intime de ceux qui font la loi
reste étrangère à l'élaboration du droit dont cette
loi est cependant un élément.

Les statuts d'une association ne sont point les
clauses d'un contrat, mais une loi véritable. Notre

intention n'est pas pour le démontrer d'entrer dans des explications qui seraient trop techniques. Nous nous bornerons à dire l'essentiel. Le contrat tel que l'a formé le droit romain et que l'a adopté le code Napoléon est une institution exclusivement d'ordre individualiste. Il implique deux déclarations de volonté ayant des objets différents, intervenant après un accord, telles que chacune d'elles est déterminée par l'autre. Le caractère psychologique du contrat se trouvait matérialisé d'une manière très nette dans la formule de la stipulation romaine : « *Spondes-ne mihi centum? — Spondeo.* » Quand il y a plusieurs volontés qui interviennent sans accord préalable, qui ont un même objet, et qui ne sont pas déterminées l'une par l'autre, mais par un but commun, il n'y a pas véritablement contrat. Il y a ce que l'on appelle aujourd'hui acte collectif, collaboration. Les Allemands disent *Gesammtakt, Vereinbarung.* On peut bien employer le mot contrat; mais alors on emploie le mot pour désigner une chose que dans son sens originaire il ne désignait pas, et c'est une source de confusions et d'erreurs.

Dans la formation de l'association il n'y a pas de contrat, parce que les adhérents veulent tous la même chose, déterminés par un but commun. Leurs déclarations ne sont point déterminées l'une par l'autre; elles concourent vers un but commun. Il n'y a point accord de volontés entre les milliers de personnes qui adhèrent à la même association et qui ne se connaissent même pas.

D'autre part le contrat fait naître habituellement ce que nous appelons une situation juridique subjec-tive. Si l'on trouve l'expression trop savante, disons

que le contrat fait naître un lien de droit concret et
momentané entre les deux contractants, dont l'un
est obligé d'accomplir une certaine prestation et
dont l'autre peut en exiger l'exécution. Cette situation est individuelle; elle lie ces deux personnes et
elles uniquement. C'est un principe bien connu du
droit civiliste que les conventions n'ont d'effet
qu'entre les parties contractantes (Code civil,
art. 1165). Cette situation est en outre temporaire :
lorsque le débiteur a exécuté la prestation promise,
le lien de droit disparaît; il n'y a plus rien.

Les statuts d'une association ne font pas naître
une situation juridique subjective; ils règlent d'une
manière permanente le fonctionnement de l'association. L'associé est tenu incontestablement de certaines obligations; il doit par exemple payer sa
cotisation. Cette obligation n'est pas née d'un contrat; elle résulte de l'adhésion à la société par
laquelle on se place sous l'application de la loi
sociale. L'obligation de payer la cotisation devient
dès lors une obligation légale tout à fait analogue à
celle de payer l'impôt. Elle a si bien ce caractère,
qu'elle s'impose à l'associé alors même que par une
décision de l'assemblée générale la quotité en est
augmentée, contrairement à l'opinion et même
malgré l'opposition dudit associé. Sans doute il
peut se retirer de l'association; mais il doit toujours
la cotisation de l'année courante et même davantage
si les statuts le décident.

Les statuts sont encore une véritable loi en ce
qu'ils déterminent le but de l'association et par là
sa capacité juridique. La loi du 1er juillet 1901 a
justement fait du but l'élément essentiel de l'asso-

ciation. L'article 3 attribue l'existence légale à toute
association dont le but est licite, et l'article 6 permet à toute association déclarée et publiée d'acquérir
à titre onéreux tous les immeubles nécessaires pour
l'accomplissement du but qu'elle se propose. Or ce
but est déterminé par les statuts qui forment ainsi
la loi organique de ce groupe social qu'est l'association.

Ce n'est pas tout. L'association a une capacité
juridique, laquelle ne peut évidemment s'exercer
que par des organes, qui sont constitués par les
statuts, lesquels déterminent en même temps leur
compétence. Par là encore ils ont tous les caractères
d'une véritable loi organique. Tous les actes, qui
seraient faits irrégulièrement, en violation des statuts, par exemple sans l'approbation de l'assemblée
générale quand elle est exigée, ou par le président
seul quand il faut le concours du bureau, seraient
frappés de nullité, nullité qui pourra être invoquée,
non seulement par la société, mais par les tiers eux-
mêmes. Peut-on dire après cela que les statuts sont
les clauses d'un contrat? Ils ont au contraire au
premier chef tous les caractères de la loi : ils sont
une disposition par voie générale, permanente, dont
la violation entraîne des nullités qui devront être
sanctionnées par les tribunaux.

Cela est vrai des statuts de toutes les associations,
même des associations reconnues d'utilité publique.
Ce n'est pas, en effet, le décret de reconnaissance qui
détermine le but de ces associations et institue leurs
organes; ce sont toujours les statuts. « Elles (les
associations reconnues d'utilité publique) peuvent
faire tous les actes de la vie civile qui ne sont pas

interdits par leurs statuts... » (Loi 1er juillet 1901, art. 11, § 1er.) Le décret de reconnaissance ne fait donc qu'approuver les statuts qui restent la loi organique de l'association.

Le droit positif français, comme d'ailleurs la plupart des législations modernes, distingue les associations des sociétés proprement dites, civiles ou commerciales : celles-ci poursuivent un but lucratif ; les associations, au contraire, un but désintéressé. Nous ne voulons point d'ailleurs discuter le bien-fondé de cette distinction. En tous cas le fait que les associés poursuivent ou non un but lucratif, s'il explique pourquoi la liberté d'association a été pendant longtemps entravée par des gouvernants soupçonneux et pourquoi encore la loi de 1901 lui impose certaines restrictions peu justifiables, ne peut avoir aucune influence sur la nature des statuts. Comme ceux des associations, les statuts des sociétés sont de véritables lois, dispositions par voie générale, permanentes, déterminant le but de la société et par conséquent sa capacité, créant ses organes, réglant leur fonctionnement et par conséquent déterminant les conditions de validité des actes passés avec les tiers. Assurément cette constatation n'a pas une grande importance pour les petites sociétés ; mais elle en a une de premier ordre pour les grandes sociétés de capitaux, dont le nombre et l'importance augmentent chaque jour.

On voit par ces quelques développements comment dans les pays modernes et notamment en France, toutes les associations, fédérations d'associations, syndicats, fédérations de syndicats, sociétés financières, compagnies industrielles, minières, d'assurances, compagnies concessionnaires de services publics, constituent autant de groupes sociaux qui ont chacun sa loi propre.

Le droit public moderne doit forcément s'adapter à l'existence de ces puissants groupements, déterminer les règles de leur coordination, et leurs rapports avec les gouvernants toujours investis d'une puissance de fait.

Le problème est grave; mais vouloir le résoudre en maintenant la notion traditionnelle de souveraineté et de loi, c'est forcément se condamner à l'impuissance. Les esprits traditionnalistes ont cru qu'on pouvait entraver la formation et le développement de ces groupements. Jusqu'en 1867 il a fallu l'autorisation du gouvernement pour créer une société anonyme. La liberté syndicale n'a été accordée qu'en 1884, on sait avec quelles restrictions. En 1901 le législateur a donné la liberté générale d'association, mais en l'entourant de limitations de tous genres. Rien n'y a fait. Le grand courant associationniste va toujours entraînant tout. Fédérations de syndicats, unions d'associations de toute espèce, fédérations de fonctionnaires, confédération générale du travail, compagnies financières et industrielles chaque jour plus puissantes et plus nombreuses, tous ces groupements se constituent malgré les anathèmes des individualistes impénitents. A l'opposé de ceux-ci les collectivistes ont prétendu que tous ces groupements devaient être absorbés par l'État. Ils n'ont vu dans les syndicats ouvriers qu'un moyen de guerre dans la lutte de la classe ouvrière contre la classe possédante pour arriver à son expropriation et à la nationalisation de toutes les grandes

associations de capitaux. L'erreur n'est pas moins
grande que celle des individualistes; elle a d'ailleurs
la même cause : la conception impérialiste du droit
public, la notion d'un État tout-puissant commandant
sans limite à une poussière d'individus. Le collecti-
visme n'est au fond que le système impérialiste
poussé à l'extrême.

Les faits se jouent de toutes ces théories. Nous
n'avons point la prétention de faire le prophète.
Mais la formation des grandes sociétés de capitaux,
le développement des syndicats de toutes sortes et
des fédérations de syndicats, depuis les syndicats de
travailleurs jusqu'à ceux de propriétaires et de
capitalistes, nous paraissent être des faits trop
généraux, trop spontanés, trop représentatifs de
notre époque pour qu'on puisse ne pas y voir les
éléments de la société de demain et le fondement du
droit public qui sera le sien. Déjà il n'est plus un
droit fondé sur l'idée d'une souveraineté une et indivisible. S'il est encore, s'il sera aussi dans l'avenir
le droit objectif des gouvernants, il est et il sera le
droit non pas de gouvernants qui commandent, mais
de gouvernants qui gèrent les services publics, con-
trôlent l'action des groupements et assurent leur
coordination.

V

Nous arrivons à l'étude de phénomènes qui
révèlent, peut-être encore mieux que ceux précédemment décrits, la disparition de la conception
ancienne de la loi et par là même la disparition de
la conception impérialiste : nous voulons parler des

lois-conventions. En soi le fait est assez simple. Il
s'agit toujours de lois proprement dites, dispositions
par voie générale, permanentes, qui règlent pendant
un temps indéterminé des situations individuelles,
qui déterminent des compétences, qui sont accom-
pagnées de sanction juridictionnelle. Seulement ces
lois ne sont pas l'œuvre d'une volonté unilatérale
formulant un commandement; elles ne sont même
pas le résultat d'un concours, d'une collaboration de
volontés, comme les lois des associations ou des
services publics décentralisés. Elles sont l'œuvre de
volontés qui font véritablement une convention. On
dit très souvent un contrat; nous préférons le mot
convention et réserver le mot contrat pour désigner
la catégorie juridique définie au code civil, c'est-à-
dire la convention faisant naître entre deux personnes
déterminées une situation juridique subjective.
Ici nous avons une convention formée entre deux ou
plusieurs groupes; de cette convention naît une
véritable loi qui s'appliquera non seulement à ceux
qui font partie de ces groupes au moment de la convention, mais encore à ceux qui en feront partie
plus tard, et aussi à des tiers qui ne font point
partie de ces groupes.

La loi-convention n'est pas d'ailleurs un phénomène nouveau dans l'histoire du droit. Sans doute
elle est absolument contradictoire avec la conception
impérialiste. Si la loi est par définition le commandement d'une puissance souveraine, il est tout à fait
impossible qu'elle soit en même temps une convention. L'ordre souverain et la convention sont deux
choses qui s'excluent. C'est pourquoi les lois-conventions ont apparu précisément aux époques où la

notion de souveraineté, d'*imperium* étatique, avait considérablement fléchi. L'époque féodale est une de celles-là. Nous avons indiqué au chapitre Ier, § I comment alors la conception romaine de l'*imperium* s'amoindrit sans disparaître cependant complètement, comment le régime féodal repose avant tout sur un système de contrats, créant entre les hommes une série de droits et de devoirs réciproques. Le roi suzerain supérieur est chargé d'en assurer l'exécution parce qu'il est chargé d'assurer la paix par la justice. Il n'y eut pas d'ailleurs de société plus fortement intégrée que la société française du XIIIe siècle et cela malgré les troubles et les violences dont aucune époque, le XXe siècle pas plus que les autres, n'a su encore s'affranchir. Le vieux cliché de l'anarchie et de la barbarie féodales n'est plus de mise que dans les milieux primaires. Quoi qu'il en soit le régime féodal était essentiellement à la fois légal et contractuel.

Aujourd'hui on aperçoit aisément que beaucoup de rapports sociaux sont régis par des lois qui n'émanent pas d'une volonté unilatérale, mais de volontés contractantes. Si ce même phénomène s'est produit à l'époque féodale pendant laquelle la notion de puissance commandante avait à peu près complètement disparu, nous pouvons dire que l'apparition actuelle des lois-conventions est singulièrement significative et nous révèle mieux que tout autre fait la transformation du droit public. Le domaine de la loi-convention va chaque jour grandissant. Déjà il est très étendu : il comprend deux éléments d'une importance primordiale, deux éléments distincts l'un de l'autre parce qu'ils répondent à des situations différentes; mais dans chacun d'eux apparaît très nettement la loi et la convention combinées : ce sont les contracts collectifs de travail et les concessions de service public.

Le contrat collectif de travail est une institution juridique qui est encore, nous le reconnaissons volontiers, en pleine période de formation. Il intervient entre un groupe de patrons et un groupe d'ouvriers; il a pour objet de déterminer les conditions suivant lesquelles seront passés les contrats individuels dans le corps de métier intéressé. C'est le plus souvent à la suite d'une grève qu'un pareil arrangement est signé. Par lui la grève prend fin. Mais il n'est pas rare que peu de temps après de nouvelles difficultés apparaissent relativement à la portée de la convention collective. Les civilistes en ont voulu faire la théorie en appliquant la théorie classique du mandat. Ils n'ont pas pu y arriver. La Société d'études législatives, malgré le talent et le savoir des membres de sa commission, a été obligée de renoncer au projet de loi qu'elle avait tenté d'édifier[1] et le parlement n'a point osé aborder la discussion des deux projets dont il a été saisi[2].

Que la Société d'études législatives n'ait pas pu aboutir, cela n'a rien d'étonnant, parce qu'elle voulait appliquer les conceptions traditionnelles de contrat individuel et de mandat à un acte qui dans la réalité n'est point un contrat, mais établit une règle permanente devant s'imposer à ceux qui dans l'avenir feront des contrats individuels. Au reste la

1. *Bulletin de la Société d'études législatives,* 1907, p. 180 et 505, spécialement le rapport de M. Colson.
2. Projet Doumergue, 2 juillet 1906; projet Briand, 11 juillet 1910.

convention collective de travail n'aura toute sa valeur et toute sa portée qu'à l'époque où les syndicats patronaux et ouvriers, pour un métier déterminé, auront acquis une structure assez forte et comprendront assez de membres pour constituer véritablement la profession considérée en un corps juridiquement organisé. Alors le contrat collectif intervenant entre le syndicat patronal et le syndicat ouvrier sera véritablement la loi de la profession organisée. Ainsi se réalisera la coordination des classes par une série de contrats collectifs entre les différents syndicats dans lesquels s'intégrera chaque classe.

A quel moment cette évolution sera-t-elle achevée? Il est difficile de le dire; mais tout montre qu'elle est en train de s'accomplir. Tant qu'elle ne sera pas parvenue à son aboutissement, le parlement ne peut pas utilement intervenir. En tous cas son intervention ne sera efficace que si elle reste soustraite à l'influence des idées individualistes de contrat et de mandat et uniquement inspirée par la notion de règle conventionnelle s'appliquant aux rapports de deux groupes sociaux.

VI

Il est un autre domaine au contraire où la loi-convention apparaît avec des caractères parfaitement définis, dont la jurisprudence a déjà bien souvent, peut-être d'ailleurs inconsciemment, tiré des conséquences importantes : c'est la concession de service public.

Dans la terminologie du droit public, le mot concession est employé bien souvent en des sens différents ; et cela provoque de fâcheuses confusions. Proprement ce mot désigne l'acte par lequel une collectivité publique (État, province, ville, colonie) charge un particulier, en général une compagnie, qui l'accepte, d'assurer le fonctionnement d'un service public, sous certaines conditions déterminées dans un acte appelé cahier des charges. La concession ainsi comprise se rencontre, avec des différences de détail, dans tous les pays modernes avec les mêmes caractères généraux essentiels. Elle intervient aujourd'hui surtout pour les services publics de transport (chemins de fer, tramways, autobus, en attendant les aéroplanes et les ballons dirigeables) et aussi pour l'éclairage des villes par le gaz et par l'électricité.

La concession est certainement une convention. Elle est précédée de négociations ayant abouti à une entente entre l'administration et le concessionnaire. Elle comprend nombre de clauses qui ont véritablement le caractère contractuel et font naître entre le concédant et le concessionnaire une situation juridique subjective, des rapports de créancier à débiteur. Ce sont celles qui sont relatives exclusivement aux relations du concédant et du concessionnaire, celles qui contiennent des dispositions qu'on ne comprendrait pas si le service public, au lieu d'être concédé, était exploité directement. Telles les clauses financières, qui se rencontrent dans presque tous les actes de concession, relatives aux subventions ou à la garantie d'intérêts, aux redevances promises par le concessionnaire, au partage

des bénéfices. Toutes ces clauses ou autres semblables sont régies par les règles du code civil relatives aux contrats ; elles n'ont d'effet qu'entre les
parties contractantes ; et d'elles il n'est point question de dire qu'elles soient des lois-conventions.

Mais en réalité ces clauses ne forment que la
partie la moins importante des actes de concession.
La plupart des dispositions inscrites dans le cahier
des charges ont un tout autre caractère : elles ont
pour objet de régler les conditions dans lesquelles
doit fonctionner le service public, par exemple, s'il
s'agit d'un chemin de fer ou d'un tramway, les lignes
qui doivent être construites et exploitées, le nombre
des trains qui doivent être mis en circulation, les
mesures à prendre pour assurer la sécurité du
personnel et des voyageurs. D'autre part des clauses
déterminent les conditions dans lesquelles le public
usera du service, les tarifs à payer pour le transport
des personnes et des choses, les prix maxima pour la
fourniture du gaz ou de l'électricité. Enfin dans la
plupart des cahiers des charges se trouvent des
clauses qui fixent pour les ouvriers et les employés
du concessionnaire un maximum d'heures de travail
quotidien, un minimum de salaire, déterminent les
conditions du commissionnement, organisent une
caisse de retraites et constituent ainsi un véritable
statut. En France, aux termes des décrets du
10 août 1899, dits décrets Millerand, des clauses
relatives au maximum d'heures de travail et au
minimum de salaire doivent forcément être insérées
dans les marchés et concessions faits au nom de
l'État et peuvent l'être dans les marchés et concessions faits au nom des départements, des communes

et des établissements publics. En fait elles y sont presque toujours inscrites.

Ce sont ces diverses clauses relatives au fonctionnement du service concédé, au statut des ouvriers et employés qui, disons-nous, n'ont point le caractère contractuel et sont de véritables dispositions législatives. Elles forment la loi du service public. Si celui-ci au lieu d'être concédé était exploité directement par l'administration, toutes ces dispositions se trouveraient dans la loi formelle ou dans le règlement organique du service. Personne ne contesterait alors leur caractère intrinsèque de loi. Du fait qu'elles sont insérées dans un cahier des charges de concession, elles ne peuvent changer de caractère. Elles restent des dispositions par voie générale, réglant le fonctionnement d'un service et dont peuvent se prévaloir des personnes qui ne sont point parties à la convention intervenue, toutes les personnes qui usent du service public, tous les ouvriers et employés du concessionnaire. Il ne pourrait point en être ainsi si elles étaient des clauses contractuelles, le propre du contrat étant de n'avoir d'effet qu'entre les parties contractantes. Ce sont donc bien des lois. Mais comme elles sont établies après une entente entre l'administration et le concessionnaire, ce sont véritablement des lois-conventions. Et cela se rattache directement à la conception moderne du droit public et de la loi.

Actuellement la loi n'est plus conçue comme l'ordre souverain de la puissance commandante; elle trouve sa force dans sa destination à un service public; elle est le statut d'un service public. Lorsque l'organisation et le fonctionnement d'un service sont réglés par un acte unilatéral de l'administration, la loi reste un acte unilatéral. Mais lorsque, comme pour les services concédés, l'organisation et le fonctionnement du service sont déterminés par une convention entre l'administration et un particulier, individu ou collectivité, la loi de ce service est une loi-convention. Elle est néanmoins une loi avec tous les caractères de la loi, avec son caractère de disposition par voie générale et la sanction juridictionnelle.

VII

Qu'on ne croie pas que ce soit là une pure théorie. La jurisprudence du conseil d'État est arrivée progressivement à reconnaître aux clauses du cahier des charges dont nous parlons un caractère de lois-conventions. La terminologie employée dans les arrêts du haut tribunal et par les commissaires du gouvernement est un peu incertaine, parfois inexacte ; elle révèle la persistance de l'idée contractuelle. Mais peu importe ; la solution donnée implique d'une manière certaine la reconnaissance du caractère législatif appartenant aux clauses considérées et par là même la consécration de l'évolution que nous essayons de décrire. Si la clause par voie générale d'un cahier des charges est vraiment une loi, elle doit avoir la sanction juridictionnelle de la loi, par conséquent tous actes de l'autorité administrative faits en violation de cette disposition seront frappés de nullité et toute personne intéressée pourra les attaquer par le recours pour excès de pouvoir. Or, aujourd'hui, la recevabilité du recours pour excès de pouvoir est admise par une jurisprudence constante.

On a déjà cité [1] l'arrêt *Storch* de 1905 par lequel le conseil d'État reconnaissait la recevabilité du recours pour excès de pouvoir dirigé contre un arrêté du préfet de la Seine qui, en autorisant la compagnie de l'Est-parisien à établir un trolley aérien, aurait violé les dispositions du cahier des charges. Mais on pouvait dire que dans cette affaire, la question qui se posait était celle des pouvoirs de police appartenant au préfet plutôt que celle de la violation du cahier des charges [2]. L'année suivante le conseil d'État, dans l'affaire *Croix-de-Seguey-Tivoli*, admettait le recours formé par un syndicat de propriétaires et contribuables contre une décision du préfet de la Gironde qui avait refusé d'imposer à une compagnie de tramways l'exploitation d'une ligne qui, au dire des requérants, figurait au cahier des charges [3]. Cependant les conclusions de M. le commissaire du gouvernement Romieu et la rédaction de l'arrêt marquaient quelque incertitude et quelque hésitation. Mais la voie était largement ouverte.

En 1907 la haute assemblée, sur les conclusions de M. le commissaire du gouvernement Teissier, dans une affaire *Poirier*, reconnaissait le caractère de loi aux clauses par voie générale inscrites dans le cahier des charges des grandes compagnies de

---

1. Chap. II, § VI.
2. *Recueil*, 1905, p. 117.
3. *Recueil*, 1906, p. 961, avec les conclusions de M. Romieu; *Sirey*, 1907, III, p. 33 et la note de M. Hauriou.

chemins de fer [1]. Enfin par un arrêt du 19 janvier 1912 (affaire *Marc*, président de la chambre syndicale des propriétaires parisiens) le conseil d'État a consacré, d'une manière qu'on peut dire définitive, le caractère législatif des clauses des cahiers des charges. L'exploitation du service du gaz à Paris se fait par voie de régie intéressée pour le compte de la ville, conformément à un cahier des charges voté par le conseil municipal et approuvé par un décret du 20 juillet 1907. Or, par un arrêté du 24 août 1908, le préfet de la Seine avait décidé que l'exploitation du service du gaz dans les voies privées et les immeubles les bordant se ferait dans des conditions différentes de celles qui étaient prévues au cahier des charges pour les voies publiques et les immeubles riverains. Recours pour excès de pouvoir est formé par le président de la chambre syndicale des propriétaires parisiens. Il est fondé sur la violation du cahier des charges, loi du service qui s'impose à l'administration comme à tous les usagers. Le conseil d'État reçoit le recours et le fait triompher au fond, décidant en substance que l'arrêté du préfet de la Seine a été pris en violation du cahier des charges [2]. N'est-ce pas reconnaître qu'il est une loi, puisque seule la violation d'une loi peut donner ouverture au recours pour excès de pouvoir?

Mais la rédaction de l'arrêt est quelque peu embarrassée, et aussi les conclusions de M. le commissaire du gouvernement Helbronner. C'est que

1. *Recueil*, 1007, p. 820, avec les conclusions de M. Teissier.
2. *Recueil*, 1912, p. 75; *Revue du droit public*, 1912, p. 43, avec les conclusions de M. Helbronner et une note de M. Jèze.

les membres du haut tribunal parlent encore du caractère exclusivement contractuel du cahier des charges et ne veulent pas s'avouer qu'il faut y voir vraiment la loi du service public. S'il est un contrat en effet, comment les usagers, qui ne sont certainement pas parties à ce contrat, peuvent-ils s'en prévaloir? Comment peut-on annuler un acte qui serait contraire à un prétendu contrat sur la demande de personnes qui y sont tout à fait étrangères? Ces contradictions ont apparu très nettement au savant commissaire du gouvernement qui en est arrivé à dire : « Si l'on s'en tient à la théorie pure, il est certain que l'argumentation de la ville est exacte », c'est-à-dire que le recours pour excès de pouvoir n'est pas recevable. Ce à quoi M. Jèze a justement répondu : « Le savant commissaire du gouvernement se croit obligé de constater qu'en théorie pure la requête était irrecevable. On ne peut condamner plus énergiquement la théorie pure en faveur au conseil d'État. Que le conseil d'État accepte, avec la grande majorité des auteurs modernes, l'idée que le cahier des charges n'est pas un contrat, et alors les solutions qu'il consacre, très justement d'ailleurs, seront conformes à la théorie pure. Une bonne théorie se reconnaît à ce qu'elle cadre avec les faits. Le conseil d'État reconnaît que sa théorie ne cadre pas avec les faits. Qu'il en change [1]. » M. Jèze a cent fois raison. Une théorie n'est que la synthèse hypothétique de faits connus; si un seul fait se présente qui ne cadre pas avec elle, la théorie est fausse, il faut en chercher une autre.

[1]. *Revue du droit public,* 1912, p. 40.

VIII

A un autre point de vue apparaît encore le caractère non contractuel du cahier des charges, du moins pour les chemins de fer et les tramways concédés. Sans doute les clauses qui font naître une situation juridique subjective, comme les clauses financières, sont et restent des clauses contractuelles; elles lient de la même manière le concédant et le concessionnaire. Mais il n'en est point ainsi des dispositions relatives au fonctionnement du service : l'administration peut les modifier par voie unilatérale. Le pourrait-elle si c'étaient les clauses d'un contrat? Évidemment non. Qu'on ne vienne pas nous dire qu'elle le pourrait parce qu'il y a un contrat de droit public. C'est là une expression qui n'a pas de sens; et c'est un sophisme dangereux qui ne tend à rien de moins qu'à donner une base juridique à l'arbitraire de l'État. La notion de contrat est une et les effets du contrat sont les mêmes en droit public et en droit privé. Les clauses financières, disons-nous, sont contractuelles; et l'administration pas plus que le concessionnaire ne peut les modifier, même moyennant indemnité.

Mais la partie du cahier des charges qui est loi-convention et règle le fonctionnement du service public concédé, ne peut pas être soustraite complètement à l'action des gouvernants et de l'administration. Il ne faut pas oublier, en effet (c'est l'idée fondamentale du droit public moderne que nous essayons de mettre en relief), que la fonction primordiale des gouvernants est de gérer les services publics dans des conditions qui répondent exactement à la situation économique du pays. Le gouvernement ne peut pas abdiquer le pouvoir de modifier dans l'intérêt du public les règles d'une exploitation publique même concédée. Il reste dans son rôle et ne fait que remplir sa mission, en modifiant, dans l'intérêt même du service, les conditions dans lesquelles il fonctionne. Il peut le faire assurément, même quand les dispositions qu'il édicte viennent aggraver les charges du concessionnaire. Il le peut sans que sa décision puisse être arguée de nullité. Il ne porte pas atteinte à une situation juridique subjective; il modifie seulement le régime légal du service public.

Le conseil d'État a reconnu à plusieurs reprises d'une manière très nette ce pouvoir du gouvernement et par là même que les clauses du cahier des charges relatives au fonctionnement du service n'avaient pas véritablement le caractère contractuel. C'est ainsi que par l'arrêt déjà cité du 6 décembre 1907 (*Grandes compagnies de chemins de fer*) il a décidé que le règlement d'administration publique du 1ᵉʳ mars 1901 n'était point entaché de nullité, bien qu'il modifiât en les aggravant les conditions d'exploitation prévues par les cahiers des charges des grandes compagnies, qui se référaient à l'ordonnance du 15 décembre 1846 [1]. La haute assemblée a statué dans le même sens par neuf arrêts du 4 février 1910 à propos d'arrêtés du préfet de la Seine imposant à la compagnie concessionnaire du Métropolitain pour la sécurité des

---

1. *Recueil*, 1907, p. 913; *Sirey*, 1908, III, p. 1.

voyageurs des obligations plus lourdes que celles qui résultaient de l'acte de concession[1]. Elle l'a décidé encore le 11 mars 1910 pour un arrêté du préfet des Bouches-du-Rhône augmentant les charges d'exploitation de la compagnie des tramways de Marseille[2].

Ce qui peut être fait par un règlement peut l'être évidemment par une loi formelle. Le ministre des Travaux publics le disait expressément dans l'exposé des motifs du projet devenu la loi du 3 décembre 1908 relative au raccordement des voies de fer avec les voies d'eau et qui devait avoir pour effet de modifier notablement les règles relatives à l'exploitation des chemins de fer. Le parlement l'a aussi implicitement reconnu en votant, malgré la protestation des grandes compagnies, les lois des 21 juillet 1909 et 28 décembre 1911, relatives aux retraites des employés des grands réseaux.

Une question se pose : quand le gouvernement vient ainsi, par une décision unilatérale, modifier les conditions d'exploitation d'un service concédé, en les rendant plus onéreuses pour le concessionnaire, une indemnité est-elle due à celui-ci? Dans les arrêts précités le conseil d'État en a formulé expressément le principe. Il a été reconnu aussi, au moins implicitement, par la loi du 3 décembre 1908 (art. 3); et il est très probable que sur le procès en indemnité intenté à l'État par les grandes compagnies à raison du préjudice à elles causé par les charges nouvelles que leur imposent les lois

1. *Recueil*, 1910, p. 97.
2. *Recueil*, 1910, p. 216; *Revue du droit public*, 1910, p. 270, avec les conclusions de M. Blum.

sur les retraites des cheminots, le conseil d'État n'hésitera pas à reconnaître et à sanctionner à nouveau le principe de l'indemnité. Il paraît avoir rattaché cette responsabilité au caractère contractuel du cahier des charges. Mais s'il en est ainsi, le conseil commet une contradiction, car si toutes les clauses du cahier des charges avaient le caractère contractuel, l'administration ne pourrait en modifier aucune par voie unilatérale, même moyennant indemnité, pas plus les dispositions relatives à l'exploitation que les clauses financières.

La vérité, c'est que la responsabilité de l'État se rattache ici à l'idée générale qui sera développée au chapitre VII. Les services publics fonctionnent dans l'intérêt de tous; si leur fonctionnement occasionne un dommage spécial à quelques-uns, la caisse commune doit en supporter la réparation. Ici les modifications, apportées dans l'intérêt du public à l'exploitation, occasionnent un préjudice spécial au concessionnaire; la caisse publique doit en supporter la charge. Voilà toute la responsabilité.

Quoi qu'il en soit, il reste vrai que les clauses du cahier des charges qui régissent le fonctionnement des services publics concédés sont de véritables lois. Mais ces lois sont établies à la suite d'une convention entre l'administration et le concessionnaire. Elles sont des lois-conventions et par là elles nous révèlent bien la disparition de la conception impérialiste de l'État et de la loi.

CHAPITRE V

L'ACTE ADMINISTRATIF

I. La distinction des actes administratifs d'autorité et des actes administratifs de gestion. — II. Disparition de cette distinction. — III. Caractère essentiel de tous les actes administratifs : ils se rattachent au fonctionnement d'un service public. — IV. Les contrats de l'État. — V. Les opérations matérielles administratives. — VI. Conséquences qui résultent, au point de vue du contentieux, du caractère de l'acte administratif. — VII. Coup d'œil sur l'étranger.

Une évolution parallèle et semblable à celle que nous venons d'esquisser pour la loi se produit en ce qui concerne l'acte administratif et nous révèle la même transformation dans le droit public.

Le système impérialiste attribuait à l'acte administratif un caractère unique et essentiel : il était une manifestation de l'autorité. Sans doute il se distinguait de la loi au point de vue matériel, puisque la loi était une disposition par voie générale et l'acte administratif un acte individuel. Mais cette distinction n'était point toujours aperçue et de fait on voyait en général un acte administratif dans tout acte émané du pouvoir exécutif ou de ses agents, règlement, décision individuelle ou même simple opération matérielle. C'étaient « ces actes d'administration de quelque espèce qu'ils soient » dont parlait la loi du 16 fructidor an III. De l'acte juridictionnel il n'était point question; nulle analyse n'était faite du caractère propre à la fonction de juger.

Un pouvoir judiciaire a été institué; il appartient à des tribunaux. Tous les actes qui émanent d'eux ont le caractère judiciaire, comme tous les actes faits par les agents du pouvoir exécutif sont des actes administratifs. Pour ces derniers, quelque différents qu'ils soient dans le fond, leur caractère commun tient précisément à ce qu'ils émanent du pouvoir exécutif, par conséquent d'une certaine autorité publique. Sans doute ils ne peuvent intervenir que dans les limites fixées par la loi; mais tous sont des actes de puissance publique et par là, c'est l'essentiel, ils échappent à l'appréciation des tribunaux judiciaires, qui ne sont compétents que pour apprécier les actes privés. La disposition de la loi déjà citée du 16 fructidor de l'an III est aussi générale et aussi formelle que possible : « Défenses itératives sont faites aux tribunaux de connaître des actes d'administration de quelque espèce qu'ils soient. »

Des actes qui émanent des agents du gouvernement et qui comme tels échappent au contrôle des tribunaux, voilà en bref quelle était la conception impérialiste de l'acte administratif. On imagine aisément quelle impression elle devait faire sur les esprits simples. De fait l'âme française est encore toute pénétrée d'une sorte de terreur superstitieuse à l'égard de l'administration, bien que peu à peu l'acte administratif ait complètement dépouillé son caractère de puissance publique et d'acte discrétionnaire. Assurément il reste un caractère propre qui se retrouve dans tous les actes qualifiés d'actes administratifs; mais il ne tient pas à ce que l'acte émane d'une prétendue puissance publique, à ce qu'il est discrétionnaire. Il n'y a pas de volonté de puissance pouvant donner un certain caractère à un acte. L'acte administratif tire sa nature propre de son but : il est l'acte individuel fait en vue d'un service public.

Par là on aperçoit une transformation tout à fait semblable à celle de la loi. Elle était l'ordre par voie générale émané de la volonté souveraine; elle est devenue la règle établie pour l'organisation et le fonctionnement d'un service public. L'acte administratif était la manifestation individuelle d'un agent du pouvoir exécutif et par là un acte de puissance publique; il est devenu l'acte individuel fait en vue d'un service public.

I

Naturellement cette transformation ne s'est pas faite en un jour. Elle a été le produit d'un travail qui a duré près d'un siècle; et elle a été préparée par un effort doctrinal très curieux et très intéressant dont il n'est pas inutile de dire quelques mots. Nous voulons parler de la distinction faite à un moment par la doctrine entre les actes d'autorité ou de puissance publique et les actes de gestion. Elle a été formulée pour la première fois ex-professo par M. Laferrière dans son ouvrage *Juridiction et conten-*

tieux, dont la première édition parue en 1887 marque une date capitale dans l'évolution du droit public. Mais la théorie était préparée par un travail antérieur, provoqué par une cause étrangère à la question du véritable caractère de l'acte administratif.

Au début même de ce chapitre nous avons marqué comment du caractère de puissance publique attribué à tout acte administratif on concluait que l'appréciation d'un pareil acte échappait toujours à la connaissance des tribunaux judiciaires et que l'administration elle-même était seule juge de sa légalité et de ses effets. Sans doute la constitution de l'an VIII avait créé le conseil d'État qui avait reçu entre autres attributions celle « de résoudre les difficultés qui s'élèvent en matière administrative ». L'arrêté consulaire du 5 nivôse an VIII et les décrets impériaux du 11 juin et du 22 juin 1806 avaient déterminé son organisation; le décret du 11 juin créait une commission du contentieux chargée de préparer les rapports présentés à l'assemblée générale. C'était le premier embryon du conseil d'État organisé en tribunal.

Malgré cela le conseil d'État, suivant l'expression consacrée, n'exerce qu'une justice retenue. Il ne donne que des avis, même en matière contentieuse; et la décision appartient toujours au gouvernement. Le pouvoir exécutif reste juge de la légalité et des effets des actes faits par ses agents. La loi du 28 pluviôse an VIII avait créé les conseils de préfecture dans les départements et leur avait attribué une compétence contentieuse étendue, avec un pouvoir de décision propre. Mais ces juridictions se composaient d'administrateurs nommés et révoqués par le

gouvernement, ne présentant aucune garantie d'indépendance et de capacité, et délibéraient sous la
présidence du préfet, agent direct du gouvernement,
qui était ainsi toujours maître de la décision.

Dans ces conditions, un double mouvement se
produisit : d'une part un mouvement tendant à la
suppression complète du contentieux administratif
et à la remise de toutes les affaires contentieuses,
même de celles nées à l'occasion d'un acte administratif, à la connaissance des tribunaux judiciaires ;
d'autre part un effort jurisprudentiel et doctrinal
pour limiter le nombre des procès qui, nés à l'occasion d'un acte administratif, devaient, la législation
restant la même, être soustraits à la connaissance
des tribunaux judiciaires et remis au jugement de
l'administration. Le moyen d'obtenir ce résultat était
une distinction entre les divers actes administratifs.

Le mouvement d'opinion tendant à la suppression
du contentieux administratif trouva sa première
expression dans un article publié par M. le duc de
Broglie dans la *Revue française* du mois de mars 1828.
Depuis cette date jusqu'à 1872, la suppression du
contentieux administratif resta un article essentiel
du programme libéral. Mais cependant le mouvement
n'aboutit pas. Au nom de la grande commission de
décentralisation, le 4 juin 1872, M. Lefebvre-Pontalis
déposait un long rapport tendant à la suppression
des conseils de préfecture et à l'attribution aux tribunaux judiciaires des affaires qui leur appartenaient.
Mais l'Assemblée nationale ne vota point le projet,
et les conseils de préfecture existent toujours. Par
la loi du 24 mai 1872, l'Assemblée réorganisait le
conseil d'État en lui donnant la justice déléguée avec

une compétence très étendue. « Il statue souverainement sur les recours contentieux administratifs... »
(art. 9).

Ainsi les tribunaux administratifs étaient main-
tenus et le mouvement tendant à leur suppression
échouait. Il ne pouvait pas réussir et cela pour beaucoup de raisons. D'abord était resté très fort le
sentiment que tout acte administratif est une manifestation de la puissance publique incarnée dans le
pouvoir exécutif, que par conséquent celui-ci seul
peut en apprécier la validité, que si l'on donnait
compétence à cet effet aux tribunaux judiciaires il y
aurait une violation flagrante du principe intangible
de la séparation des pouvoirs. D'autre part pénétrait
inconsciemment dans les esprits la notion de service
public. On commençait d'apercevoir le lien intime
rattachant l'acte administratif à la gestion des services publics; et l'on avait une répugnance marquée
à permettre aux tribunaux judiciaires de s'immiscer
dans cette gestion.

Si le mouvement d'opinion tendant à la suppression du contentieux administratif n'a pas abouti, il
a cependant produit un résultat considérable. En 1872
(loi du 24 mai, art. 9), le conseil d'État reçoit le droit
de décision propre en matière contentieuse; il devient
une juridiction souveraine; il exercera désormais une
justice déléguée. Et de fait, par la science et l'impartialité de ses membres, il devient une juridiction
qui inspire aux justiciables une confiance sans
réserve.

En même temps que cette évolution législative
s'accomplissait, la doctrine s'efforçait de trouver un
système qui s'harmonisât avec la jurisprudence très

touffue et parfois contradictoire, et qui, tout en
maintenant intact le principe du contentieux administratif, en préciserait et limiterait l'étendue.

Le point de départ de cet effort doctrinal remonte
à Merlin et à Locré. Dès l'an XII, Merlin proteste
énergiquement contre les conséquences que l'on
prétend tirer de la loi du 16 fructidor an III et d'après
lesquelles on enlève aux tribunaux judiciaires même
les procès nés de contrats, comme les baux faits
par des personnes administratives [1]. Dans son ouvrage
daté de 1810 et intitulé *Législation et jurisprudence
françaises* [2], Locré soutient la même opinion. Dans
les livres de MM. Aucoc, Ducrocq, Batbie, Dareste,
apparaît aussi très net l'effort pour distinguer deux
catégories d'actes administratifs, dont les uns don-
neraient seuls en principe naissance au contentieux
administratif.

Cet effort doctrinal trouve comme son aboutissement et sa synthèse en 1887 dans l'œuvre déjà citée
de M. Laferrière : *Juridiction et contentieux*. On
distingue deux catégories d'actes administratifs : les
actes d'autorité ou de puissance publique et les actes
de gestion. Seuls les actes d'autorité donnent lieu à
des procès jugés en principe par les juridictions
administratives. L'ensemble de ces procès forme ce
qu'on appelle le contentieux administratif par nature.
Au contraire les procès nés à l'occasion des actes
administratifs de gestion appartiennent en principe
à la compétence des tribunaux judiciaires; ils ne
doivent être portés devant les tribunaux administratifs que lorsque la loi les leur attribue expressément.

1. *Questions de droit*, V° *Pouvoir judiciaire*, 1820, VI, p. 300.
2. Page 166.

L'ensemble de ces procès forme ce qu'on appelle le contentieux par détermination de la loi.

On voit par là (il est essentiel de le retenir pour comprendre l'évolution du droit public moderne) que c'est le désir de limiter l'étendue de la compétence contentieuse de l'administration qui a inspiré cette distinction des actes d'autorité et des actes de gestion. Mais réduite d'abord à cet objet, elle devait ensuite, pendant une période au reste très courte, avoir une singulière fortune. On prétendit qu'elle dominait tout le droit public, qu'elle s'appliquait partout; et précisément l'extension qu'on voulut lui donner en fit apparaître le néant et révéla en même temps le vrai caractère de l'acte administratif.

II

Il ne suffisait pas de faire une distinction entre deux catégories d'actes administratifs; il fallait aussi définir le caractère de chacune d'elles et préciser le critérium de la distinction. Ce ne fut point chose facile. Sans doute il fut aisé de donner des formules générales et vagues; mais il en fut autrement quand on voulut arriver à une détermination précise.

M. Laferrière s'était contenté d'une formule très générale : « Une double mission, disait-il, incombe à l'autorité administrative. D'une part elle est chargée de veiller à la gestion de la fortune publique et de son emploi, d'assurer la perception des revenus de toute nature et leur affectation aux services publics. Les actes qu'elle accomplit pour remplir cette mission sont ceux qu'on appelle actes de gestion. D'un autre côté l'administration est dépositaire d'une part d'autorité, de puissance, qui est un des attributs du pouvoir exécutif. Elle est chargée de faire exécuter les lois, de régler la marche des services publics, de procurer aux citoyens les avantages d'une bonne police... L'administration agit alors comme autorité, comme puissance et les actes qu'elle fait ainsi sont des actes de commandement ou de puissance publique [1]. »

Malgré le vague de ces formules, placée sous la haute autorité de M. Laferrière, cette distinction fut unanimement acceptée, affirmée dans tous les livres, enseignée dans toutes les facultés. On sentait bien cependant que dans la formule de Laferrière il y avait quelque chose de flottant et qu'une vraie doctrine juridique demandait quelque chose de plus net et de plus précis. M. Berthélemy se flatta de le donner dans son *Traité élémentaire de droit administratif*, dont le succès a été aussi éclatant que mérité. Dans les sept éditions de l'ouvrage dont la dernière porte la date de 1913, M. Berthélemy admet comme un dogme intangible la distinction des actes d'autorité et des actes de gestion. Voulant donner un critérium pratique pour les reconnaître, l'auteur écrit : « Les actes de gestion sont des actes comme tout le monde en pourrait faire dans l'administration d'un patrimoine particulier et qui n'impliquent en rien l'existence de la puissance publique [2]. » Dès lors rien ne paraissait plus commode et plus précis.

Quant à la portée de la distinction, on prétendait

1. Laferrière, *Juridiction et contentieux*, 2ᵉ édit., 1896, p. 6.
2. Berthélemy, 5ᵉ édit. 1908, p. 18 et 43; 7ᵉ édit. 1913, p. 139.

qu'elle permettait de résoudre tous les problèmes
du droit public. Non seulement on y voyait le principe de la distinction du contentieux par nature et
du contentieux par détermination de la loi; non seulement on prétendait que l'État n'était responsable
qu'à l'occasion des actes de gestion et ne pouvait pas
l'être à raison des actes d'autorité à moins que la loi
n'ait édicté expressément sa responsabilité; mais
encore on voulait résoudre par la distinction des
deux catégories d'actes toutes les questions que soulèvent aujourd'hui la nomination, la situation, le
statut des fonctionnaires. Les fonctionnaires qui font
des actes d'autorité sont, disait-on, nommés par un
acte unilatéral de puissance publique; ils ne peuvent
point former de syndicats ou d'associations professionnelles; ils ne peuvent point se mettre en grève.
Les fonctionnaires qui ne font que des actes de gestion ou fonctionnaires de gestion sont dans la même
situation que les agents privés; ils sont liés à l'administration par un véritable contrat; ils peuvent se
mettre en grève; ils peuvent former des syndicats,
du moins s'ils font des actes permettant de les assi-
miler à des ouvriers ou employés de l'industrie
privée.

Pendant quelques années, récemment encore, tout
cela se disait et s'enseignait couramment. Mais on
s'est aperçu que le critérium de distinction, même
tel qu'avait tenté de le préciser M. Berthélemy, était
très vague, qu'à proprement parler il n'y avait pas
une des activités administratives qui n'avait été à
une certaine époque exercée par des particuliers et
qu'on ne pût concevoir encore comme pouvant être
exercée par des particuliers. On s'aperçut que le

conseil d'État, pour déterminer la compétence de la juridiction administrative, ne tenait aucun compte de la distinction des actes d'autorité et des actes de gestion. On vit aussi que la responsabilité de l'État était engagée certainement à raison du préjudice occasionné à un particulier par le fonctionnement d'un service public comme la police, qui, si la distinction était admise, était assurément au premier chef un service d'autorité. Enfin et surtout le mouvement syndicaliste, les tentatives de grève qui se sont produites ces dernières années dans le monde des fonctionnaires ont montré clairement que la distinction des agents d'autorité et des agents de gestion conduisait à des conséquences absolument inacceptables, notamment à reconnaître le droit syndical, avec possibilité d'adhérer à la Confédération générale du travail, à la presque totalité des fonctionnaires, à leur reconnaître aussi le droit de grève, ce qui était en contradiction avec la notion même de fonction et de service publics.

Les faits s'étaient ainsi chargés d'une éloquente démonstration. La distinction doctrinale des actes d'autorité et des actes de gestion était ruinée. M. Berthélemy y restait seul fidèle. Dans les remarquables conclusions que M. le commissaire du gouvernement Teissier prononçait devant le tribunal des conflits, dans l'affaire Feutry, le 29 février 1908, il montrait d'une manière définitive le néant de cette doctrine : « Cette distinction, disait-il, n'a aucune base légale, ne repose sur rien de réel et ne correspond nullement à la réalité des faits. La vérité c'est que tous les actes accomplis par la puissance publique et ses agents pour assurer la gestion des ser-

vices publics, constituent des applications des lois
et règlements administratifs... On peut donc dire que
jamais la puissance publique et ses agents n'agissent
dans les mêmes conditions que les particuliers. »

Voilà le point essentiel bien établi : lorsque l'administration intervient, elle n'intervient jamais
comme le ferait un particulier, et cela parce qu'elle
poursuit un but propre : le fonctionnement légal
d'un service public.

III

Ce n'est pas à dire cependant que l'administration
intervienne toujours de la même manière. Elle agit
au contraire de manière très différente suivant les
cas. Malgré ces différences, l'action administrative
présente un caractère essentiel toujours le même.
Une série d'effets se produisent qui sont à la fois une
conséquence et une démonstration de ce caractère.

Parfois l'acte administratif tend à créer une véritable situation juridique subjective, c'est-à-dire à
faire naître une obligation concrète à la charge de
l'administration ou d'un administré. Il est alors une
déclaration de volonté émanant d'un agent public,
ayant pour objet de créer une situation de droit subjectif dans un but de service public. Tous les éléments de l'acte juridique en général sont alors réunis.
D'abord la déclaration de volonté : il faut évidemment qu'elle soit conforme au droit objectif, et
comme dans nos pays modernes le droit objectif se
confond approximativement avec la loi, on peut dire
que la déclaration de volonté de l'agent doit être

conforme à la loi. Il y a des choses que l'agent
public ne peut vouloir à cause de leur nature. D'autre part chaque agent ne peut vouloir juridiquement
que dans un certain domaine et dans ce domaine
qu'un certain nombre de choses. Cela forme sa compétence. Toute déclaration de volonté formulée par
un agent en dehors de sa compétence est atteinte
d'un vice de nullité.

Le second élément essentiel de tout acte juridique
et partant de tout acte administratif à caractère
juridique est le but. Dans la conception du droit
moderne, l'élément but a pris une place primordiale.
Pour qu'un acte de volonté puisse produire un effet
de droit, il faut toujours qu'il soit déterminé par un
but ayant une valeur sociale conforme au droit
objectif du pays considéré. Qu'on admette ou non le
libre arbitre (c'est d'ailleurs là un problème d'ordre
métaphysique qui ne regarde pas le sociologue),
dans tout acte de volonté il y a un motif déterminant,
et cela est précisément le but de l'acte juridique qui
est un acte de volonté. L'acte administratif juridique
a une valeur déterminée par son objet, mais aussi
et surtout par son but, qui ne peut être qu'un but de
service public. Si la volonté de l'agent est déterminée
par un but étranger au service public, il y a usurpation de pouvoir; si elle est déterminée par un but
de service public, mais par un but que l'agent n'a
pas compétence pour poursuivre, il y a détournement
de pouvoir.

Usurpation de pouvoir, détournement de pouvoir,
deux notions juridiques qui se rattachent directement à l'idée de but, laquelle occupe dans le droit
moderne une place s'élargissant chaque jour. Le

phénomène est d'ailleurs tout à fait parallèle à celui
que nous avons étudié ailleurs concernant les actes
juridiques du droit privé[1]. Pendant longtemps les
civilistes n'ont considéré que l'objet de la déclaration
de volonté. Sans doute au code Napoléon les articles
1131 à 1133 étaient placés sous cette rubrique : *De
la cause.* Mais les meilleurs auteurs s'accordaient à
dire qu'en réalité la cause ne jouait aucun rôle dans
la formation de l'obligation. Or voici toute une jurisprudence qui, au grand étonnement de nos civilistes
classiques, place au premier plan l'élément but et la
valeur sociale de cet élément. Il en est de même dans
les actes juridiques du droit public. Ce qui apparaît
avant tout, ce n'est pas la qualité de l'agent qui veut,
ce n'est pas l'objet voulu, c'est le but qui détermine
le vouloir. Si l'acte administratif produit certains
effets particuliers, ce n'est pas parce qu'il émane
d'une certaine volonté ayant une certaine puissance;
dans la réalité il émane d'une volonté individuelle
qui ne peut pas avoir plus de force qu'une autre
volonté individuelle; mais il est déterminé par un
certain but et voilà la raison de sa force et de sa
valeur.

Ce but, avons-nous dit, doit être un but de service
public. Cela explique tout. Si en droit public l'effet
juridique est souvent produit par un simple acte de
volonté unilatéral, c'est parce que la déclaration de
volonté de l'agent, qui est en réalité celle d'un individu comme les autres et qui n'a en soi aucun
caractère de supériorité, est déterminée par un but
de service public. Ce sont ces actes administratifs

---

1. *Des Transformations générales du droit privé depuis le code
Napoléon*, 1912, p. 52 et suiv.

unilatéraux que l'on a longtemps appelés actes de
puissance ou d'autorité, parce que, avec les conceptions impérialistes et individualistes régnantes, on
n'imaginait pas qu'une situation de droit pût se
former sans un contrat, à moins qu'une volonté plus
puissante que les autres ne créât par sa force propre
l'effet de droit.

Si beaucoup d'actes administratifs sont des actes
unilatéraux, beaucoup aussi sont des actes contractuels. Un accord de volonté se forme entre un agent
public et un autre individu et cette déclaration
contractuelle de volonté est alors le support de l'acte
administratif. On n'a pu d'ailleurs découvrir, quelques efforts qu'on ait faits, un critérium permettant
de dire dans quels cas l'administration peut agir par
voie unilatérale, dans quels par voie contractuelle.
Pour chaque espèce il faut procéder à une analyse
des circonstances et rechercher si en fait il y a les
éléments d'un contrat ou d'un acte unilatéral. Tout
ce que l'on peut dire c'est qu'aujourd'hui aussi bien
dans le droit public que dans le droit privé, une tendance très nette se manifeste vers la diminution du
domaine des actes contractuels et l'extension du
domaine des actes unilatéraux, tendance qui se
rattache à ce que nous avons déjà appelé la sociali-
sation du droit et au rôle prépondérant qui appartient
au but, deux mouvements au reste essentiellement
connexes.

Puisque c'est le but de service public qui donne à
la déclaration de volonté de l'agent public son être,
son caractère, ses effets, qu'importe que cette déclaration soit unilatérale ou contractuelle, quand en
fait elle est déterminée par ce but? Par là on voit

comment toute l'activité administrative est tombée sous la prise du droit. Et cela est d'ailleurs tout à fait caractéristique de l'évolution du droit public. Voilà aussi pourquoi le contentieux administratif devient de plus en plus une partie importante, peut-être la plus importante du droit moderne. Sans doute il apparaîtra avec des aspects différents suivant le caractère de l'acte administratif qui lui donne naissance. Mais il aura un caractère commun général : tout procès administratif posera en effet au fond la question de savoir si tel acte est fait en vue d'un service public et conformément à la loi de ce service.

Cela explique en même temps pourquoi disparaît aussi une idée qui pendant longtemps a été dominante, l'idée que l'administration n'est pas liée par l'acte qu'elle a fait, quand c'est un acte unilatéral. Cela découlait logiquement du concept de puissance publique auquel on rattachait l'acte administratif unilatéral. On y voyait un ordre de la puissance commandante, ordre qu'elle pouvait par conséquent retirer comme bon lui semblait. Du moment où on est arrivé au contraire à cette notion que l'acte administratif est un acte juridique, la situation juridique qu'il crée, que ce soit un contrat ou un acte unilatéral, est en principe intangible et l'administration ne peut ni la supprimer ni la modifier. Quand l'administration peut rapporter un acte, modifier ou supprimer les effets qui en dérivaient, c'est tout simplement que cet acte n'a pas fait naître d'obligation à la charge de l'administration ou n'a fait naître qu'une obligation révocable.

Cela marquerait encore très nettement, s'il en

était besoin, l'élimination du concept de puissance publique. Le conseil d'État a fait plusieurs fois l'application de l'idée, sans que la solution lui parût pouvoir être contestée. Voici comment M. Jèze résume cette jurisprudence résultant de trois arrêts rendus en 1910 et 1911 : « Un acte juridique régulièrement accompli ne peut pas être retiré en ce sens qu'il serait considéré comme non avenu et qu'il n'aurait jamais produit aucun effet. Tout ce que l'on peut faire, c'est accomplir d'autres actes juridiques ayant pour but de mettre fin aux situations créées ou amenées par le premier... Cela d'ailleurs n'est pas toujours possible. Il se peut que l'acte juridique résilié ait créé une situation juridique individuelle proprement dite, par conséquent une situation intangible. Dans ce cas un acte ultérieur ne pourra pas mettre fin aux situations juridiques créées ou amenées par le premier acte [1]. »

IV

Le caractère des actes administratifs fondé sur le but de service public, l'élimination du concept de puissance expliquent en même temps pourquoi aujourd'hui la question du caractère obligatoire des contrats faits par l'État en droit interne ne se pose même plus. On aperçoit aisément l'obstacle auquel venait se heurter le système impérialiste. Si l'État, pouvait-on dire, est par définition une personne souveraine, il conserve ce caractère, cette person-

---

1. *Revue du droit public*, 1911, p. 61, avec les trois arrêts, 18 novembre 1910, 13 et 20 janvier 1911.

nalité, dans tous les actes qu'il accomplit, aussi bien dans les actes contractuels que dans les actes unilatéraux. Par conséquent l'État ne peut pas être lié par un contrat, parce que, s'il était lié, sa personnalité se trouverait subordonnée à une autre ; dès lors elle cesserait d'être souveraine, puisque le propre de la volonté souveraine, c'est de n'être subordonnée à aucune autre volonté.

Dans le système impérialiste, pour expliquer le caractère obligatoire des contrats de l'État, on a échafaudé théories sur théories. La doctrine individualiste expliquait assez heureusement ce caractère obligatoire, en disant que la souveraineté est toujours limitée par les droits naturels de l'individu, que l'État ne peut procéder que par voie de contrat, quand il opère une emprise sur la sphère des droits individuels réservés, qu'il est dès lors lié par le contrat, parce que, s'il le violait, il porterait atteinte aux droits naturels inviolables.

Une théorie, qui en Allemagne a eu pendant longtemps un grand crédit sous le nom de théorie de l'État fisc, et qui en France a été défendue avec beaucoup de vigueur par M. Ducrocq, prétend qu'il y a deux personnalités dans l'État, une personnalité de puissance publique et une personnalité patrimoniale ou fisc, la seconde étant créée par un acte de volonté souveraine de la première. Dans cette conception, l'État fisc ou personne patrimoniale est seul partie au contrat ; rien donc ne s'oppose à ce qu'il soit lié par le contrat comme un simple particulier[1]. Cette doctrine de la double personnalité de

---

1. Hatscheck, *Die rechtliche Stellung des Fiscus*, 1899 ; Ducrocq, *Droit administratif*, 7ᵉ édit., IV, p. 11 et suiv.

l'État a été très vivement critiquée par les jurisconsultes allemands et français et notamment par
les professeurs Jellinek et Michoud. Ce dernier a
imaginé la doctrine de la personnalité une à double
caractère : tantôt c'est le caractère puissance
publique qui apparaît; l'État alors commande, fait
un acte d'autorité; tantôt c'est le caractère de personnalité privée qui se manifeste; l'État contracte[1].

Enfin Ihering a inventé et Jellinek a développé la
théorie ingénieuse de l'autolimitation. Le propre de
la volonté souveraine, c'est de ne se déterminer
jamais que par elle-même. Or quand l'État contracte,
il consent à se limiter, il s'oblige par sa propre
volonté; il s'autolimite; sa volonté, même en se
limitant ainsi, ne se détermine que par elle-même ;
elle reste donc souveraine tout en s'obligeant par
contrat[2].

Il suffit d'énoncer ces théories pour montrer
qu'elles ne sont que vains jeux d'esprit. Le caractère
obligatoire des contrats de l'État n'est pas contestable, et cette affirmation constante et unanime du
lien qu'ils imposent à l'État démontre encore l'élimination du concept de puissance.

Aucun organe de l'État ne peut porter atteinte à
un contrat, pas même le parlement. L'acte par lequel
un organe ou un agent de l'État, même le parlement,
supprimerait ou modifierait une obligation contractuelle s'imposant à l'État, serait sans valeur, une
sorte de voie de fait et les tribunaux devraient con-

---

1. Jellinek, *System der öffentliche subjektiven Rechte*, 2ᵉ édit.
1905, p. 209; Michoud, *Théorie de la personnalité morale*, I, 1906,
p. 262.

2. Jellinek, *Allgemeine Staatslehre*, 2ᵉ édit. 1905, p. 357.

damner l'État comme si cet acte n'existait pas. La vieille conception des contrats de droit public, qui autorisait l'État à se soustraire à des obligations contractuelles, a fait son temps. Le contrat est un acte juridique ayant le même caractère en droit public et en droit privé; ou plutôt il n'y a point de distinction à faire entre le droit public et le droit privé et l'État est tenu par les contrats qu'il a passés comme l'est un simple particulier. Qu'on note bien qu'en condamnant l'État, malgré un acte du parlement tendant à le libérer de ses obligations, les tribunaux ne statueraient pas sur une question de responsabilité naissant d'un acte du parlement, mais sur l'action contractuelle et sur l'étendue d'obligations que celui-ci est impuissant à supprimer.

A cet égard le conseil d'État en 1896 et en 1904 a rendu deux arrêts caractéristiques. Par un accord conclu en 1860 avec le gouvernement français certains établissements ecclésiatiques de la Savoie avaient remis des titres de rente (Cartelles) à la France, qui en retour devait leur payer sous forme de traitement l'équivalent des arrérages. En 1883 le parlement français ayant refusé d'inscrire au budget les crédits nécessaires pour le paiement des allocations correspondantes et le ministre ayant en conséquence refusé de les ordonnancer, le conseil d'État par un premier arrêt du 8 août 1896 annula la décision ministérielle et renvoya les parties devant le ministre pour la liquidation de la dette, en un mot condamna l'État français à payer sa dette contractuelle malgré la décision du parlement[1]. A la

1. *Recueil*, 1896, p. 660.

séance de la chambre du 22 décembre 1899. M. Caillaux, ministre des Finances, demar   un crédit pour exécuter cet arrêt; il affirma très r   n.... le caractère obligatoire des contrats faits par l'État, nonobstant toute décision contraire du parlement. Le 1er juillet 1904 le conseil d'État statuait au profit de la fabrique et du chapitre d'Annecy exactement dans les mêmes termes qu'en 1896 au profit de la fabrique de Saint-Jean-de-Maurienne et par les mêmes motifs[1].

On connaît la protestation très nette formulée le 3 décembre 1909 devant la Chambre des députés par M. Millerand, ministre des Travaux publics, contre la proposition de M. Jaurès tendant à voter une loi qui, sous couleur d'interprétation, aurait dégagé l'État de ses obligations envers la compagnie de l'Ouest rachetée.

V

Jusqu'à présent nous avons vu l'administration faisant des actes unilatéraux ou contractuels, mais toujours des actes d'ordre juridique. L'expression acte administratif au sens large comprend aussi toute une série d'opérations, qui ont le caractère administratif incontestablement, mais qui n'ont pas le caractère juridique et que pour cette raison on appelle opérations matérielles administratives. Ce sont les actes innombrables que font les agents de l'État pour assurer la gestion des services publics et particulièrement la gestion de ceux que nous

1. *Recueil*, 1904, p. 533.

avons appelés précédemment les services industriels : travaux publics, transports, postes, télégraphes, téléphones, opérations matérielles de
police, opérations matérielles militaires et mari-
times... Le nombre et la complexité de ces opérations augmente naturellement chaque jour en même
temps que les services deviennent plus nombreux
et plus complexes. Elles n'ont pas de caractère juridique en ce sens qu'elles ne sont pas faites en vue
de créer par elles-mêmes une situation de droit.
Mais comme elles sont déterminées par un but de
service public, elles tombent sous la prise du droit.
Très souvent elles sont la préparation d'un acte
administratif juridique; elles constituent les conditions de forme exigées pour la validité de cet acte et
ainsi elles font partie de l'acte lui-même. Très souvent aussi ces opérations sont l'exécution d'un acte
administratif juridique et se relient ainsi directement à lui. Enfin ces opérations matérielles administratives peuvent ne se rattacher à aucun acte
administratif juridique comme préparation ou exécution. Même alors elles ne sont point indifférentes
au droit, parce qu'elles peuvent être la cause d'une
responsabilité de l'administration ou des fonctionnaires envers les particuliers.

L'analyse qui précède, peut-être un peu aride,
devait être faite cependant. Elle montre en effet que
si les actes administratifs ont des aspects différents
suivant les conditions dans lesquelles se produit
l'intervention administrative, ils ont deux caractères
communs essentiels, un caractère négatif et un
caractère positif. D'aucun acte administratif on ne
peut dire qu'il soit une manifestation d'une volonté

de puissance. De tous au contraire on doit dire
qu'ils sont les actes d'un agent public faits pour
assurer le fonctionnement d'un service public et
devant être faits par conséquent conformément à la
loi de ce service.

Ainsi tous les éléments du système de droit public
se lient étroitement les uns aux autres. La loi est la
disposition par voie générale qui crée le service
public, l'organise et règle son fonctionnement. L'acte
administratif est l'acte individuel et concret qui doit
être fait pour la gestion du service et par conséquent
conformément à la loi. Tout procès administratif se
ramène finalement à cette question : l'acte administratif considéré est-il conforme à la loi du service?

VI

Si tout ce qui précède est vrai, on aperçoit immédiatement les conséquences qui en résultent au
point de vue du contentieux. Est procès administratif tout procès qui pose une question relative au
fonctionnement d'un service public. Tout procès de
ce genre appartient à la compétence des tribunaux
administratifs. Il n'y a point à distinguer si le procès
est né d'un acte unilatéral, d'un acte contractuel ou
d'une opération matérielle.

Ainsi l'évolution du contentieux administratif s'est
faite en un sens tout à fait opposé à celui que semblaient désirer la doctrine et la jurisprudence de la
seconde moitié du XIXᵉ siècle et encore M. Laferrière
en 1887 et 1896. Dans la conception impérialiste la
puissance publique apparaissait dans tout acte

administratif et c'est pourquoi la loi du 16 fructidor an III enlevait aux tribunaux judiciaires la
connaissance de tous ces actes. On s'efforça alors
de distinguer les actes de puissance et ceux où cette
puissance n'apparaissait pas. Mais on s'aperçut
qu'elle n'était nulle part et que si les actes administratifs avaient un caractère commun, ils le recevaient
de leur destination à un service public. Dès lors il
fallait les traiter tous de même au point de vue du
contentieux et les soustraire tous à la connaissance
des tribunaux judiciaires. Ainsi l'on revenait logiquement à la règle de l'an III. Mais à cette époque
on établissait la compétence générale administrative
à cause de la puissance publique subjacente à tout
acte administratif, aujourd'hui à cause de leur destination.

Cependant on négligerait un fait important si l'on
n'ajoutait pas que cette évolution a été singulièrement facilitée, d'un côté par l'ignorance et la pusil-
lanimité des juges judiciaires et d'un autre côté par
la haute indépendance, le savoir et la sereine impartialité des membres du conseil d'État. Beaucoup de
magistrats judiciaires en sont restés au droit romain
et à Pothier. Sans doute quelques arrêts des cours de
justice judiciaire renferment les éléments d'un droit
civil nouveau évoluant dans un sens parallèle à
celui du droit public ; mais, ou bien ils sont inspirés
par quelques rares esprits directeurs qui existent
encore dans les rangs de la magistrature judiciaire,
ou bien ils sont la solution inconsciente imposée
aux juges par les circonstances de l'espèce plus
fortes qu'eux-mêmes. D'autre part les tribunaux
judiciaires même les plus hauts sont encore frappés

de cette crainte superstitieuse que pendant long-temps l'administration a inspirée aux Français, et beaucoup sont tout près de considérer un acte administratif comme une chose sacrée. Qu'on ne s'étonne pas après cela que les justiciables aient peu de confiance dans les juges judiciaires dès que leur affaire touche de près ou de loin une question administrative et que tout leur espoir aille au conseil d'État qui, dans maintes circonstances, a su, bien mieux que la cour de cassation, protéger l'individu contre l'arbitraire administratif.

Finalement aujourd'hui toute question de compétence se ramène à ceci : l'administration est-elle ou non assignée à raison d'un acte se rattachant au fonctionnement d'un service public? Si oui, la compétence est administrative; sinon elle est judiciaire.

Il n'est pas d'ailleurs inutile de citer les quelques arrêts du conseil d'État qui marquent les principales étapes de cette évolution. En 1903 le conseil s'est trouvé saisi d'un procès né à l'occasion de la délibération d'un conseil général (Saône-et-Loire), qui était sans doute un acte unilatéral, mais dans lequel n'apparaissait à aucun degré la puissance publique : il s'agissait d'une prime allouée pour la destruction des vipères. Le sieur Terrier apportait tant de têtes de vipères qu'il absorbait, dépassait même le crédit inscrit au budget départemental. Le préfet ayant refusé d'ordonnancer les primes dues au sieur Terrier, celui-ci actionne le département devant le conseil d'État, qui se déclare compétent, considérant que le conseil général de Saône-et-Loire avait organisé un service public véritable, que le commissaire du gouvernement avait comparé au service de lou-

veterie fonctionnant dans beaucoup de départements; qu'il s'agissait donc d'un procès touchant
au fonctionnement d'un service public et que par
conséquent le conseil juge de droit commun en
matière administrative était compétent [1].

Le conseil d'État a toujours admis la compétence
administrative pour les procès relatifs à des contrats
afférents à des services publics d'État (décret du
11 juin 1806 pour les marchés de fournitures et loi
du 28 pluviôse an VIII pour les marchés de travaux
publics). Mais on admettait que les procès nés de
contrats (autres que les marchés de travaux publics)
afférents aux services publics locaux ressortissaient
aux tribunaux judiciaires. Aujourd'hui le conseil
d'État revendique la connaissance de tous les procès
relatifs à des contrats touchant les services publics,
même les services locaux. Il l'a décidé très nettement en 1910 dans l'affaire Thérond à propos d'un
marché passé par la ville de Montpellier pour l'enlè-
ment des bêtes mortes, « considérant qu'en traitant
dans les conditions ci-dessus rappelées la ville de
Montpellier a agi en vue de l'hygiène et de la sécurité de la population et a eu dès lors pour but
d'assurer un service public, qu'ainsi les difficultés
pouvant résulter de l'inexécution... sont, à défaut
d'un texte en attribuant la connaissance à une autre
juridiction, de la compétence du conseil d'État [2]. »

Quant au contentieux des opérations matérielles,

1. Conseil d'État, 6 février 1903, *Recueil*, p. 94, avec les conclusions de M. Romieu; *Sirey*, 1903, III, p. 25, avec une *note* de
M. Hauriou.

2. Conseil d'État, 4 mai 1910, *Recueil*, p. 193, avec les conclusions de M. Pichat; *Sirey*, III, 1911, p. 17, avec une *note* de M. Hauriou; *Revue du droit public*, 1910, p. 353, avec une note de M. Jèze.

il est forcément toujours un contentieux de la responsabilité. Ici l'évolution a été encore plus caractéristique que précédemment. Le premier tribunal des conflits institué par la constitution de 1848 avait jugé que seuls les tribunaux administratifs étaient compétents pour apprécier les conséquences dommageables pouvant résulter de l'exécution d'un service public. On invoquait les lois du 17 juillet 1791 et du 26 septembre 1793 aux termes desquelles, disait-on, l'administration peut seule déclarer l'État débiteur. En réalité ces lois étaient tout à fait étrangères à la question de compétence contentieuse; elles n'avaient en vue que la liquidation non contentieuse des dettes de l'État. Le vrai motif de la décision était celui qu'on ne disait pas. Sans doute on commençait d'admettre, non d'ailleurs sans de grandes hésitations, la responsabilité de l'État à raison de ses services; mais on avait le sentiment plus ou moins conscient que cette responsabilité faisait échec au principe jusqu'alors incontesté de la puissance souveraine. C'est pourquoi on voulait réserver à l'autorité administrative compétence exclusive. Malgré cela la cour de cassation sous le Second Empire avait reconnu à plusieurs reprises la compétence des tribunaux judiciaires.

La question se posa devant le tribunal des conflits nouvellement créé par la loi du 24 mai 1872. Il s'agissait d'une action en responsabilité formée contre l'État à raison d'un accident dont un enfant avait été victime à la manufacture des tabacs de Bordeaux. Par une décision rendue après partage, sous la présidence de M. le garde des sceaux Dufaure, le tribunal des conflits attribue compétence aux tribunaux administratifs. Mais on n'invoque plus les lois de 1790 et de 1793; on rappelle vaguement le principe général de la séparation des pouvoirs et on déclare que « la responsabilité qui peut incomber à l'État pour les dommages causés à des particuliers par le fait des personnes qu'il emploie dans les services publics ne peut être régie par les principes qui sont établis dans le code civil pour les rapports des particuliers, que cette responsabilité n'est ni générale ni absolue, qu'elle a ses règles spéciales qui varient suivant les besoins des services et la nécessité de concilier les droits de l'État avec les droits privés [1] ».

Quelque vagues et peu juridiques que soient ces motifs, ils sont intéressants parce qu'ils annoncent l'évolution qui va s'accomplir. Les membres du haut tribunal ont le sentiment que la responsabilité de l'État à l'occasion des services publics va s'imposer chaque jour avec plus de force, mais qu'elle ne peut pas être une responsabilité du même ordre que celle qui atteint le simple particulier dans ses rapports privés. Sans doute, ils ne formulent pas encore la distinction de la responsabilité pour faute ou subjective et de la responsabilité pour risque ou objective. Cette double notion ne sera précisée que beaucoup plus tard; mais les juges de 1873 comprennent que la responsabilité de l'État ne peut pas être une responsabilité pour faute, qu'il faut donc écarter la compétence judiciaire parce que les tribunaux civils eux ne comprendraient que cette responsabilité. Il

1. Tribunal des conflits (*Blanco*), 1er février 1873, *Sirey*, 1873, II, p. 153, avec les conclusions de M. le commissaire du gouvernement David.

doit en être ainsi même quand il s'agit, comme dans l'espèce, d'un service où n'apparaît en aucune façon la puissance publique. La décision est dès lors tout à fait significative : elle tend à réserver aux tribunaux administratifs tous les procès qui soulèvent une question touchant au fonctionnement d'un service public, quel que soit le caractère de l'acte, quel que soit le service intéressé.

La décision *Blanco* devient ainsi le point de départ de toute une évolution. Les tribunaux judiciaires s'inclinent et refusent de statuer sur les actions en responsabilité contre l'État, à moins qu'un texte ne leur attribue expressément compétence. La logique des choses voulait que l'évolution s'achevât, que les actions en responsabilité contre les départements, les communes, les établissements publics à raison de leurs services publics fussent, elles aussi, jugées par le conseil d'État en premier et en dernier ressort. Cependant on hésita longtemps. Encore en 1906 le tribunal des conflits déclare que les règles relatives à la responsabilité de l'État ne sont pas applicables à celle des communes. Mais finalement la logique l'emporte. La notion du service public est devenue la notion fondamentale du droit public. Qu'ils soient exploités directement par les agents de l'État ou qu'ils soient régionalisés, décentralisés, patrimonialisés, les services présentent toujours les mêmes caractères essentiels; il n'y a donc aucune raison de faire une distinction au point de vue de la compétence.

C'est pourquoi le tribunal des conflits reconnaît le 29 février 1908 cette compétence pour une action dirigée contre un département. C'est la décision

Feutry rendue sur les remarquables conclusions de
M. le commissaire du gouvernement Teissier et qui
marque comme l'achèvement de l'évolution commencée avec la décision *Blanco*. Il s'agissait d'une
action en responsabilité intentée contre le départe-
tement de l'Oise à raison d'un incendie qui avait été
allumé par un aliéné évadé de l'asile départemental
de Clermont. Le tribunal des conflits, après partage, sous la présidence de M. le garde des sceaux
Briand, se prononce en faveur de la compétence
administrative, « considérant que l'assignation incri-
mine l'organisation et le fonctionnement d'un service à la charge du département et d'intérêt public,
que l'appréciation des fautes qui auraient pu se
produire dans l'exécution de ce service n'appartient
pas à l'autorité judiciaire[1] ».

On voit que l'unique et suffisante raison de décider
en faveur de la compétence administrative est
fondée sur ce fait qu'il s'agit d'apprécier le fonctionnement d'un service public. La même solution doit
évidemment être donnée pour les services publics
communaux. En effet depuis 1908 les décisions
abondent du conseil d'État et des tribunaux judiciaires qui attribuent compétence au conseil d'État
pour statuer sur les actions en responsabilité dirigées
contre les communes[2].

---

1. Tribunal des conflits, 29 février 1908, *Recueil*, p. 208, avec
les conclusions de M. Teissier; *Sirey*, 1908, III, p. 98, note de
M. Hauriou; *Revue du droit public*, 1908, p. 266, note de M. Jèze.
2. Tribunal des conflits (*Fonscolombe*), 11 avril 1908, *Recueil*,
p. 448; Bordeaux, 6 décembre 1909, *Revue générale d'administration*, 1910, III, p. 194; Toulouse, 21 juillet 1909, *Sirey*, 1911, II,
p. 281.

VII

La fonction administrative nous apparaît bien maintenant comme étant la gestion des services publics conformément à la loi. Le concept de puissance publique est éliminé du domaine administratif comme du domaine législatif. Cette gestion des services publics se fait sous le contrôle des tribunaux administratifs, composés de magistrats administratifs, qui, connaissant les conditions nécessaires au fonctionnement des services publics, présentent toutes les garanties d'indépendance et d'impartialité, savent concilier les intérêts des services et ceux des particuliers. Ainsi toute l'administration est saisie par le droit, placée sous un contrôle juridictionnel. C'est en ce sens surtout que, suivant l'expression allemande, l'État moderne devient un État de droit, un *Rechtstaat*.

Cette évolution s'est accomplie particulièrement en France; mais elle n'est pas spéciale à notre pays. Elle y est certainement beaucoup plus avancée qu'ailleurs; mais elle se produit exactement dans le même sens à l'étranger, notamment en Allemagne et en Autriche. Il ne peut entrer dans le cadre de ce livre de l'étudier en détail; mais il importe d'en mentionner le caractère général.

En Allemagne elle a été nettement mise en relief par le professeur Otto Mayer. Il écrit notamment : « Le résultat final, c'est l'identification de la justice administrative avec la juridiction dans le sens strict du mot, c'est-à-dire la déclaration de ce qui est le droit dans le sens individuel. » Et ailleurs : « Nous

prenons pour point de départ le recours pour excès
de pouvoir du droit français, qui a eu une certaine
influence sur le développement du droit allemand,
quoique bien souvent on ne l'ait pas bien compris.
Il vient, comme le recours en cassation, de l'ancien
régime; il a fait ses preuves par un long usage; il
s'est perfectionné... A la place de ce recours pour
excès de pouvoir nous rencontrons dans le droit
allemand la demande en nullité pour violation de la
loi... » Le professeur Otto Mayer explique ensuite
que cependant la jurisprudence allemande n'est pas
encore arrivée à la notion de détournement de pouvoir, qui occupe une si grande place, comme on le
verra au chapitre suivant, dans la jurisprudence
française [1].

Il n'est pas jusqu'à l'Angleterre et aux États-Unis,
dont les conceptions juridiques sont si différentes
des nôtres, qui n'entrent eux aussi dans le grand
courant du droit public moderne, et qui ne tendent
à organiser le contrôle juridictionnel de toute l'activité administrative, considérée comme la gestion des
services publics. L'influence française n'est certainement pas étrangère à cette évolution qui est d'ailleurs tout à fait à ses débuts.

Jusqu'à présent dans les pays anglo-saxons, contrairement à ce que l'on dit habituellement, le contrôle juridictionnel de l'administration était extrè-
mement restreint. On nous a souvent montré comme
un idéal et on a prétendu même introduire en France
le système anglo-saxon d'après lequel les procès
administratifs sont de la compétence des juridictions

1. Otto Mayer, *Le Droit administratif allemand*, édit. française,
1903, I, p. 210 et 247.

ordinaires. C'est une grande erreur. En réalité les prétendues poursuites contre l'administration, en Angleterre et en Amérique, jusqu'à ces derniers temps, ne consistaient presque uniquement qu'en poursuites contre les administrateurs pris individuellement, et, comme le fait très justement observer M. Hauriou, « il manque ainsi pratiquement les deux grandes ressources du contentieux administratif français, les moyens d'annulation contre les actes administratifs et les recours en indemnité contre les personnes morales administratives [1] ». Or aujourd'hui ces deux ressources tendent à s'introduire dans le droit anglo-saxon. Des tribunaux spéciaux sont organisés; ou bien on a donné aux tribunaux ordinaires une compétence spéciale pour connaître des procès contre l'administration, soit des actions en responsabilité, soit des recours formés directement contre les actes administratifs.

En Angleterre les règlements du gouvernement central peuvent toujours être cassés par les tribunaux comme *ultra vires*, c'est-à-dire comme étant faits au delà de la délégation législative en vertu de laquelle le gouvernement fait ses règlements. Les ordonnances des assemblées locales peuvent être cassées par les tribunaux comme étant portées *ultra vires* ou comme irraisonnables. Enfin la législation récente a parfois donné, pour des objets particuliers, à des organes administratifs une véritable compétence juridictionnelle; et cela constitue comme un embryon de contentieux administratif. La voie est ouverte; l'évolution ira vite [2].

1. *Droit administratif*, 7ᵉ édit., 1911, p. 935, note 1.
2. Dicey, *Introduction à l'étude du droit constitutionnel*, édition

Aux États-Unis elle paraît plus avancée. En 1855 une loi fut votée qui instituait un tribunal pour examiner les réclamations fondées sur une loi ou sur un contrat et dirigées contre le gouvernement central. Au début les décisions de cette cour n'avaient aucun effet juridique; elles étaient rédigées sous la forme de *bills* qui devaient être approuvés par le congrès. Plus tard on fit du *Court of claims* un tribunal véritable dont les arrêts sont par eux-mêmes obligatoires pour le secrétaire du Trésor. Appel de la décision du *Court of claims* peut être porté devant la haute cour.

Par un système compliqué de *writs* les tribunaux américains peuvent annuler des décisions administratives; mais ils ne peuvent dans ces *writs* examiner les questions de fait ou d'opportunité qui ont été résolues par les autorités administratives. « Le principe s'applique quel que soit le rang ou le caractère du fonctionnaire qui doit être contrôlé. Quelque humble qu'il soit, s'il a un pouvoir discrétionnaire, il l'exerce à l'abri de tout contrôle; quelque puissant qu'il soit il doit agir conformément à la loi[1]. »

Dans plusieurs hypothèses des lois spéciales ont donné expressément aux tribunaux un contrôle sur le pouvoir discrétionnaire de l'administration. Enfin certaines lois ont organisé expressément un droit de recours contre les décisions des fonctionnaires administratifs devant les cours de session trimes-

française, 1902, p. 454; Jenks, *Le régime de droit dans le droit administratif anglais*, dans *Actes du Congrès des sciences administratives de Bruxelles*, 1910.

1. Goodnow, *Les Principes du droit administratif des États-Unis*, édit. française, 1907, p. 487.

trielle ou devant les cours de comté, qui les ont presque partout remplacées. Par exemple dans l'État de New-York toute personne intéressée peut former un recours devant la cour de comté contre la décision du superintendant des indigents relativement à un domicile de secours.

Ainsi s'organise peu à peu la protection juridictionnelle de l'individu contre l'administration. Mais on voit qu'elle est encore bien incomplète. Pas plus aux États-Unis qu'en Angleterre, on n'est arrivé à la notion générale du détournement de pouvoir. La notion d'acte discrétionnaire plane toujours sur l'activité administrative. On verra au chapitre suivant que le droit administratif français, au contraire, s'en est complètement affranchi. Enfin d'autre part ce fait que le contrôle juridictionnel est confié le plus souvent aux tribunaux de droit commun, étrangers par leur origine et par leur caractère à l'administration, prive les administrés d'une garantie que ceux-ci possèdent au contraire en France. Les tribunaux américains restent toujours bien timides à l'égard du pouvoir exécutif et M. Goodnow écrit ceci : « Pour des raisons politiques, les tribunaux ont d'une manière générale posé la règle qu'ils n'exerceront pas leur juridiction, lorsqu'elle les amènerait en conflit direct avec le chef de l'exécutif. La règle est certaine en ce qui concerne le président des États-Unis; elle ne l'est pas autant en ce qui touche les gouverneurs des différents États[1]. »

L'évolution essentiellement progressive du droit administratif français s'est affirmée d'une manière

1. Goodnow, *loc. cit.*, p. 489.

très nette au Congrès des sciences administratives qui s'est réuni à Bruxelles au mois d'août 1910. Là on a pu constater qu'aucun droit public moderne ne protégeait l'administré d'une manière aussi complète que le droit français, que notre pays est à la tête du mouvement en avant pour le droit privé comme pour le droit public. La France le doit pour le droit privé à ce que son code est vieux de plus d'une siècle et que ses juristes et ses tribunaux sont arrivés à s'affranchir des liens d'une étroite exégèse. Pour le droit public elle le doit à ce qu'elle n'a pas de code du tout et à ce que la haute juridiction qu'est le conseil d'État, administrative par son origine et par sa procédure, judiciaire par l'indépendance et l'impartialité de ses membres, a su créer les éléments d'un contentieux essentiellement protecteur de l'administré.

CHAPITRE VI

LE CONTENTIEUX ADMINISTRATIF

I. Formation de la jurisprudence sur le recours pour excès de pouvoir. — II. Le contentieux subjectif et le contentieux objectif. — III. Caractère et domaine du recours pour excès de pouvoir. — IV. Il n'y a plus d'actes de gouvernement. — V. Le détournement de pouvoir; il n'y a plus d'actes discrétionnaires. — VI. Sanction des décisions juridictionnelles.

Le contentieux administratif français, dont on a déterminé au chapitre précédent le caractère essentiel et la portée générale, est cependant d'une nature plus complexe qu'on ne pourrait le croire si l'on s'en tenait à ce qui a été dit jusqu'à présent. Il a d'ailleurs suivi une évolution et reçu une transformation dont il n'est pas inutile de décrire l'aspect général pour achever d'exposer la transformation du droit public.

I

La conception impérialiste du droit public correspondait à la conception individualiste du droit privé. L'État était considéré comme titulaire du droit subjectif de puissance, qui se manifestait non seule-

ment dans la loi, mais aussi dans l'activité administrative. L'individu était conçu comme titulaire en
tant qu'homme d'un certain nombre de droits subjectifs se synthétisant dans les deux droits de liberté
et de propriété. Ainsi se trouvaient toujours en présence l'État titulaire du droit subjectif de puissance et l'individu titulaire des droits subjectifs de
liberté et de propriété. A cette liberté, à cette propriété l'État ne peut pas toucher, ou du moins ne
peut toucher que dans une certaine mesure et sous
certaines conditions. Dès lors, dans cette double
conception du droit public et du droit privé, tout
procès administratif soulève au fond cette question :
le droit subjectif de l'individu a-t-il été ou non
atteint par l'État, par l'activité administrative au
delà des limites où il peut l'être? Dans tout procès
administratif se posait donc une question de droit
subjectif.

Le contentieux administratif était ainsi toujours
exclusivement un contentieux subjectif, et pour
l'administration, puisque pour elle se posait la question de l'étendue de son droit de puissance, et pour
l'administré, puisque pour lui se posait la question
de savoir si ses droits subjectifs de liberté ou de propriété avaient été violés. Tout procès devait donc
aboutir à la reconnaissance d'un droit subjectif de
l'administration ou de l'administré, et aboutir par
conséquent à une condamnation. C'est l'idée qu'exprimait M. Ducrocq, quand il écrivait que pour qu'il
y ait contentieux administratif par nature, « il faut
que le litige soit suscité par un acte administratif
proprement dit et que la réclamation à laquelle
donne lieu l'acte administratif soit fondée sur la

violation d'un droit, et non pas seulement sur la violation d'un intérêt[1] ».

Or il suffit d'ouvrir le *Recueil* des arrêts du conseil d'État pour s'apercevoir que depuis de longues années déjà la haute assemblée rend deux catégories de décisions, qui, au simple aspect extérieur, apparaissent tout à fait différentes. Dans les unes le conseil se borne à prononcer l'annulation d'un acte administratif ou à rejeter la requête. Dans les autres le conseil prononce bien parfois l'annulation d'un acte administratif; mais il ne s'en tient pas là; il prononce aussi une condamnation contre le particulier ou contre l'administration. S'il y a ainsi deux catégories de jugements aussi différentes, c'est évidemment qu'il y a deux catégories de recours.

En effet depuis longtemps, suivant la terminologie reçue au conseil, on distingue le recours ordinaire aboutissant à une condamnation, et le recours pour excès de pouvoir tendant simplement à l'annulation d'un acte. Le législateur lui-même a consacré cette terminologie. A l'art. 9 de la loi du 24 mai 1872, qui a organisé le conseil d'État de la troisième République, on lit : « Le conseil d'État statue souverainement sur les recours en matière contentieuse administrative (recours ordinaires) et sur les demandes d'annulation pour excès de pouvoir formées contre les actes des diverses autorités administratives. »

Par suite des faveurs qui leur étaient faites par le décret du 2 novembre 1864 (dispense de tous frais autres que ceux de timbre et d'enregistrement, dispense du ministère d'un avocat), par suite aussi

1. *Droit administratif*, 7e édit., II, p. 17.

de la confiance que le conseil d'État inspire chaque
jour davantage aux justiciables, les recours pour
excès de pouvoir se multiplièrent. Sans doute le
conseil d'État continuait de n'y voir qu'une sorte de
recours subsidiaire et de subordonner sa recevabilité à cette condition que l'administré n'eût pas
d'autre action. Malgré cela le nombre des recours
pour excès de pouvoir augmente toujours et le
conseil d'État est obligé d'abandonner la fin de non
recevoir tirée de l'existence d'un recours parallèle.

Il fallut bien aussi en arriver à déterminer ce qui
distinguait au fond le recours pour excès de pouvoir
du recours ordinaire. Les juristes se mirent à la
tâche; mais il ne leur fut pas facile de résoudre le
problème, parce qu'ils restaient dominés par la conception subjectiviste, par cette idée que tout procès
suppose un droit déduit en justice. Ils n'aperce-
vaient pas que l'extension considérable donnée au
recours pour excès de pouvoir par le conseil d'État,
sous la pression des faits et comme malgré lui, révé-
lait une transformation profonde qui s'était accomplie, à l'insu des juristes souvent aveugles, et qui
était caractérisée par l'élimination progressive de
la double conception subjectiviste de. puissance
publique et de droit individuel.

On ne peut rapporter ici même le simple résumé
de tout ce qui a été écrit sur le recours pour excès
de pouvoir. Cependant il est impossible de passer
sous silence la tentative de construction juridique
de M. Laferrière, dont le livre paru en 1887 marque,
on l'a déjà dit, une date dans l'évolution du droit
public. M. Laferrière distinguait le contentieux de
l'annulation et le contentieux de la pleine juridic-

tion. Dans le premier, disait-il, le rôle du tribunal
se borne à annuler ou à refuser d'annuler. Dans le
second le tribunal peut statuer sur toutes les questions de fait et de droit; il a la plénitude de juridiction. L'exemple type du contentieux d'annulation
était pour M. Laferrière le recours pour excès de
pouvoir. Quatre causes lui donnaient ouverture; la
violation d'une loi de compétence, la violation d'une
loi de forme, le détournement de pouvoir et la violation d'une loi de fond. Mais dans ce dernier cas le
recours pour excès de pouvoir ne pouvait être formé
que par le titulaire du droit auquel avait fait grief
l'acte attaqué. Enfin le recours pour excès de pouvoir
était toujours une voie de droit subsidiaire[1].

De tout cela M. Laferrière en réalité ne donnait
point la raison. Pourquoi cette distinction entre le
contentieux d'annulation et le contentieux de pleine
juridiction? Sur quel fondement repose-t-elle? On
ne le dit point. Pourquoi le recours pour excès de
pouvoir est-il une voie de recours subsidiaire? On
n'en donne aucune bonne raison. Pourquoi dans
certains cas le recours est-il ouvert à toute personne
ayant un intérêt? Pourquoi dans d'autres cas ne
veut-on le donner qu'à celui dont un droit subjectif
aurait été atteint? A y regarder de près dans toute
cette théorie il n'y avait qu'incertitude et contradiction.

Au reste la jurisprudence du conseil d'État allait,
sous la pression des besoins pratiques, à la fois
s'élargir et se préciser. Le recours pour excès de
pouvoir cesse d'être subsidiaire. Notamment il

1. Laferrière, *Juridiction et contentieux*, 2° édit., 1800, II,
p. 394 et suiv.

triomphe contre la délibération des conseils généraux faisant des sectionnements irréguliers, bien que
l'intéressé ait pu former une réclamation contre
l'élection. Puis le recours pour excès de pouvoir est
ouvert à toute personne ayant un intérêt, même
simplement moral et indirect, à faire cesser les effets
de l'acte attaqué. En réalité jamais le recours pour
excès de pouvoir n'a pour but et pour effet de sanctionner un droit subjectif de l'administré. Le conseil
d'État notamment déclare couramment recevable le
recours formé contre des nominations irrégulières
par toute personne ayant les titres exigés pour les
fonctions considérées, et même les recours formés
par les associations professionnelles de fonctionnaires appartenant au service intéressé[1]. On ne
prétendra pas vraisemblablement que tous les licen-
ciés en droit de France, qui sont recevables à former
un recours contre une nomination irrégulière faite
dans la magistrature, aient le droit d'être nommés
magistrats.

Dans ces conditions toute la théorie de Laferrière
s'écroulait. Il fallait chercher autre chose. Tout
s'éclaire si l'on écarte la notion de droit subjectif et
si l'on fait intervenir la notion fondamentale du droit
moderne, la notion de fonction sociale, de situation
légale, dont la notion de service public est intimement connexe. La merveilleuse jurisprudence du

---

1. Les arrêts sont très nombreux; voir notamment conseil
d'État, 2 arrêts, 11 décembre 1909 (*Lot, Molinier*), *Recueil*, p. 780;
4 arrêts, 1er juin 1906 (*Alcindor*), *Recueil*, p. 906; 11 décembre 1908
(*Association professionnelle du ministère des colonies*), *Recueil*, p. 1016;
6 août 1910 (*Association des fonctionnaires du ministère de l'instruction publique*), *Recueil*, p. 719.

conseil d'État sur le recours pour excès de pouvoir n'est que la mise en œuvre de ces notions.

II

La question que soulève un procès administratif peut être celle de savoir s'il existe une situation juridique subjective et quelle en est l'étendue. Elle se pose lorsque, un acte administratif ayant été fait, il s'agit de savoir s'il a donné naissance à une situation juridique subjective ou s'il a pu modifier ou éteindre une situation préexistante. Lorsque le procès soulève pareille question il appartient au contentieux subjectif et le rôle de la juridiction administrative est de constater l'existence et l'étendue de cette situation et de prononcer une condamnation en conséquence. Alors la décision du tribunal a une portée individuelle toute relative, identique à celle de la situation juridique subjective dont elle constate l'existence. Le recours ne peut jamais être formé que par celui qui se prétend bénéficiaire de la situation dont l'existence ou l'étendue sont contestées.

Il peut se faire, au contraire, que la seule question du procès soit celle de savoir si une disposition légale (au sens général de l'expression désignant toute disposition par voie générale, loi formelle ou règlement) a été violée par l'administration. C'est alors uniquement une question de droit objectif que doit résoudre le juge. Le recours appartient au contentieux que l'on peut appeler objectif. Le juge constate seulement que la loi a été ou non violée : s'il estime qu'elle ne l'a pas été; il rejette la requête;

s'il estime qu'elle l'a été, il annule l'acte attaqué; sa décision a une portée générale; l'acte est annulé à l'égard de tous, à l'égard de tous les administrés, à l'égard de l'administration tout entière. La décision juridictionnelle dans ce cas a une portée générale comme la loi dont elle constate la violation.

Mais un pareil recours n'est certainement pas recevable contre tout acte administratif. Il ne peut pas l'être évidemment contre les opérations maté-rielles administratives, pour lesquelles il ne peut pas être question d'annulation : on annule un effet de droit; on n'annule pas un fait. Il n'est pas davan-tage recevable contre les actes administratifs d'ordre juridique dont l'effet est seulement de faire naître une situation subjective. Pour ceux-là en effet la question qui peut se poser n'est pas celle de savoir s'ils sont conformes ou contraires à la loi, mais de savoir s'ils ont fait naître une situation juridique subjective ou s'ils ont éteint ou modifié une situa-tion antérieure; le recours ne peut être formé que par ceux qui prétendent être parties à cette situa-tion. En d'autres termes à l'occasion des actes ten-dant à faire naître une situation juridique subjec-tive ne peut exister qu'un contentieux subjectif. Le recours objectif n'est possible que contre les actes administratifs qui présentent eux-mêmes un carac-tère objectif. Ces actes sont très nombreux : ce sont d'abord tous les actes réglementaires. Sans doute au point de vue matériel ces actes sont des lois; mais au point de vue formel ce sont des actes admi-nistratifs susceptibles d'être attaqués par le recours pour excès de pouvoir, puisqu'ils émanent d'un agent administratif.

D'autre part beaucoup d'actes administratifs n'ont point pour effet de donner naissance à une situation juridique subjective. Ils sont en réalité des actes conditionnant la naissance d'une situation objective ou légale, ou la compétence d'un agent. Ces sortes d'actes sont très fréquents dans le droit public et leur nombre va d'ailleurs en augmentant à mesure que s'élargit la conception objectiviste du droit. Un des exemples les plus nets de ces actes-conditions est la nomination de fonctionnaire, laquelle en réalité ne produit point d'effet de droit, ne donne pas naissance à la compétence, à la situation du fonctionnaire, mais est simplement la condition de la naissance, en ce qui concerne la personne nommée, de la situation légale qu'est l'état de fonctionnaire avec tout ce qui s'y rattache, compétence, statut, traitement, retraite. Le plus souvent la délibération d'un conseil administratif est une déclaration de volonté qui conditionne la validité d'un acte administratif. Par exemple le vote d'une dépense par un conseil général ou un conseil municipal est la condition nécessaire pour que le préfet ou le maire ait compétence pour l'ordonnancer.

Ces divers actes, tout comme les actes réglementaires, ont un caractère objectif. Ils ne font pas naître une situation juridique concrète, individuelle, n'intéressant qu'une ou plusieurs personnes déterminées. Ils intéressent tout le fonctionnement d'un service public. Ils atteignent une série indéterminée de personnes, et notamment toutes celles qui sont associées au fonctionnement du service ou qui en usent. A vrai dire ils ne produisent par eux-mêmes et directement aucun effet de droit; mais condition-

nant l'application de la loi qui crée une situation
légale ou une compétence, ils ont indirectement des
conséquences dans le domaine du droit; ils sont des
actes volontaires et dès lors ils ne peuvent échapper
au contrôle juridictionnel. Précisément à cause de
leur caractère objectif, ils ne donneront naissance
qu'à un contentieux objectif. Le recours sera ouvert
à tous les intéressés; le juge ne prononcera point de
condamnation; il annulera ou refusera d'annuler;
et sa décision d'annulation aura une portée générale.

Ce contentieux objectif, dont on vient de déterminer en bref le fondement et le domaine, nous
apparaît surtout dans le recours pour excès de
pouvoir, la grande et originale création de la jurisprudence française. Il domine aujourd'hui tout le
droit public. On en a montré au § I les humbles ori-
gines. Il faut maintenant en délimiter le domaine et
montrer comment son développement et ses applications s'harmonisent admirablement avec la notion
fondamentale de service public.

III

La loi française a spécialement organisé certains
recours de caractère objectif, par exemple le contentieux électoral, qui en est un cas très net puisque
la question qu'il pose est uniquement celle de la
régularité légale de l'élection et que, si l'élection est
annulée, elle l'est pour tout le monde. La juridiction
des conflits a le même caractère, puisque le tribunal
n'a qu'à juger la régularité de l'arrêté de conflit.

Dans ces hypothèses le contentieux objectif est délimité par la loi elle-même.

Au contraire le recours pour excès de pouvoir est comme la synthèse générale du contentieux objectif qui domine tout le droit. Quand un acte ayant le caractère objectif précédemment défini a été fait par un organe ou un agent administratif quelconque, depuis le président de la République jusqu'au plus modeste des agents, tout administré peut former le recours pour excès de pouvoir et demander au conseil d'État de juger si l'acte a été fait ou non conformément à la loi. Ce recours ne lui coûtera d'autres frais que 0 fr. 60 de timbre. Il n'a pas besoin d'invoquer un droit; il vit sous le régime de l'État de droit et par conséquent il est recevable à provoquer la censure juridictionnelle de tout acte de l'administration violant le droit. Cependant, pour éviter des abus, la jurisprudence exige encore, pour la recevabilité du recours, que le requérant ait un intérêt spécial à le former; mais il suffit d'un intérêt tout à fait indirect comme celui qu'a tout contribuable de la commune à ce que le conseil municipal n'engage pas des dépenses irrégulières[1], ou d'un simple intérêt moral comme celui qu'ont les individus, possédant les titres nécessaires pour être nommés à certaines fonctions, à ce qu'on n'y nomme pas des individus n'ayant pas ces titres[2].

Le caractère objectif du recours pour excès de pouvoir apparaît encore très nettement dans ce fait que le conseil d'État saisi de ce recours ne peut qu'annuler l'acte ou refuser de l'annuler; il ne peut

1. Arrêt *Casanova*, 29 mars 1901, *Recueil*, p. 333.
2. Arrêts *Lot* et *Molinier*, 11 décembre 1903, *Recueil*, p. 780.

point prononcer de condamnation. Parfois il renvoie les parties devant le ministre : mais c'est seulement une invitation directe adressée au ministre de se conformer à la décision juridictionnelle. L'acte est annulé à l'égard de l'administration tout entière comme à l'égard de tous les administrés.

On a dit plus haut qu'à un moment la jurisprudence avait paru distinguer plusieurs causes d'ouverture du recours, l'incompétence, le vice de forme, le détournement de pouvoir, la violation d'une loi de fond et appliquer des règles différentes pour la recevabilité du recours. Aujourd'hui on ne fait plus aucune distinction. La question est toujours celle-ci : y a-t-il violation d'une loi, d'une loi quelconque, d'une loi de compétence, d'une loi de forme, d'une loi de fond? La question est toujours la même et les conditions de recevabilité aussi toujours les mêmes. Quelquefois encore on paraît distinguer l'incompétence, la violation de la loi et le détournement de pouvoir; mais c'est une terminologie que l'on emploie encore par habitude prise; en réalité on ne fait plus aucune distinction [1].

Le recours pour excès de pouvoir est recevable contre tous les actes objectifs de tous les organes et de tous les agents publics, à l'exception du parlement, des chambres, des tribunaux et agents judiciaires. Pour les actes de ces derniers on comprend très facilement pourquoi il ne peut être question du recours. Il existe, en effet, un contrôle propre au personnel judiciaire et le recours dirigé contre la décision d'un tribunal ou d'un agent ne peut natu

---

1. Cf. Hauriou, *Droit administratif*, 7ᵉ édit., 1911, p. 420; Tournyol du Clos, *Essai sur le recours pour excès de pouvoir*, 1905.

rellement être porté que devant une juridiction de
même ordre. S'il en était autrement il y aurait une
violation du principe resté toujours intact de la
séparation des deux ordres judiciaire et administratif.

Pourquoi le recours n'est-il pas recevable contre
les décisions du parlement ou d'une chambre? Évidemment on arrivera dans un avenir, qui n'est peut-
être pas éloigné, à admettre le recours contre ces
actes. Mais l'évolution n'est pas encore accomplie.
La non-recevabilité du recours tient ici certainement à ce qu'il subsiste encore quelque chose de
l'ancienne idée d'après laquelle le parlement, les
chambres exprimaient directement la volonté nationale souveraine. On a montré au § IV du chapitre III
qu'il y avait aujourd'hui une tendance très nette à
reconnaître la possibilité d'instituer un contrôle
juridictionnel des lois formelles. A *fortiori* arrivera-
t-on à reconnaître le pouvoir appartenant à une
haute juridiction d'apprécier la régularité d'une
décision émanant d'une chambre unique ou de son
bureau.

Quant aux actes du président de la République
personnifiant le gouvernement, ils peuvent tous
aujourd'hui en principe être attaqués par le recours
pour excès de pouvoir. Incontestablement il s'est
produit depuis 1875 dans le caractère du président
de la République une transformation notable que
l'on doit signaler en passant, sans y insister cependant, car, si elle a son importance, elle est en réalité étrangère à la transformation proprement dite
du droit public. Dans le système politique institué
par les constitutions de 1791 et de 1848, le chef de

l'État était investi du pouvoir exécutif au sens originaire de l'expression et ainsi il incarnait véritablement un des éléments constitutifs de la souveraineté.
Il avait le caractère représentatif tout autant que
le parlement, le caractère représentatif dans l'ordre
de l'exécutif comme le parlement dans l'ordre du
législatif. Dès lors les actes du chef de l'État étaient
une émanation directe de la souveraineté nationale,
comme les actes du parlement et comme eux ils
devaient échapper à tout recours contentieux.

Incontestablement les auteurs de la Constitution
de 1875 eurent la même conception du caractère qui
devait être attribué au chef de l'État président de
de la République. Elle est très nettement exprimée
dans la loi du 20 novembre 1873, dite loi du
septennat « qui confie au maréchal de Mac-Mahon
le pouvoir exécutif pour sept ans ». Les présidents
successifs auront le même caractère que celui con-
féré au premier d'entre eux. Comme lui ils seront
investis du pouvoir exécutif proprement dit, élément
constitutif de la souveraineté ; ils auront le caractère représentatif ; et logiquement leurs actes échap-
peront à tout recours contentieux.

Depuis 1875 le président de la République a perdu
progressivement ce caractère. Il a peu à peu cessé
d'être un représentant de la souveraineté nationale ;
il est devenu simplement un agent administratif, un
agent supérieur de la hiérarchie administrative,
mais un simple agent. Par suite, tous ses actes
peuvent en principe être attaqués par le recours
pour excès de pouvoir. Ce changement ne se rattache point à la disparition du concept impérialiste
de puissance publique. Il aurait pu rester intact et

le caractère du président de la République se transformer quand même. Ce sont deux évolutions parallèles, mais tout à fait indépendantes l'une de l'autre. La cause principale de la transformation du caractère attribué par la Constitution de 1875 au chef de l'État se trouve à notre estime essentiellement dans son origine. De ce fait qu'il est élu par le parlement on a conclu que seul celui-ci est un organe représentatif, qu'il concentre toute la souveraineté et que le président de la République qui est fait par lui ne peut être qu'un agent d'exécution, un agent administratif. Voilà comment cette transformation vient concorder avec l'évolution générale du droit public et conduit à reconnaître la recevabilité du recours pour excès de pouvoir formé contre tous les actes du gouvernement, personnifié par le président de la République.

Cependant il y a deux catégories d'actes pour lesquels l'évolution ne s'est pas encore accomplie et qui ne sont pas susceptibles d'être attaqués par le recours contentieux. Ce sont d'abord les actes relatifs aux rapports constitutionnels des chambres et du gouvernement, par exemple les actes par lesquels le président de la République convoque ou ajourne les chambres, prononce la clôture de la session parlementaire ou la dissolution de la Chambre des députés, convoque les collèges électoraux en vue des élections législatives ou sénatoriales. Ici la non-recevabilité du recours se comprend à merveille. Le gouvernement fait ces actes sous le contrôle direct du parlement, et si on les pouvait attaquer par un recours contentieux, on soumettrait indirectement l'action du parlement au contrôle du conseil d'État. Or, pour le moment du moins, on considère un pareil contrôle comme impossible, on l'a dit plus haut.

Cela apparaît nettement, par exemple, en ce qui concerne le décret de convocation en vue des élections. Chaque chambre ayant en vertu de la constitution elle-même « le jugement de l'éligibilité de ses membres et de la régularité de leur élection » (loi constitutionnelle 16 juillet 1875, art. 10), reconnaître au conseil d'État le pouvoir de juger la régularité des décrets de convocation, ce serait lui permettre d'empiéter sur le pouvoir des chambres. C'est ce que vient de décider précisément le conseil d'État dans un arrêt du 9 août 1912 par lequel il rejette le recours formé par un conseiller général contre un décret du 2 avril 1912 fixant au 19 mai l'élection d'un sénateur dans le territoire de Belfort : « Considérant que les assemblées législatives, à qui il appartient de vérifier les pouvoirs de leurs membres sont seules compétentes à moins d'un texte contraire pour apprécier la légalité des actes qui constituent les préliminaires des opérations électorales[1]. »

Une autre catégorie d'actes échappe au recours pour excès de pouvoir, les actes diplomatiques, c'est-à-dire les actes relatifs aux relations de la France avec les puissances étrangères. D'après une jurisprudence constante aucun recours contentieux n'est recevable contre ces actes. Notamment par des arrêts du 5 août 1904, le conseil d'État a jugé qu'un particulier ne peut pas se prévaloir par la voie contentieuse contre l'État français des conséquences de

---

[1]. *Le Temps*, 11 août 1912.

la déclaration d'annexion de Madagascar [1]. On aperçoit aisément la pensée qui détermine cette solution.
Les actes diplomatiques intéressent directement la
sécurité nationale; il ne faut pas que la possibilité
d'une critique contentieuse puisse entraver la liberté
d'action du gouvernement, qui est indispensable
pour sauvegarder les intérêts nationaux. Le service
public diplomatique fonctionne évidemment dans
des conditions qui lui sont propres : c'est le seul
service pour la gestion duquel les gouvernants et
leurs agents entrent en relation avec les gouvernants étrangers. On comprend dès lors que le contrôle juridictionnel si large, que le droit public a
établi sur le fonctionnement de tous les services
internes, ne puisse pas s'étendre au service diplomatique. En fin de compte c'est toujours la notion
de service public que nous retrouvons comme principe de toutes les solutions.

IV

Ces deux catégories d'actes mises à part, tous les
actes faits par le président de la République personnifiant le gouvernement, sans exception, peuvent
être attaqués par le recours pour excès de pouvoir.
C'est un progrès considérable sur lequel on ne saurait trop insister.

Il n'y a pas longtemps encore on décidait que les
décrets portant règlement d'administration publique,
c'est-à-dire les règlements faits sur l'invitation du

---

1. *Recueil,* 1904, p. 662 et *Revue du droit public,* 1905, p. 91.

législateur avec avis du conseil d'État délibérant en
assemblée générale, échappaient à tout recours.
Aujourd'hui il n'en est plus ainsi. Le conseil d'État
a reconnu d'une manière expresse la recevabilité du
recours dans son arrêt déjà cité du 6 décembre 1907,
qui a déclaré recevable le recours formé par les
grandes compagnies de chemins de fer contre le
règlement d'administration publique du 1ᵉʳ mars 1901.
Sans doute le conseil et le commissaire du gouvernement ont conservé une formule malheureuse : ils
parlent de délégation législative. Mais cette expression ne donne que plus de portée à l'arrêt. D'autre
part on y lit le considérant suivant, qui est à retenir
à cause des conséquences qu'il implique : « Considérant qu'aux termes de l'article 9 de la loi du 24 mai
1872 le recours en annulation pour excès de pouvoir est ouvert contre les actes des diverses autorités
administratives, que si les actes du chef de l'État
portant règlement d'administration publique sont
accomplis en vertu d'une délégation législative et
comportent en conséquence l'exercice dans toute
leur plénitude des pouvoirs qui ont été conférés
par le législateur au gouvernement dans ce cas particulier, ils n'échappent pas néanmoins et en raison
de ce qu'ils émanent d'une autorité administrative
au recours prévu par l'article 9 précité [1]... »

Ainsi le recours pour excès de pouvoir est recevable contre les actes de tous les agents et organes
administratifs, même contre tous les actes du gouvernement à la condition bien entendu qu'ils soient

---

1. *Recueil*, 1907, p. 913, avec les conclusions de M. Tardieu.
Rap. arrêts 26 décembre 1908, *Recueil*, p. 1004 et 7 juillet 1911,
Recueil, p. 707.

des actes d'ordre juridique. C'est la condamnation définitive d'une conception qui a eu pendant long-temps en France la force d'un dogme et que certains pays étrangers acceptent encore. C'est la condamnation de ce qu'on appelait en France les actes de gouvernement ou actes politiques, de ce qu'on appelle en Allemagne le *Slaatsnotrecht* ou les *Notverordnungen* [1].

On désignait par ces expressions (actes de gouvernement, actes politiques) des actes, qui, en raison de leur nature intrinsèque et des organes ou agents desquels ils émanaient, auraient pu être attaqués par le recours pour excès de pouvoir, mais qui étaient déclarés inattaquables à raison du but d'ordre politique qui avait déterminé le gouvernement à les faire ou à donner l'ordre à l'un de ses agents de les faire. En parlant de but politique on entendait le mot en son sens le plus bas. Le mot politique a en effet deux sens : il désigne l'art de gouverner les peuples, de leur assurer le bonheur et la richesse ; c'est le sens noble et élevé. Le mot désigne aussi (c'est le sens bas) l'art d'arriver aux places, au pouvoir et de s'y maintenir quand on y est parvenu. En parlant de but politique et en déclarant inattaquables les actes déterminés par un pareil but, on avait en vue les actes accomplis par les gouvernants pour conserver le pouvoir. C'était, sous un autre nom, la raison d'État.

Tout cela est fort heureusement aujourd'hui en France un passé mort ; et ce n'est point un des

1. Cf. Jellinek, *Gesetz und Verordnung*, p. 377. Les auteurs allemands ont édifié toute une théorie des *Notverordnungen* que naturellement on ne peut exposer ici.

moindres éléments de cette transformation du droit public que nous essayons de décrire. Sans doute la disparition des actes de gouvernement est due à la jurisprudence si impartiale et si indépendante du tribunal des conflits et du conseil d'État. Mais certainement cette jurisprudence ne se serait pas formée ou du moins elle ne se serait pas imposée si elle n'avait coïncidé avec l'élimination de la conception impérialiste. Disons que les deux faits ont été, comme il arrive souvent dans l'évolution sociale, à la fois cause et effet l'un de l'autre.

La doctrine des actes de gouvernement a été défendue longtemps en France par des jurisconsultes éminents. On a cité bien souvent les déclarations de M. Vivien, rapporteur de la loi organique de 1849 sur le conseil d'État : « Il est même des droits, disait-il, dont la violation ne donne pas lieu à un recours par la voie contentieuse. Dans un gouvernement représentatif, sous le principe de la responsabilité, il est des circonstances où, en vue d'une grande nécessité publique, les ministres prennent des mesures qui blessent des droits privés. Ils en répondent devant le pouvoir politique. Les rendre justiciables du tribunal administratif, ce serait paralyser une action qui s'exerce en vue de l'intérêt commun et créer dans l'État un pouvoir nouveau qui menacerait tous les autres. » C'était le sophisme de la raison d'État défendu par un habile légiste. On aperçoit aisément les dangers d'un pareille doctrine. Elle était cependant soutenue par des jurisconsultes comme Dufour[1], Bat-

1. *Droit public*, IV, p. 600.

bie[1]. Le conseil d'État en faisait une retentissante application en 1867 à propos de la saisie des œuvres du duc d'Aumale par le préfet de police, saisie approuvée par le ministre de l'Intérieur. Le conseil d'État déclarait le recours non recevable comme étant dirigé contre un acte déterminé par des raisons politiques[2]. Neuf ans après, sous un gouvernement républicain, la cour d'appel de Paris invoque encore la théorie des actes de gouvernement pour se déclarer incompétente dans l'action intentée par le prince Napoléon contre le ministre de l'Intérieur et le préfet de police à l'occasion de l'arrêté d'expulsion pris contre lui le 10 octobre 1872 et exécuté par la force[3]. Mais ce fut la dernière fois qu'une juridiction française invoqua, pour déclarer un recours non recevable, ce principe d'arbitraire et de despotisme.

Aujourd'hui la jurisprudence constante du tribunal des conflits et du conseil d'État rejette toute fin de non-recevoir tirée de ce que l'acte attaqué aurait été déterminé par des raisons politiques.

Le tribunal des conflits a repoussé la doctrine des actes de gouvernement, implicitement mais très nettement, par ses jugements des 4, 5, 13, 17 et 20 novembre 1880 rendus à propos de l'exécution des décrets du 29 mars 1880 (dits décrets Jules Ferry) contre les congrégations religieuses. Dans ses conclusions, M. Ronjat commissaire du gouvernement avait dit : « On peut soutenir que l'acte fait par l'autorité publique est un acte de gouver-

1. *Droit administratif*, VII, p. 401.
2. Conseil d'État, 9 mai 1867, *Recueil*, p. 472.
3. Cour de Paris, 29 janvier 1876, *Sirey*, 1876, II, p. 297.

nement, qui ne peut ‹ tre l'objet d'un recours quelconque devant les tribunaux administratifs ou judiciaires... S'il existe de pareils actes, le décret du
29 mars 1880 en est un... Si vous pensez que l'acte
n'a pas le caractère que nous venons d'indiquer,
vous avez à examiner si cet acte est un acte administratif qui ne peut être déféré qu'aux tribunaux
administratifs ou s'il constitue une voie de fait de
la compétence des tribunaux judiciaires. » La question était bien posée. Le tribunal des conflits décide
« qu'il ne saurait appartenir à l'autorité judiciaire
d'annuler les effets et d'empêcher l'exécution de
cet acte administratif... Que si les demandeurs se
croyaient fondés à soutenir que la mesure prise
contre eux n'était autorisée par aucune loi... c'était
à l'autorité administrative qu'ils devaient s'adresser
pour faire prononcer l'annulation de cet acte [1]. »
Le tribunal des conflits repoussait ainsi le prétendu
caractère politique des décrets du 29 mars et affir-
mait la recevabilité du recours pour excès de pouvoir qui serait dirigé contre eux.

Le conseil d'État a lui aussi très nettement rejeté
la théorie régalienne des actes de gouvernement à
propos des recours formés par les princes d'Orléans et le prince Murat contre la décision du
ministre de la Guerre qui, invoquant la loi du
22 juin 1886 relative aux membres des familles
ayant régné sur la France, les avait rayés des
cadres du contrôle de l'armée. Le ministre de la
Guerre opposait aux pourvois une fin de non-recevoir tirée de ce que les décisions attaquées avaient

1. Tribunal des conflits, 4, 5, 13, 17 et 20 novembre 1880,
Sirey, 1881, III, p. 85, avec les conclusions de M. Ronjat.

été déterminées par des raisons exclusivement politiques. Le conseil repousse cette fin de non-recevoir, « considérant qu'il résulte du texte même des décisions attaquées, que le ministre de la Guerre les a prises en vue d'appliquer l'article 4 de la loi du 22 juin 1886, qu'ainsi il a agi dans l'exercice des pouvoirs d'administration qui appartiennent au ministre pour assurer l'exécution des lois et que ces décisions constituent des actes administratifs susceptibles d'être déférés au conseil d'État[1] ». Le conseil rejetait au fond les recours des princes d'Orléans, mais faisait triompher celui du prince Murat.

Quelques années après, le tribunal des conflits confirmait sa jurisprudence. Il repoussait la doctrine des actes de gouvernement par trois jugements reconnaissant la compétence judiciaire pour apprécier la validité de saisies ordonnées par des préfets, agissant sur les instructions du gouvernement en vertu de l'art. 10 du code d'instruction criminelle, saisies de brochures et de portraits du comte de Paris, « considérant qu'en admettant que les instructions verbales invoquées par le préfet de police eussent été données pour l'application de la loi du 22 juin 1886, elles ne sauraient imprimer au mandat et à la saisie le caractère d'actes de gouvernement, qu'en effet la saisie ne change pas de nature par le fait qu'elle est ordonnée par le ministre de l'Intérieur dans un but politique et que la mesure a été approuvée par les chambres[2]... »

Malgré ces décisions réitérées la néfaste théorie

1. Conseil d'État, 20 mai 1887, *Sirey*, 1889, III, p. 29.
2. Tribunal des conflits, 25 mars 1889, *Sirey*, 1890, III, p. 32.

reparaît toujours. C'est une tendance naturelle aux hommes qui occupent le pouvoir de vouloir soustraire leurs actes au contrôle des tribunaux. En 1911 le tribunal des conflits a dû encore condamner cette prétention. Le 25 mars, il reconnaissait la compétence judiciaire pour statuer sur l'action en responsabilité engagée contre le ministre de France à Haïti qui avait, après une série d'incidents, refusé de procéder au mariage de deux nationaux. Le tribunal des conflits décide que si les recours juridictionnels ne sont pas recevables contre des actes diplomatiques, il n'en est point ainsi en ce qui concerne des actes qui n'ont point ce caractère en eux-mêmes, mais qui auraient été inspirés par des raisons diplomatiques. On lit dans le jugement « qu'il importe peu, quand, comme dans la cause, l'intervention de l'agent diplomatique n'est pas contraire aux clauses d'un traité et que son office n'est pas interdit par la législation locale, que le refus opposé aux parties puisse être inspiré par des considérations d'ordre politique [1] ». La décision est particulièrement intéressante, parce que la haute juridiction décide expressément que les raisons de politique extérieure pas plus que celles de politique intérieure ne peuvent empêcher la recevabilité des recours contentieux.

Ainsi toute l'activité administrative se trouve soumise au contrôle juridictionnel, mis en œuvre avant tout par le moyen du recours pour excès de pouvoir. Mais il importe de le retenir, car c'est la

---

1. Tribunal des conflits, 25 mars 1911 (*Rouziers*), *Recueil*, 1911, p. 400; *Sirey*, 1911, III, p. 105, avec les remarquables conclusions de M. Chardenet et une note de M. Hauriou.

caractéristique essentielle de l'évolution juridique actuelle et de l'institution qui s'est formée, ce contrôle n'est point fondé sur le droit subjectif de l'individu, s'opposant au droit de puissance de l'État; il est tout entier fondé sur la défense de la légalité, du droit objectif, de la loi du service public. Chaque individu est en quelque sorte agent du ministère public; il collabore à la protection de la légalité; il peut agir pour demander au tribunal compétent d'annuler tous les actes contraires à la loi. Sans doute les individus qui agissent ont un intérêt; mais ce n'est pas en réalité cet intérêt que protège le droit; c'est le service public; c'est son bon fonctionnement; c'est le respect de la loi. L'administré est armé d'une sorte d'action populaire pour obtenir cette protection. Ce n'est ni son droit, ni même son intérêt qui sont déduits en justice. Il profite du recours; mais celui-ci est tout objectif dans son but, dans ses effets.

On reconnaîtra que c'est bien là une institution d'ordre vraiment socialiste et qu'elle nous révèle une transformation singulièrement profonde dans les conceptions traditionnelles du droit.

V

On vient de voir qu'avec la portée que le droit public moderne donne au recours pour excès de pouvoir, il n'y a plus d'actes de gouvernement, que le recours est recevable même quand l'acte est inspiré par des raisons politiques. L'évolution du droit public est encore allée plus loin. On reconnaît en effet que, lorsqu'un acte administratif est déterminé par certains motifs, il est de ce fait frappé de nullité et ainsi, de même qu'il n'y a plus d'actes de gouvernement, de même il n'y a plus d'actes discrétionnaires ou actes de pure administration.

L'acte discrétionnaire n'échappait pas à tout recours ; il pouvait être attaqué pour incompétence ou vice de forme. Mais quand un pareil acte était fait par l'agent compétent, en la forme légale, on décidait qu'il était inattaquable quel que fut le but en vue duquel il avait été fait. Il n'appartenait à aucun tribunal, pas même au conseil d'État, de rechercher le but qui avait déterminé l'agent et d'annuler l'acte pour la raison que le but aurait été illégal.

La grande majorité des actes administratifs présentait ce caractère et l'on pouvait très justement parler du pouvoir discrétionnaire de l'administration. C'était une expression qui se retrouvait à peu près à chaque page dans les traités de droit administratif écrits il y a trente ans environ. Dans beaucoup d'arrêts remontant à la même époque le recours pour excès de pouvoir était écarté par une fin de non-recevoir tirée de ce que « la décision attaquée est un acte de pure administration qui n'est pas de nature à être déféré au conseil par la voie contentieuse ». Ces actes correspondaient à ceux que les juristes allemands appellent actes de libre appréciation (*Freies Ermessen*) et sur lesquels règnent encore beaucoup de controverses [1]. En France l'acte discrétionnaire appartient au passé. Il n'en existe plus dans le droit

1. Cf. Otto Mayer, *Droit administratif allemand*, édit. française, 1903, I, p. 212 ; Laun, *Das freie Ermessen und seine Grenzen*, 1910.

d'aujourd'hui. Le conseil d'État est toujours compétent pour apprécier le but qui a déterminé l'acte et il en prononce l'annulation s'il estime que l'administrateur, tout en étant resté dans les limites formelles de sa compétence, a poursuivi un but autre que celui que la loi avait en vue en lui donnant cette compétence.

Il y a alors ce que, suivant la terminologie consacrée, on appelle un détournement de pouvoir. Au fond il y a tout simplement excès de pouvoir et le recours formé est purement et simplement le recours pour excès de pouvoir. En effet l'agent administratif viole la loi de compétence quand il fait une chose qui n'est pas formellement de sa compétence et encore quand il fait une chose en vue d'un but qu'il n'a pas le pouvoir de poursuivre. L'expression détournement de pouvoir est heureusement trouvée, car elle montre nettement l'aspect sous lequel apparaît alors la violation de la loi.

Sans doute l'application de cette notion avec toutes ses conséquences pratiques est due à la haute indépendance du conseil d'État, au savoir, à l'esprit de justice des commissaires du gouvernement qui, depuis M. Aucoc sous le Second Empire jusqu'aux hommes éminents qui occupent aujourd'hui ces fonctions, ont été par un long et laborieux effort les bons ouvriers de cette œuvre. Mais il convient de dire que la jurisprudence du détournement de pouvoir n'est cependant que la mise en œuvre de la notion de but, qui pénètre chaque jour davantage les institutions de droit privé et de droit public. En droit privé tant que l'on a rattaché l'effet de droit à l'autonomie de la volonté individuelle, on n'a point eu

pour apprécier la validité d'un acte juridique à
rechercher par quel but l'individu avait été déterminé; il suffisait qu'il ait voulu une chose qu'il avait
la capacité de vouloir. Les deux éléments de l'acte
juridique étaient la capacité personnelle et l'objet[1].
De même en droit public tant que l'on a rattaché
l'effet de l'acte administratif uniquement au droit de
puissance publique, il suffisait pour qu'il fût valable
qu'il fût fait par un agent compétent d'après l'objet
de l'acte.

Dès le moment où l'élimination du concept de
puissance publique a commencé de se réaliser, dès
le moment où l'on a compris que la puissance publique n'occupait plus le premier rang dans l'activité
administrative, l'élément but y a pris une place éminente. Il ne suffit plus pour être valable que l'acte
administratif émane de l'agent compétent; il faut
encore que celui-ci en le faisant se détermine par le
but qu'avait en vue la loi en lui donnant cette compétence. Ce but est en définitive toujours le même :
le bon fonctionnement du service à la gestion duquel
est préposé l'auteur de l'acte.

On comprend maintenant comment il n'y a plus,
comment il ne peut plus y avoir d'actes discrétionnaires ou de pure administration. Quelque étendue
que soit la compétence d'un administrateur, l'administré a toujours le pouvoir de lui demander compte
des motifs qui l'ont déterminé; le conseil d'État est
compétent pour apprécier ces motifs et pour annuler
l'acte s'il juge qu'il a été inspiré à l'agent par un
but qui n'était pas de sa compétence. Peu importe

---

1. Cf. Duguit, *Les Transformations du droit privé*, 1912, p. 82
et suiv.

d'ailleurs le rang qu'occupe l'agent, que ce soit le président de la République ou le plus humble des fonctionnaires. Peu importe l'acte dont il s'agit. Il n'y a pas un acte fait par un agent administratif quelconque qui puisse échapper au contrôle juridictionnel du but.

Cela nous révèle encore une transformation du droit public et c'est en même temps une preuve nouvelle que la notion de puissance commandante n'est plus le fondement de ce droit.

L'évolution, qui est ainsi arrivée à l'institution du recours pour détournement de pouvoir, avec la portée qu'elle a maintenant, ne s'est pas faite en un jour. Le début en remonte à la fin du Second Empire et la première application de la notion fut faite dans des espèces qui en elles-mêmes ne présentaient qu'un intérêt secondaire. Il s'agissait d'arrêtés préfectoraux réglementant la circulation des voitures dans des cours de gares. Il était établi qu'en prenant ces arrêtés les préfets avaient eu en vue, non pas la sécurité et le bon ordre de la circulation, mais l'intérêt d'un entrepreneur de transport qu'ils voulaient favoriser. Le conseil d'État annula ces arrêtés pour détournement de pouvoir. Plus tard en 1872, le monopole des allumettes ayant été établi par une loi, pour éviter à l'État de payer une indemnité aux propriétaires de fabriques d'allumettes supprimés, certains préfets, conformément aux instructions du ministre des Finances, fermèrent des fabriques d'allumettes en invoquant le pouvoir leur appartenant en vertu du décret de 1810 relativement aux établissements dangereux et insalubres. Ces arrêtés furent aussi annulés pour détournement de pouvoir.

L'institution était ainsi entrée définitivement dans le droit public français et allait bientôt recevoir un large développement.

Voici quelques espèces récentes, particulièrement caractéristiques, dans lesquelles le conseil d'État a fait une application très nette de la notion. Il a annulé pour détournement de pouvoir le décret par lequel le gouvernement, invoquant l'article 43 de la loi du 5 avril 1884 sur l'administration municipale, a prononcé la dissolution d'un conseil municipal pour obtenir le redressement d'irrégularités qui se seraient produites au cours des élections. Le gouvernement ne peut prononcer la dissolution d'un conseil muni- cipal que pour assurer la bonne administration de la commune; il a donc commis un détournement de pouvoir équivalant à un excès de pouvoir en faisant un acte, qui sans doute était formellement de sa compétence, en vue d'un but qu'il ne pouvait pas poursuivre par ce moyen[1].

Le conseil d'État a brisé la décision du ministre de la Guerre, qui était alors le général André, par laquelle un négociant en grains était exclu des mar- chés et adjudications du service de la guerre parce qu'il avait des opinions politiques et religieuses qui déplaisaient au général. Le conseil annule la déci- sion, « considérant que le ministre s'est fondé sur des motifs étrangers soit à l'exécution des marchés, soit à la situation ou à la capacité professionnelle du commerçant[2] ».

Il arrive assez fréquemment depuis quelques

---

1. Conseil d'État, 31 janvier 1002, *Recueil*, p. 55; *Sirey*, 1903, III, p. 113, avec une note de M. Hauriou.

2. Conseil d'État, 4 août 1005, *Recueil*, p. 757.

années que les préfets, dans l'exercice des pouvoirs de contrôle que la loi de 1884 leur accorde sur les conseils municipaux, se laissent guider par des considérations étrangères à la bonne administration de la commune et usent de ces pouvoirs pour exercer ce que M. Hauriou a appelé un chantage sur les conseils municipaux dont les tendances politiques ou religieuses leur déplaisent. Toutes les fois que le conseil d'État a été saisi d'un recours dans de pareilles circonstances, il a justement réprimé ces procédés. Ainsi le préfet du Doubs voulant contraindre une commune à louer son presbytère avait déclaré qu'il n'approuverait les délibérations du conseil municipal sur la répartition des coupes affouagères qu'après que le conseil aurait procédé à la location du presbytère conformément à l'article 1er de la loi du 2 janvier 1907. Le conseil d'État annule impitoyablement cette décision, « considérant que le préfet a fait usage des pouvoirs qu'il tient de la loi du 5 avril 1884 dans un but autre que celui pour lequel ces pouvoirs lui ont été conférés[1] ».

Pendant longtemps on admettait que chaque ministre avait le pouvoir d'arrêter la liste des candidats aux différents concours de son département et qu'il pouvait écarter discrétionnairement tel candidat que bon lui semblait. Un arrêt du conseil d'État du 5 juillet 1851 avait rejeté un recours formé contre une semblable décision, considérant « que l'appréciation des motifs de cette décision n'était pas du

1. Conseil d'État, 10 mars 1911, *Recueil*, p. 289; *Sirey*, 1912, III, p. 41.

domaine de la juridiction contentieuse ». La haute
assemblée vient d'être saisie de la même question et
tout en maintenant l'exclusion prononcée par le ministre elle a reconnu la recevabilité du recours et condamné très nettement la théorie de l'acte discrétionnaire. M. le commissaire du gouvernement Helbronner a très bien posé la question : « Un ministre
a-t-il le droit d'écarter discrétionnairement d'un
concours professionnel un candidat qui réunit toutes
les conditions de capacité déterminées par les lois
et les règlements, d'exclure un candidat comme
appartenant à une catégorie de citoyens? » Il s'agissait dans l'espèce d'un candidat au concours d'agrégation de philosophie qui était prêtre et qui avait été
exclu à raison de cette qualité. Le conseil d'État
maintient la décision, mais admet la recevabilité du
recours. Il rejette la requête, non pas parce qu'il ne
se reconnaît pas compétent pour apprécier les motifs
qui ont déterminé le ministre, mais parce que, les
appréciant, il estime qu'ils étaient légaux et que le
ministre n'a eu en vue que la bonne gestion du service. Après avoir rappelé le caractère de l'agrégation
qui est un concours professionnel conférant non
point un grade universitaire, mais l'aptitude à ensei-
gner dans les établissements secondaires de l'État,
la haute juridiction dit : « En refusant par la décision attaquée d'admettre le requérant à prendre part
au concours d'agrégation de philosophie, le ministre
de l'Instruction publique n'a fait qu'user à l'égard
de ce candidat, dans l'intérêt du service public placé
sous son autorité, du droit d'appréciation qui lui a
été reconnu par le décret du 10 avril 1852 et le règlement du 24 juillet 1885, et ladite décision n'est

entachée par suite ni d'excès ni de détournement de pouvoir [1]. »

La portée de l'arrêt est nettement précisée par les conclusions de M. le commissaire du gouvernement, qui disait notamment : « La théorie de l'acte discrétionnaire est aujourd'hui abandonnée. Vous en êtes arrivés à restreindre le sens des mots pouvoir discrétionnaire à ceci : c'est un plein pouvoir d'appréciation pour celui qui en est investi, à condition qu'il l'exerce légalement et dans le but pour lequel il a été créé. » En excluant un prêtre du concours professionnel servant à recruter les professeurs de l'enseignement secondaire, le ministre s'est conformé à la pensée de la loi qui veut la laïcité de l'enseignement secondaire comme de l'enseignement primaire. Mais M. le commissaire du gouvernement dit très nettement que la solution devrait être différente pour les agrégations d'enseignement supérieur, dont le recrutement doit être déterminé uniquement par la valeur scientifique des candidats.

Nous n'en finirions pas si nous citions tous les arrêts annulant des arrêtés municipaux pour détournement de pouvoir. C'est par exemple l'arrêt annulant l'arrêté du maire de Denain qui, sous prétexte d'exercer son pouvoir disciplinaire, frappe un agent de police qui a dressé un procès-verbal contre la tenancière d'un cabaret où se réunissait le comité politique dudit maire [2]. Ce sont les nombreux arrêts qui ont annulé des arrêtés de maires qui, voulant

---

1. Conseil d'État (*Bouteyre*), 10 mai 1912, *Revue du droit public*, 1912, p. 453, avec les conclusions de M. Helbronner et une note de M. Jèze.

2. Conseil d'État, 16 novembre 1900, *Recueil*, 1900, p. 617.

faire du zèle anti-religieux, ont interdit au clergé de suivre les enterrements en habits sacerdotaux, notamment l'arrêté du maire de Sens, « considérant qu'il résulte de l'instruction que dans la ville de Sens aucun motif tiré de la nécessité de maintenir l'ordre sur la voie publique ne pouvait être invoqué par le maire pour réglementer dans les conditions fixées par son arrêté les convois funèbres et qu'ainsi le maire a fait de ses pouvoirs un usage non autorisé par la loi [1] ».

Dans ces derniers arrêts semble même se dessiner une extension nouvelle donnée à l'ouverture du recours. Jusqu'ici pour triompher le requérant devait faire la preuve directe et positive que c'étaient des raisons étrangères au service qui avaient déterminé l'agent. Au contraire il paraît bien résulter des arrêts rendus dans les dernières espèces rapportées qu'il suffit au requérant d'établir que les raisons de police, qui devaient exister pour que le maire pût prendre légalement la mesure, n'existaient pas en fait. Il n'a point à prouver que la raison qui a déterminé l'agent est étrangère au service; il lui suffit de prouver que les raisons qui pouvaient légalement déterminer l'agent n'existent pas. Cela ne change rien évidemment à la nature du détournement de pouvoir, au caractère du recours; mais cela le rend plus facile et cela vient encore élargir le contrôle juridictionnel exercé sur l'administration active.

---

1. Conseil d'État, 19 février 1909, *Recueil*, p. 180, avec les conclusions de M. Chardenet. Rap. conseil d'État, 19 mars 1909, *Recueil*, p. 307; 21 janvier 1910, *Recueil*, p. 49; 4 mai 1910, *Recueil*, p. 192.

VI

Cependant l'évolution du droit public français que nous venons de décrire n'est point parvenue encore à son complet achèvement. Pour que le contrôle juridictionnel de l'activité administrative soit une protection véritablement efficace de l'administré, il reste à combler une lacune importante.

Le conseil d'État annule impitoyablement tout acte juridique à caractère objectif, émané de l'administration lorsqu'il y a violation de la loi; il condamne l'administration toutes les fois qu'il reconnaît qu'elle est placée vis-à-vis d'un particulier dans une situation juridique subjective, par exemple dans une situation contractuelle; il condamne l'administration, comme on le verra au chapitre suivant, toutes les fois que le fonctionnement d'un service public a lésé un particulier.

Tout cela est parfait et révèle une transformation profonde. Mais l'administré porteur d'un arrêt de condamnation a-t-il un moyen de contraindre l'administration à l'exécuter? L'administré porteur d'un arrêt prononçant l'annulation d'un acte administratif a-t-il le moyen d'empêcher l'administrateur de refaire l'acte annulé et de le refaire autant de fois que le conseil d'État l'annulera? L'administré peut-il contraindre l'administrateur à se conformer à l'arrêt d'annulation, par exemple à réintégrer dans sa fonction le fonctionnaire dont la révocation est annulée, à accorder l'alignement, la permission de voirie, la permission de repos hebdomadaire par roulement, dont le refus a été annulé par le conseil d'État?

Théoriquement ce n'est pas douteux : la décision juridictionnelle s'impose à l'administration.

Mais en fait, il faut bien le dire, ce moyen de contrainte n'existe pas. Comme le dit très justement M. Hauriou « cette absence de sanction n'a pas eu d'inconvénient tant que les administrateurs ont mis leur point d'honneur administratif à s'exécuter spontanément ». Mais, continue M. Hauriou, « sous l'action combinée de la décentralisation et des mœurs électorales le point d'honneur administratif a disparu. Les administrations publiques en sont venues à ruser, à biaiser, à se défendre contre la juridiction administrative qui les gêne dans leurs combinaisons administrativo-électorales... Il ne faut pas croire que cette sorte de mauvaise foi soit le propre des municipalités; on la retrouve aussi dans les préfectures; on ne peut plus compter sur le préfet pour rappeler les municipalités à la tenue administrative... Cette même mauvaise volonté s'est insinuée dans les ministères. Selon une expression qui a été employée et qui est fort juste, ces administrations centrales boycottent le conseil d'État. Et bien entendu ce n'est pas le ministre... Ce sont les bureaux. Il y a insurrection des bureaux contre le conseil d'État qui est le gêneur [1]. »

Ce tableau est évidemment poussé trop au noir. Dans la grande majorité des cas l'administration supérieure se soumet spontanément à la décision juridictionnelle, soit qu'elle demande un crédit au parlement pour payer le montant de la condamnation, soit qu'elle inscrive la somme nécessaire

---

1. Note sous arrêts du 23 juillet 1909 et 22 juillet 1910, *Sirey*, 1911, III, p. 121.

comme dépense obligatoire au budget d'un département, d'une commune, d'un établissement public, soit qu'elle réintègre immédiatement dans leurs fonctions les agents irrégulièrement suspendus, révoqués ou mis à la retraite, soit qu'elle considère comme ayant cessé leurs fonctions par le fait même de l'arrêt les agents dont la nomination a été annulée, soit enfin qu'elle accorde les alignements, les permissions dont le refus a été annulé. Quoi qu'en dise M. Hauriou, c'est ainsi que se passent les choses dans la grande majorité des cas.

Mais il est certain que parfois des résistances se sont fait sentir. Souvent elles ont eu pour cause, c'est malheureusement trop vrai, l'odieuse politique électorale, pénétrant dans l'administration et en faussant tous les ressorts. En même temps l'extension du contrôle juridictionnel a naturellement provoqué une certaine résistance de la part des administrateurs. Il n'y a pas de transformation qui ne rencontre des obstacles : tout élément social nouveau qui tend à s'imposer se heurte à une force contraire, celle des éléments préexistants. L'introduction de la politique dans l'administration est en réalité une cause secondaire. La cause première et profonde est ce fait normal que l'administration active en possession d'une situation acquise, presque privilégiée, tend naturellement et spontanément à la conserver et à enrayer l'action de la force nouvelle que représente l'extension constante du contrôle juridictionnel.

Le conseil d'État en a le sentiment. Dans ses arrêts apparaît souvent l'effort pour briser préventivement la résistance possible des administrateurs. Sans doute il ne prétend point se substituer à l'administration active; il annule la décision irrégulière; mais il n'y substitue point sa propre décision. Il reste juge; il ne se fait pas administrateur.

Notamment dans les affaires de permission de repos hebdomadaire par roulement, la haute assemblée annule la décision du préfet qui a refusé la permission de roulement, quand elle estime qu'étant données les circonstances, le préfet en refusant la permission a violé la loi; elle annule l'acte préfectoral pour fausse application de la loi, mais elle n'accorde point elle-même la permission. Seulement prévoyant une résistance possible et voulant mettre le préfet en demeure de se conformer à l'arrêt, le conseil d'État « renvoie le sieur X... devant le préfet du département de... pour la délivrance de l'autorisation à laquelle il a droit [1] ».

Ces formules de renvoi devant l'administration active, équivalant à une mise en demeure à elle adressée, sont maintenant très fréquentes dans les arrêts du conseil. Elles se rencontrent dans tous les arrêts très nombreux annulant les décisions des préfets sur le repos hebdomadaire. Le conseil, qui n'ose pas encore annuler expressément la décision par laquelle un préfet refuse d'inscrire une dépense obligatoire au budget d'une commune, a cependant dans un arrêt du 26 juin 1908 renvoyé l'intéressé devant le ministre de l'Intérieur pour y être statué par la voie administrative, adressant ainsi une véritable injonction au ministre [2].

1. Voyez les différents arrêts rendus dans les affaires de repos hebdomadaire, notamment 30 novembre 1906, *Recueil*, 1906, p. 880 et *Sirey*, 1907, III, p. 17, avec une note de M. Hauriou.
2. Conseil d'État (*Daraux*), 26 juin 1908, *Recueil*, p. 689; *Sirey*, 1909, III p. 129.

Mais ce ne sont pas là de vrais moyens de contrainte contre l'administration. Si le ministre, le préfet, le maire, ne veulent tenir compte ni de la décision, ni même de l'injonction qui leur est adressée, il n'y a pas, pour le moment du moins, de moyen direct ou indirect de les y contraindre.

Une affaire, dont l'importance réelle n'est pas bien grande, est cependant tout à fait caractéristique, parce qu'elle nous montre le maire d'une petite commune tenant en échec la plus haute juridiction administrative du pays. Aux termes de l'article 102 de la loi municipale du 5 avril 1884 le maire ne peut pas révoquer le garde champêtre ; mais il peut le suspendre pour un mois. Le maire de la commune de Cotignac pour tourner la loi prend un arrêté de suspension contre le garde champêtre et le renouvelle chaque mois, ce qui équivaut en fait à une révocation. Un premier arrêt du 23 juillet 1909 annule les dix arrêtés du maire. Mais cette annulation laisse le maire parfaitement indifférent; il continue après comme avant à prendre chaque mois un arrêté suspendant le garde champêtre. Par un second arrêt du 22 juillet 1910 le conseil d'État annule sept nouveaux arrêtés du maire. Cela peut continuer indéfiniment; et si le ministre ne révoque pas le maire il est évident qu'il n'y a pas de moyen pour contraindre celui-ci à s'incliner devant la décision juridictionnelle [1].

On touche ainsi du doigt la lacune de notre droit public. Quel moyen aperçoit-on pour arriver à la combler ? Nous n'en voyons pas d'autre que la mise en

1. Conseil d'État, 23 juillet 1909, *Recueil*, p. 727 et 22 juillet 1910, *Recueil*, p. 608; *Sirey*, 1911, III, p. 121.

œuvre de la responsabilité personnelle du fonctionnaire, par le fait duquel la décision juridictionnelle reste sans effet. On verra au chapitre suivant que la jurisprudence et la doctrine sont arrivées à faire une distinction ingénieuse et très précise entre le fait de fonction et le fait personnel, ce dernier entraînant seul la responsabilité personnelle du fonctionnaire. On verra qu'il y a fait personnel quand le fonctionnaire est déterminé dans son action ou son abstention par un but étranger à la gestion du service. Or le fonctionnaire qui sciemment refuse de se conformer à une décision juridictionnelle se met incontestablement en dehors du service. Tout jugement est présumé conforme à la loi; toute loi a pour fondement, on l'a montré plus haut, le service public lui-même ; le fonctionnaire en méconnaissant ce jugement méconnaît sciemment la loi du service et commet une faute personnelle.

Il ne nous paraît pas douteux que les intéressés, agissant en responsabilité personnelle contre le fonctionnaire récalcitrant, triompheraient. Le garde champêtre de Cotignac aurait certainement gain de cause s'il formait une action en responsabilité contre son maire. Mais la procédure est, on le verra au chapitre suivant, encore longue, compliquée, coûteuse. Ce sont les tribunaux judiciaires qui sont compétents ; le conflit peut être élevé; il l'est presque toujours. Dès lors le plaideur hésitera; il aurait tort, car son succès serait certain. Il hésiterait peut-être moins s'il pouvait s'adresser au conseil d'État, si son recours comme le recours pour excès de pouvoir était dispensé du ministère d'un avocat, enregistré en débet et n'avait à supporter

que les droits de timbre. Le conseil serait tout naturellement amené à condamner pour responsabilité
personnelle l'agent administratif qui a méconnu
l'arrêt d'annulation ou de condamnation.

Il est probable que c'est en ce sens que s'accom-
plira l'évolution[1].

1. Consultez sur la question la note précitée de M. Hauriou,
Sirey, 1911, III, p. 121; Berthélemy, *L'Obligation de faire en droit
public*, 1912, p. 511 et suiv.

CHAPITRE VII

LA RESPONSABILITÉ

I. Souveraineté et irresponsabilité. — II. Comment se pose aujourd'hui la question de responsabilité de l'État. — III. Responsabilité de l'État à l'occasion des actes du parlement. Comment la question se pose devant le parlement. — IV. Comment la question se pose devant les tribunaux. — V. De la responsabilité de l'État à l'occasion des actes des agents judiciaires. — VI. Responsabilité de l'État à l'occasion des actes des fonctionnaires administratifs. — VII. Responsabilité de l'État à l'occasion des actes réglementaires. — VIII. Responsabilité personnelle des agents publics. Les agents de l'ordre judiciaire. — IX. Responsabilité personnelle des fonctionnaires administratifs.

L'État est-il responsable des actes faits en son nom ? Le seul fait de poser la question révèle une transformation profonde dans le droit public. On aurait singulièrement étonné les hommes de la Révolution si l'on avait formulé devant eux pareille question. Ni dans les Déclarations des droits, ni dans les constitutions, ni dans les lois de l'époque révolutionnaire on ne trouve aucun texte qui fasse une allusion quelconque à une responsabilité générale de l'État. Cependant partout on affirme que l'individu a contre l'État droit à la sûreté, c'est-à-dire à ce que des garanties soient prises à son profit contre l'arbitraire. Mais ces garanties, on les voit dans la séparation des pouvoirs, dans la répartition des fonctions, dans la responsabilité des fonctionnaires. Nul ne songe qu'elles puissent se trouver, qu'elles se trouvent avant tout et essentiellement dans une responsabilité de l'État. Aujourd'hui au contraire, de cette sûreté de l'individu nous ne voyons pas de meilleure sauvegarde qu'une responsabilité de l'État très large et très fortement sanctionnée. Comment la transformation s'est-elle accomplie ?

I

Les textes consacrant la responsabilité des fonctionnaires sont très nombreux. Le principe en était inscrit dans la Déclaration des droits de 1789 elle-même : « La société a le droit de demander compte à tout agent public de son administration. » Au préambule du titre III de la constitution de 1791 il est dit : « Le pouvoir exécutif est délégué au roi pour être exercé, sous son autorité, par des ministres et autres agents responsables. » Le même principe est formulé en termes d'une netteté parfaite en 1793, en l'an III [1]. Le principe est d'ailleurs considéré comme tellement fondamental et intangible que lorsqu'en l'an VIII on veut constituer un gouvernement central très fort et soustraire son action aux influences électorales et démocratiques, on se garde bien de toucher à la responsabilité des fonctionnaires. On en formule

1. Déclaration 1793, art. 24 et 31 ; const. 1793, art. 55, 71-73, 83 ; Déclaration an III, art. 22 ; const. an III, art. 200, 201, 323.

encore le principe avec la même rigueur; mais on subordonne à une autorisation du gouvernement en conseil d'État les poursuites dirigées contre les agents publics. C'est le célèbre article 75 de la constitution de l'an VIII : « Les agents du gouvernement autres que les ministres ne peuvent être poursuivis pour des faits relatifs à leurs fonctions qu'en vertu d'une décision du conseil d'État. » Quand en 1830 on revise la charte de 1814 dans un sens considéré comme libéral, on annonce une loi « sur la responsabilité des ministres et autres agents du pouvoir exécutif », loi qui ne sera point d'ailleurs faite malgré le dépôt d'un projet et de très longues discussions qui rempliront toute la session de 1835. Enfin en 1848 on formule le principe d'une manière encore plus précise et plus générale : « Le président de la République, les ministres, les agents et dépositaires de l'autorité publique sont responsables, chacun en ce qui le concerne de tous les actes du gouvernement et de l'administration » (art. 68, § 1).

Quant à la responsabilité générale de l'État il n'y a pas un texte depuis 1789 qui y fasse allusion de près ou de loin. Qu'on ne dise pas qu'on n'a pas pensé à la responsabilité, puisqu'on rencontre à chaque pas le mot et la chose, puisque de nombreux textes affirment la responsabilité de tous les agents publics. Si l'on n'y parle pas de la responsabilité de l'État, c'est que pour le législateur c'est une vérité d'évidence, un dogme intangible que l'État n'est jamais, ne peut jamais être responsable.

C'était logique. A y regarder de près souveraineté et responsabilité sont deux notions qui s'excluent. Sans doute la souveraineté peut être limitée et dans

la conception de notre droit public traditionnel elle
est limitée par le droit de l'individu, comme réciproquement elle limite le droit de celui-ci. Ces limitations réciproques sont réglées et ne peuvent être
réglées que par la loi, expression de la volonté générale, émanation de la souveraineté elle-même et
formant le droit du pays. C'est donc en définitive
l'État souverain qui crée le droit et dès lors on ne
peut admettre qu'il puisse être responsable. Dans la
conception traditionnelle la responsabilité implique
une violation du droit; et qui crée le droit par un
acte de sa volonté souveraine ne peut pas le violer.
De même que dans les pays de monarchie absolue
« le roi ne peut pas mal faire » et par conséquent ne
peut pas être responsable, de même l'État démocratique, qui n'est que la nation souveraine organisée,
ne peut pas mal faire, ne peut pas être responsable.

L'État souverain ne peut pas être responsable à
l'occasion de la loi, expression même de la souveraineté. Il ne peut pas l'être davantage à l'occasion des
actes exécutifs, actes juridictionnels ou administratifs. Si ces actes en effet sont conformes à la loi, la
question de responsabilité ne se pose ni pour l'État
ni pour l'agent public. S'ils sont contraires à la loi,
elle ne se pose pas pour l'État puisque celui-ci a fait
une loi, a créé le droit et a voulu que cette loi soit
exécutée. Si elle ne l'est pas ou si elle est violée
c'est que l'agent substitue sa propre volonté à celle
de l'État souverain. Il n'y a dès lors qu'une volonté
qui puisse être responsable, celle de l'agent public.

Tout cela était très logique, si logique que quelques auteurs, à tendance progressiste, dont les écrits
font autorité, n'ont pu encore aujourd'hui se sous-

traire à cette sorte d'obsession qu'impose à leur esprit l'idée persistante de souveraineté. Obligés de reconnaître que la responsabilité de l'État est certainement engagée dans quelques cas, ils déclarent qu'elle n'est pas possible quand l'État agit comme puissance publique, à moins que la loi ne l'ait expressément édictée. M. Berthélemy dans la 7ᵉ édition (1913) de son *Traité de droit administratif* déclare encore qu'en principe l'État est irresponsable à l'occasion des actes de puissance publique (p. 73). M. Teissier, dans son ouvrage si intéressant, *La Responsabilité de la puissance publique*, est moins affirmatif. Mais son esprit reste dominé par cette idée que là où se manifeste véritablement la souveraineté de l'État il ne peut pas être question de responsabilité : « Les lois, écrit-il, constituent au premier chef des actes de souveraineté et les dommages qu'elles causent aux particuliers, sauf dispositions contraires, ne peuvent donner lieu à une action en responsabilité contre l'État, ni devant la juridiction administrative ni devant l'autorité judiciaire » (n° 17).

On voit par là l'interdépendance de ces deux notions de souveraineté et d'irresponsabilité. Elle s'affirme nettement dans ces doctrines qui, reconnaissant la responsabilité de l'État dans certains cas, s'empressent d'ajouter que c'est seulement dans les cas où l'État n'agit pas comme puissance. On fait donc une brèche au principe de l'irresponsabilité. Mais où s'arrêtera-t-on ? Comment pourra-t-on distinguer les cas où il y a manifestation de la puissance et par conséquent pas de responsabilité, et ceux où il y a responsabilité parce qu'il n'y a pas manifesta-

tion de la puissance? On a déjà dit que, si l'État est
une personne souveraine par définition, il est toujours
cette personne-là, il ne peut pas ne pas l'être dans
certains cas et l'être dans d'autres et si sa souveraineté implique son irresponsabilité, il ne peut jamais
être responsable.

Par conséquent, si l'on admet des cas où l'État est
responsable, c'est que dans ces cas il n'est pas souverain; et s'il y a des cas où il n'est pas souverain,
il ne l'est jamais. D'ailleurs on va voir dans la suite
de ce chapitre qu'il n'y a pas aujourd'hui une seule
des manifestations de l'État pour laquelle ne se pose
la question de responsabilité et pour laquelle la
solution affirmative ne s'impose avec une nécessité
chaque jour plus pressante.

Il convient au reste de noter que dans la construction du droit public impérialiste, si fortement
cimentée, il y avait cependant une fissure. La
Déclaration des droits de l'homme avait proclamé le
principe de l'inviolabilité de la propriété individuelle
et décidé que « nul ne peut en être privé si ce n'est
lorsque la nécessité publique légalement constatée
l'exige évidemment et sous la condition d'une juste
et préalable indemnité » (art. 17). Ici une atteinte
certaine était portée au principe de la souveraineté
et de l'irresponsabilité de l'État, atteinte d'ailleurs
qui s'explique facilement. S'il nous est permis d'employer des expressions peu françaises, mais très
caractéristiques, nous dirons que les auteurs de la
Déclaration des droits étaient très étatistes, mais
qu'ils étaient encore plus propriétaristes. Ils admet-
taient comme un dogme la souveraineté et comme
un dogme non moins intangible la propriété, qui est

comme la souveraineté de l'individu. Mais quand ces deux souverainetés se trouvent en conflit, ils sont bien obligés de dire laquelle des deux l'emportera et ils décident en faveur de la souveraineté individuelle, de la propriété.

Le fait que tous les membres de l'Assemblée constituante étaient plus ou moins propriétaires ne fut certainement pas étranger à cette solution. Bref la responsabilité pécuniaire de l'État est reconnue quand une atteinte est portée à la propriété privée. Un peu plus tard toute une procédure est organisée pour arriver à l'expropriation (Loi du 3 mai 1841). A la faveur de ce principe se sont formées depuis longtemps déjà la jurisprudence judiciaire qui accorde une indemnité au propriétaire pour toute expropriation indirecte et la jurisprudence des tribunaux administratifs, qui accordent avec une très grande libéralité une indemnité pour dommage permanent occasionné à la propriété privée par l'exécution de travaux publics et cela en dehors de toute illégalité et de toute faute. Cette double jurisprudence n'était point fondée sur l'idée de responsabilité générale de l'État, mais sur l'inviolabilité de la propriété privée. Malgré cela elle a certainement ouvert la voie à la jurisprudence actuelle, qui tend à reconnaître la responsabilité de l'État toutes les fois que son intervention, quoique légale et sans faute, impose à un individu ou à un groupe une charge plus lourde qu'aux autres.

II

Dans la doctrine traditionnelle la notion de responsabilité implique toujours l'idée de faute, c'est-à-dire l'idée d'une règle violée, que ce soit d'ailleurs une règle de morale ou une règle de droit : responsabilité morale dans le premier cas, responsabilité juridique dans le second. Les notions de responsabilité et de faute impliquent, on l'aperçoit aisément, l'existence d'une personne douée d'une volonté consciente ou si l'on veut d'une volonté libre. Violation consciente d'une règle de droit par une volonté libre, responsabilité de la personne titulaire de cette volonté, voilà tout le domaine du concept traditionnel de responsabilité. En un mot toute question de responsabilité est une question d'imputabilité.

C'est assurément ainsi qu'était compris le problème de la responsabilité dans le système individualiste, dont notre code civil et notre code pénal n'ont été que la mise en œuvre. L'infraction pénale est la violation consciente de la loi pénale par une volonté libre, et la responsabilité pénale est encourue par la personne à laquelle est imputable cette violation. L'article 1382 du code Napoléon formule le principe de la responsabilité civile. En outre, toute personne est déclarée responsable non seulement du dommage qu'elle cause par son propre fait, mais encore de celui qui est causé par le fait des personnes dont on doit répondre ou des personnes que l'on a sous sa garde (code civil, art. 1384), et cela parce que l'on est présumé en faute d'avoir mal choisi ses préposés ou d'avoir mal surveillé ses subordonnés.

Si le problème de la responsabilité de l'État se posait en ces termes, il impliquerait que l'État est une personne titulaire d'une volonté consciente et

libre, qu'il peut commettre une faute en violant une
règle de droit et qu'il est responsable quand cette
violation lui est imputable. Certains juristes n'ont
point hésité à admettre une pareille conception. Sur
elle ils ont édifié toute une doctrine assurément très
ingénieuse, qui fait honneur à la subtilité de leur
esprit, mais qui n'a d'autre valeur que celle d'un jeu
de logique abstraite. On prétend que l'État est une
personne, que les gouvernants, les agents sont ses
organes et que comme tels ils n'ont point de personnalité distincte de l'État, pas plus que les organes
d'un individu n'ont une personnalité distincte de
lui-même. L'État veut et agit par ses organes. Quand
ceux-ci veulent et agissent, c'est l'État qui veut et
agit. Quand ils commettent une faute, c'est l'État
qui la commet; elle lui est imputable; il en est directement et personnellement responsable.

Édifiée par Gierke pour les personnes collectives
en général, cette théorie juridique de l'organe a été
développée et appliquée à l'État par le professeur
Jellinek. Elle vient d'être adoptée en France avec
quelques modifications par deux jurisconsultes dont
l'autorité est grande et méritée[1]. Malgré cela on ne
peut y voir qu'une fiction ingénieuse imaginée par
des jurisconsultes subtils pour concilier la responsabilité de l'État avec un système juridique d'après
lequel il ne peut y avoir responsabilité que là où il
y a personnalité consciente et voulante.

1. Gierke, *Genossenschafttheorie*, 1887; Jellinek, *Allgemeine
Staatslehre*, 2ᵉ édit. 1905; Michoud, *Théorie de la personnalité*,
I, 1906, p. 131; Hauriou, *Principes du droit public*, 1910, p. 659.
Pour l'exposé critique de cette théorie, voir Duguit, *Traité de
droit constitutionnel*, I, p. 307 et suiv.

Or, on va voir par les faits, par des décisions nombreuses de la jurisprudence qu'aujourd'hui la responsabilité de l'État ne se rattache aucunement à l'idée de faute. Sans doute, à cause des habitudes prises, à cause de l'influence persistante des idées civilistes, on parle encore de la faute de l'État, de la faute des services publics. Mais en réalité ce n'est point cette prétendue faute de l'État qui fonde sa responsabilité. Il ne s'agit plus d'une responsabilité se rattachant à une imputabilité, mais seulement de savoir quel est le patrimoine qui supportera définitivement le risque du dommage occasionné par le fonctionnement d'un service public. On dit, il est vrai, qu'il ne s'agit plus alors de responsabilité et qu'on devrait employer une expression différente. C'est possible ; mais cette expression n'existe pas. On peut se servir du mot responsabilité ; il suffit d'en préciser le sens et la portée.

Nous n'entendons point d'ailleurs prétendre que la responsabilité pour faute ait disparu ou doive bientôt disparaître du droit moderne. Dans les rapports d'individus à individus il n'y en a pas d'autres. Mais la notion de faute ne peut intervenir lorsqu'il s'agit de rapports de groupes entre eux ou de groupes avec des individus. Quand il s'agit d'une activité, individuelle par la volonté qui la met en mouvement, par le but qu'elle poursuit, il peut y avoir une faute de l'individu et le plus souvent, sinon toujours, c'est cette faute qui fondera sa responsabilité. Pour une activité collective il ne peut pas en être ainsi. Sans doute elle est mise en mouvement par des volontés individuelles, mais dans un but collectif. Si une faute est commise par un agent de cette collectivité, elle n'est pas imputable à l'agent, puisque c'est dans un but collectif qu'elle est commise ; elle n'est pas imputable à la collectivité, puisque celle-ci, en dehors de l'imagination des juristes, n'est point une réalité personnelle. Les notions de faute et d'imputabilité s'éliminent donc elles-mêmes.

On voit par là apparaître une conception nouvelle à laquelle va se rattacher tout le droit moderne de la responsabilité étatique. La mise en œuvre d'une activité collective, nous voulons dire d'une activité poursuivant un but collectif, occasionnant un préjudice à un groupe ou à un individu, c'est le patrimoine affecté à ce but collectif qui doit supporter définitivement la charge du préjudice. L'année passée nous écrivions : « La vie sociale et partant la vie juridique est le produit d'une division du travail entre les activités individuelles et les activités collectives. Les groupes ne sont point des sujets de volonté ; ils ne peuvent être des personnes responsables. Mais l'activité du groupe n'en est pas moins un élément important de l'activité sociale. La besogne qui en résulte profite sans doute à l'ensemble de la société, mais profite plus particulièrement aux membres du groupe. Si celui-ci en a le bénéfice, il est juste qu'il supporte le risque que fait courir aux individus et aux autres groupes la mise en œuvre de cette activité [1]. »

L'activité de l'État est mise en mouvement par des volontés individuelles. Mais elle est essentiellement collective par son but, qui est l'organisation et la gestion des services publics. Il suit de là que si

---

1. *Les Transformations générales du droit privé*, 1912, p. 140.

l'organisation ou le fonctionnement d'un service occasionne à un groupe ou un individu des charges exceptionnelles, un préjudice particulier, le patrimoine affecté à ce service public devra supporter la réparation du préjudice, à la condition toutefois qu'il y ait un rapport de cause à effet entre l'organisation ou le fonctionnement du service et le préjudice. S'il s'agit d'un service décentralisé et patrimonialisé, c'est la caisse de la circonscription locale (commune, département, colonie) ou de l'établissement public qui supportera la réparation. S'il s'agit d'un service public centralisé, la charge de la réparation sera imposée au patrimoine de l'État resté affecté à l'ensemble des services.

Voilà l'idée très simple à laquelle se rattache toute la jurisprudence sur la responsabilité étatique, déjà si riche, bien quelle ne soit encore qu'au début de son évolution et qu'elle soit parfois faussée par la persistance de la notion de faute et d'imputabilité. Il reste que par elle seule l'acceptation de la responsabilité étatique implique l'élimination du concept de souveraineté. La responsabilité se rattachant directement et exclusivement au fait de service, elle existe avec les mêmes conséquences, quel que soit l'organe ou l'agent qui exerce l'activité publique. Cependant comme nous voulons avant tout montrer l'évolution du droit public, comme d'autre part l'idée traditionnelle de souveraineté ne laisse pas de faire encore sentir son influence et que sous l'action de préjugés persistants on est enclin à attribuer encore à certains organes quelque chose comme un reste de souveraineté, nous devons montrer où en est aujourd'hui l'évolution du droit public

sur la question de responsabilité, suivant que l'acte
émane de tels ou tels organes.

III

Des traditions déjà longues, des habitudes de
langage invétérées font que beaucoup de bons
esprits sont encore dominés par la foi à la souveraineté du parlement. On a vu précédemment[1] que
sous l'action de cette idée persistante on décide
encore, malgré la très large extension donnée au
recours pour excès de pouvoir, qu'il n'est point
recevable contre les actes émanés des chambres. Les
membres du parlement aiment à se présenter eux-
mêmes comme les interprètes de la volonté nationale souveraine. Ce sont là des mots, rien que des
mots. Mais partout et particulièrement en France les
mots sont une force et ce sont ces mots vides de
sens, ces formules creuses qui font certainement
que la jurisprudence hésite beaucoup encore à
reconnaître la responsabilité de l'État à l'occasion
des actes du parlement. Cependant aujourd'hui la
question est posée nettement; elle est discutée partout, devant les chambres, devant les tribunaux, dans
le grand public; et cela est un fait considérable et
très caractéristique.

Qu'on suppose d'abord un acte individuel du
parlement, voté et promulgué en forme de loi. C'est
une loi simplement formelle. Mais si le parlement
est, comme on l'a longtemps affirmé sans réserve,

---

1. Chap. III, § IV ; chap. VI, § III.

investi d'une puissance souveraine excluant toute
responsabilité de l'État, il doit en être ainsi, aussi
bien quand il prend une décision individuelle que
lorsqu'il édicte une disposition par voie générale,
une loi au sens matériel. Or aujourd'hui on admet
sans hésiter que, au moins dans quelques cas, la
responsabilité de l'État peut être engagée par une
décision individuelle du parlement.

On a déjà rapporté les décisions du conseil d'État
du 8 août 1896 et du 1er juillet 1904 condamnant
l'État à payer à certains établissements ecclésias-
tiques de la Savoie une indemnité, correspondant
au préjudice à eux causé par le refus de paiement,
conformément au vote du parlement, de la rede-
vance à eux promise par le gouvernement français
en 1860 en retour de titres de rentes[1]. Sans doute il
n'y avait pas eu à proprement parler une loi formelle; mais il y avait eu une décision des deux
Chambres au moment du vote du budget. S'il était
vrai que le parlement a la souveraineté, elle se serait
manifestée dans ce vote aussi bien que dans une loi
formelle. On a rapporté aussi la protestation de
M. Millerand, ministre des Travaux publics, devant
la Chambre le 3 décembre 1909, en réponse à un
discours de M. Jaurès, qui prétendait que, si l'État
était gêné dans ses négociations avec la compagnie
de l'Ouest par les obligations qu'il avait assumées
dans la convention de 1883, il n'y avait qu'à voter
une loi qui sous couleur d'interpréter cette convention délierait l'État de ses obligations. La Chambre
ne voulut point entrer dans la voie indiquée par
M. Jaurès.

1. *Recueil*, 1896, p. 660; 1904, p. 533.

Sans doute, dans les espèces que l'on vient de rappeler, il y avait un contrat. Mais peu importe, si l'on maintient l'idée de souveraineté, si l'on affirme que le parlement est l'incarnation vivante de cette souveraineté et qu'à raison de cela il ne peut engager par ses actes la responsabilité de l'État, si l'on persiste à dire avec M. Laferrière « qu'il est de principe que les dommages causés à des particuliers par des mesures législatives ne leur donnent aucun droit à indemnité », peu importe qu'il y ait ou non un contrat ; dans aucun cas on ne pourrait admettre la responsabilité de l'État à l'occasion d'un acte voté par le parlement.

Que l'on suppose maintenant une loi à la fois matérielle et formelle, c'est-à-dire une disposition par voie générale votée par les chambres et promulguée par le chef de l'État. Un pareil acte peut-il entraîner la responsabilité de l'État? Ici encore le fait seul que la question se pose révèle un changement profond.

D'abord elle se pose et en fait elle s'est posée devant le parlement. Quand une loi est votée dont l'application aura pour conséquence d'entraîner un préjudice certain pour une catégorie de citoyens, est-ce un devoir pour le législateur d'inscrire dans la loi le principe d'une indemnité? La question a été très vivement discutée en France et à l'étranger. En France, en 1909, à propos de la loi du 20 juillet 1909 portant interdiction du blanc de céruse ; en Suisse en 1910 à propos de la loi fédérale du 24 juin 1910 portant interdiction de l'absinthe ; en Uruguay et en Italie en 1911 à propos des lois établissant le monopole des assurances. La question n'est point une

question de morale législative, si l'on peut ainsi
parler, mais bien une question de droit; et c'est au
nom d'un principe de droit supérieur à eux que les
parlements se demandent s'ils ne sont pas obligés
de réserver dans la loi le principe d'une indemnité
au profit de ceux qui seront spécialement atteints par
cette loi. Ainsi la foi des parlements eux-mêmes à
leur toute-puissance est fortement ébranlée. C'est là
un symptôme qu'il n'était point inutile de noter.

On est aujourd'hui en pleine période de transition,
d'élaboration d'un droit nouveau. On peut d'ailleurs
apercevoir déjà les éléments de la solution qui se
prépare. Si la loi nouvelle prohibe certains actes,
permis jusque-là, parce qu'elle les considère maintenant comme contraires au droit, elle ne doit point
réserver d'indemnité au profit de ceux qui seront
lésés par cette prohibition. Le législateur ne fait
alors que formuler une règle de droit dans l'intérêt
même d'un service public, et le patrimoine collectif
ne doit point supporter les conséquences d'une
responsabilité qui n'aurait aucune base. Il est vrai
qu'on a dit : jusque-là le fait était licite; à la faveur
de la loi telle industrie, tel commerce se sont légitimement établis; c'est dans l'intérêt de la collectivité
qu'ils sont interdits par la loi nouvelle; il est donc
logique que la caisse collective répare le préjudice
occasionné à quelques-uns. Un pareil raisonnement
ne doit pas triompher. Assurément (et ce livre n'a
d'autre but que de le démontrer), la notion de souveraineté n'est plus à la base du droit public; la loi
n'est plus le commandement souverain du pouvoir
législatif. Mais la loi matérielle n'en est pas moins la
formule d'une règle de droit. Or comme nous l'écri-

vions en 1911, « le droit n'est pas un ensemble de
principes absolus et immuables, mais au contraire
un ensemble de règles changeantes et variables avec
le temps. De ce qu'un fait, une situation sont considérés comme licites pendant une période quelque
longue qu'elle soit, il ne suit pas qu'il doive toujours
en être ainsi. Quand la loi nouvelle vient les prohiber,
ceux qui profitaient de la législation antérieure ne
peuvent se plaindre du changement parce que la loi
nouvelle ne fait que constater l'évolution du droit [1]. »

Après de très longues discussions, après plusieurs
votes contradictoires de la Chambre et du Sénat, la
loi française du 20 juillet 1909 portant interdiction
de l'emploi du blanc de céruse dans les travaux de
peinture n'a accordé aucune indemnité aux fabricants de ce produit. Dans les longues discussions
qui eurent lieu au sénat sur la question d'indemnité
M. Viviani, alors ministre du Travail, fit observer
qu'il ne s'agissait pas d'exproprier une industrie,
mais simplement d'interdire l'emploi d'un produit
qui scientifiquement était reconnu comme essentiellement nocif, emploi qui par conséquent devait
être prohibé par le droit. Le ministre d'ailleurs
n'invoqua point la prétendue souveraineté du parlement. Il fit observer très justement que ni la loi
allemande prohibant l'emploi du phosphore blanc
pour la fabrication des allumettes, ni la loi autrichienne de 1905 prohibant l'emploi de la céruse
n'accordaient d'indemnité aux fabricants. Finalement l'accord s'est fait entre la Chambre et le Sénat :
aucune indemnité n'e st accordée aux fabricants de

1. *Droit constitutionnel*, 1911, I, p. 164.

céruse; mais l'interdiction ne doit être appliquée qu'à l'expiration de la cinquième année qui suivra la promulgation de la loi.

Lorsque l'année suivante fut votée la loi du 6 avril 1910 qui interdit la vente du biberon à tube, dont l'emploi était dénoncé par les médecins depuis plusieurs années comme une des causes principales de la mortalité infantile, la question d'indemnité ne se posa même pas. Le rapporteur à la chambre M. Durand écrivait : « Il y a un départ à faire très net entre l'expropriation et la substitution de l'industrie de l'État à l'industrie des particuliers et dans ce cas l'indemnité est due, et entre les industries que l'État fait disparaître purement et simplement dans un but d'intérêt général qui ici dans l'espèce est la protection de la race. » Nos chambres sont actuellement saisies de plusieurs propositions tendant à la prohibition de la fabrication et de la vente de l'absinthe dont la novicité est incontestable et qui est l'agent le plus actif de l'alcoolisme. Si, comme nous l'espérons, ces propositions aboutissent, il n'y aura point lieu de réserver une indemnité au profit des fabricants d'absinthe, empoisonneurs publics dont la loi devrait au plus tôt interdire la coupable industrie.

On doit signaler cependant que la loi fédérale suisse du 24 juin 1910, qui, sur une initiative populaire, a prohibé la fabrication et la vente de l'absinthe sur le territoire de la Confédération, a réservé le principe d'une indemnité dans les termes suivants : « Par mesure d'équité, un dédommagement partiel est assuré aux patrons, employés et ouvriers des sphères professionnelles lésées directement et dans une mesure sensible par l'interdiction de l'absinthe. »

Cette formule montre que le législateur suisse n'a point eu la pensée de faire l'application d'un principe général, que c'est exceptionnellement et par des considérations d'équité qu'il accorde une indemnité.

La loi réservera au contraire toujours une indemnité aux personnes particulièrement lésées, lorsqu'elle interdira une certaine activité, non pas parce qu'elle estime qu'elle est en soi contraire au droit, mais parce qu'elle veut l'organiser en service public. Alors on peut vraiment dire que l'organisation et le fonctionnement d'un service public sont particulièrement onéreux pour certaines personnes et que par suite la caisse collective leur doit une réparation. En érigeant en service public une activité qui était jusque-là laissée à l'initiative privée, le législateur agit très légitimement; il ne viole aucun principe supérieur de droit; il ne commet aucune faute. Les activités qui doivent être organisées en service public ne sont pas déterminées d'une manière fixe et permanente. On a montré au chapitre II que la notion de service public est essentiellement évolutive. Il peut donc arriver un moment où l'activité laissée jusque-là à l'initiative privée doit être organisée en service public et même monopolisée, soit en vue d'un but fiscal, soit pour assurer un meilleur rendement. Ceux qui exerçaient le commerce ou l'industrie prohibée n'étaient point dans une situation déclarée contraire au droit; on les prohibe dans l'intérêt d'un service public; il est donc logique que la caisse collective supporte les conséquences de cette prohibition.

Le législateur français a fait à plusieurs reprises

l'application de cette idée. C'est par exemple la loi du 2 août 1872 qui, attribuant à l'État le monopole de la fabrication et de la vente des allumettes, a réservé l'indemnité à payer aux fabricants dont les usines se trouvaient supprimées. C'est la loi du 14 mars 1904 sur les bureaux de placement dont l'article 1ᵉʳ porte : « A partir de la promulgation de la présente loi les bureaux de placement payants pourront être supprimés moyennant une juste indemnité. » Mais la loi italienne du 4 avril 1912, qui confère l'exercice de l'industrie des assurances sur la durée de la vie humaine à un Institut national des assurances, a refusé d'une manière expresse et très générale toute indemnité « aux sociétés, associations, compagnies, entreprises ou particuliers qui, de quelque manière que ce soit, pratiquent dans le royaume l'assurance sur la durée de la vie humaine ». Il est vrai que les compagnies d'assurance ne sont pas supprimées immédiatement : pendant une période de dix ans les compagnies pourront être autorisées par décret à continuer leurs opérations dans certaines conditions; elles peuvent céder à l'Institut national leur portefeuille [1].

IV

Si le principe de l'indemnité n'est pas inscrit dans la loi, les tribunaux peuvent-ils en accorder une aux personnes particulièrement lésées par l'applica-

---

1. Cons. Jèze, *Revue du droit public*, 1912, p. 433. On trouvera le texte de la loi italienne, *Bulletin de statistique et de législation comparée*, avril 1912, p. 538.

tion de la loi nouvelle? Il est évident que la question
ne se pose pas lorsqu'il s'agit d'une loi qui prohibe
des actes ou des situations parce qu'elle les
considère comme contraires au droit. Mais la
question se pose aujourd'hui très pressante au cas
où la loi monopolise en vue d'un service public une
industrie libre jusque-là ou apporte dans un service
public déjà existant des modifications qui entraînent
des charges particulières à l'égard de certaines personnes.

Pendant longtemps les tribunaux n'hésitaient pas
à refuser en pareil cas toute indemnité. Ils voyaient
dans la loi, parce qu'elle émane du parlement, un
acte de souveraineté ne pouvant jamais engager la
responsabilité de l'État. On cite toujours comme
décision de principe celle rendue par le conseil
d'État le 11 janvier 1838 (*Duchatelier*) refusant toute
indemnité aux fabricants qu'atteignait la loi du
12 février 1835 prohibant dans un intérêt fiscal la
fabrication du tabac factice, « considérant que l'État
ne saurait être rendu responsable des conséquences
des lois qui, dans un intérêt général, prohibent
l'exercice d'une industrie ». Le conseil d'État
donnait une solution identique le 6 août 1852 dans
l'affaire *Ferrier*, le 4 février 1879 dans l'affaire
Goupy. Il refusait toute indemnité, même à ceux
qui avaient avec l'État des rapports contractuels et
dont les obligations devenaient plus lourdes par
l'effet d'une loi nouvelle. Dans l'affaire *Barbe* le
12 janvier 1883 il décidait qu'un fournisseur du
ministère de la Guerre n'avait droit à aucune indemnité à raison d'un impôt nouveau établi sur la dyna-
mite. Ces diverses solutions étaient données sans

que s'élevât l'ombre d'une discussion et elles étaient unanimement approuvées par les juristes.

Aujourd'hui il n'en serait plus de même ou du moins on ne déciderait ainsi qu'après de longues discussions. Sans doute le conseil d'État, depuis les arrêts précédemment cités, n'a pas eu encore à juger une espèce dans laquelle un particulier, qui n'est uni à l'État par aucun lien juridique préexistant, lui demande une indemnité à raison du préjudice à lui causé par l'application d'une loi nouvelle, qui, dans un but de service public, interdit un commerce ou une industrie n'ayant rien de contraire au droit. Mais à maintes reprises ces dernières années le conseil d'État a été saisi d'affaires dans lesquelles un particulier ayant contracté avec l'État, un concessionnaire de service public lui demandent une indemnité à raison de l'aggravation des charges qui résulte pour eux d'une loi.

Il n'est pas douteux, on l'a vu précédemment, que l'État ne peut pas par un acte individuel modifier une situation contractuelle. Mais qu'on suppose le vote d'une loi matérielle, d'une disposition par voie générale tout à fait impersonnelle; cette loi ne modifie en aucune façon la situation contractuelle; les obligations restent les mêmes; mais pour leur exécution le débiteur de l'État devra supporter des charges qui n'existaient pas auparavant; l'exécution des obligations à raison de la loi nouvelle devient pour lui plus onéreuse. Peut-il demander à l'État une indemnité? Il y a trente ans la question n'aurait pas été discutée; aujourd'hui elle l'est passionnément.

Déjà en 1903 ce n'est pas sans quelques hésitations, que fait apparaître la rédaction même de l'arrêt, que

le conseil d'État avait refusé d'allouer une indemnité aux adjudicataires des services économiques
dans les prisons, lesquels invoquaient le dommage
résultant pour eux de la diminution du nombre des
prisonniers par l'application des lois du 14 août 1885
sur la libération conditionnelle, du 26 mars 1891 sur
l'aggravation ou l'atténuation des peines (loi Béren-
ger) et du 15 novembre 1892 sur l'imputation de la
prison préventive[1]. Ces hésitations apparaissent
plus nettement encore dans l'arrêt *Noiré* et *Bayssac*,
à propos d'une demande d'indemnité formée par un
entrepreneur de l'État et fondée sur ce que la loi de
1898 relative aux accidents du travail avait rendu
plus onéreuse l'exécution de ses obligations. M. Tardieu, alors commissaire du gouvernement, donna
de très longues et très savantes conclusions tendant,
non sans hésitations, au rejet de la demande à cause
du caractère tout à fait impersonnel de la loi sur les
accidents de travail; et c'est en ce sens que statua le
conseil[2]. Le temps est loin où l'on rejetait de telles
demandes impitoyablement sans discussion, en invoquant le dogme de la souveraineté.

La question de la responsabilité de l'État législateur s'est encore posée à plusieurs reprises à propos
des lois qui viennent modifier le fonctionnement
d'un service public concédé. On a montré plus haut[3]
que les gouvernants, étant juridiquement obligés
d'assurer le bon fonctionnement des services publics,

---

1. Conseil d'État, 3 avril 1903 (*Mistral* et *Pavie*), *Recueil*, 1903,
p. 306.
2. Conseil d'État, 10 janvier 1908, *Recueil*, p. 20, avec les conclusions de M. Tardieu.
3. Chap. IV, § VIII.

peuvent légitimement modifier par voie unilatérale
et par mesure législative les règles relatives à
l'exploitation d'un service concédé. Cela rappelé, on
voit comment naît la question de responsabilité de
l'État quand les modifications apportées par la loi
ont pour conséquence de rendre plus onéreuse la
situation du concessionnaire. La tendance est
aujourd'hui incontestablement de reconnaître à la
charge de l'État l'obligation de payer une indemnité. On ne s'accorde pas sur les raisons de droit les
plus propres à justifier cette solution; mais peu
importe; l'essentiel est que le principe de la responsabilité soit reconnu. Il l'est; et c'est un des symp-
tômes les plus caractéristiques de l'évolution juridique actuelle.

Cette responsabilité a été affirmée par M. le
Ministre des Travaux publics dans l'exposé des motifs
du projet de loi devenu la loi du 3 décembre 1908
relative au raccordement des voies de fer avec les
voies d'eau, et qui a eu pour effet de modifier sur
un point important les règles relatives à l'exploitation des chemins de fer concédés. « Chaque fois,
écrivait le ministre, que la puissance publique
reconnaît que l'intérêt des grands services publics
concédés exige impérieusement une dérogation aux
conditions primitives de la concession, si cette dérogation est de nature à léser les intérêts du concessionnaire, celui-ci a droit à la réparation du préjudice qui lui est imposé. » L'article 3 de la loi porte :
« Il sera statué par le conseil d'État sur les indemnités qui pourraient être réclamées par les compagnies de chemins de fer à raison du préjudice qui
leur serait causé par l'application de la présente

loi. » Mais ce texte n'aurait pas été inséré dans la loi que les compagnies auraient été certainement fondées à demander une indemnité. Au reste le rapporteur à la chambre, M. Berthet, disait dans son rapport : « Cet article ne règle qu'une question de compétence et n'a nullement pour effet d'établir ou de consacrer en faveur des compagnies un droit à l'indemnité qu'elles ne tireraient pas d'autres principes de notre législation. Il attribue seulement au conseil d'État juridiction souveraine sur les indemnités que les compagnies pourraient réclamer de l'État. »

Actuellement la question de la responsabilité de l'État législateur se pose dans des conditions particulièrement intéressantes à propos de la loi du 21 juillet 1909 relative aux conditions de retraites du personnel des grands réseaux d'intérêt général et de la loi du 28 décembre 1911, dite loi sur la rétroactivité des retraites. Il y a là évidemment des dispositions législatives qui modifient les conditions dans lesquelles était exploité un service public et qui rendent plus lourdes les charges du concessionnaire. Que l'État puisse légitimement faire pareille loi, ce n'est pas douteux. Mais il n'est pas douteux non plus que si les compagnies établissent un rapport de cause à effet entre la loi nouvelle et l'aggravation de leurs obligations, elles doivent pouvoir faire condamner l'État à une indemnité, bien que la loi n'en ait pas expressément réservé le principe.

Par là on voit apparaître les éléments d'un système juridique parfaitement cohérent qui est en voie de formation. Les gouvernants ayant pour mission essentielle d'assurer l'organisation et le

fonctionnement des services publics peuvent toujours, doivent même modifier les règles du service
pour l'améliorer; ils le peuvent et ils le doivent
même quand le service est concédé et que sa loi est
une loi-convention. Mais si ces modifications ont
pour conséquence d'entraîner des charges particulièrement lourdes pour un ou plusieurs individus, la
caisse collective doit réparer le préjudice. C'est précisément ce qui se produit pour le concessionnaire.
Voilà pourquoi c'est à son profit qu'a d'abord apparu
la responsabilité de l'État législateur, laquelle n'est
qu'un élément d'un système général de responsabilité étatique[1].

V

C'est incontestablement pour les actes accomplis
par les fonctionnaires de l'ordre judiciaire que
l'évolution du droit public dans le sens de la responsabilité est le moins avancée. En France et à
l'étranger, ce n'est encore que dans quelques cas
très rares que l'on reconnaît la responsabilité de
l'État à l'occasion des actes faits par cette catégorie
d'agents. Pourquoi?

1. La question de la responsabilité de l'État législateur a
provoqué, ces dernières années, une littérature extrêmement
abondante; on pourra consulter notamment, Teissier, *La Responsabilité de la puissance publique*, 1908, dans *Répertoire de droit
administratif*, et publié séparément; Tirard, *La Responsabilité de la
puissance publique*, 1908; Le Roux, *Essai sur la responsabilité de
l'État considéré comme puissance publique, et notamment dans
l'exercice du pouvoir législatif*, 1909; Despax, *De la Responsabilité
de l'État en matière d'actes législatifs et réglementaires*, 1909; Marcq,
La Responsabilité de la puissance publique, 1911.

De prime abord on pourrait croire qu'il en est ainsi parce que les agents de l'ordre judiciaire expriment mieux et plus directement que tous autres la volonté souveraine de l'État. Sans doute, d'après le droit constitutionnel de 1791, de l'an III et de 1848, l'ordre judiciaire formait un troisième pouvoir égal aux deux autres, indépendant d'eux, exprimant comme eux la volonté souveraine de l'État. Logiquement alors on écartait toujours la responsabilité de l'État, que l'acte émanât du législatif, de l'exécutif ou du judiciaire. Mais aujourd'hui si l'on parle encore de pouvoir judiciaire, c'est par habitude de langage. Ni les lois écrites ni les doctrines des publicistes n'admettent guère l'existence d'un pouvoir judiciaire au sens de 1791. Comme les agents administratifs, les agents judiciaires sont de simples agents d'exécution. Leur mode de nomination, leur compétence, leur statut peuvent différer de ceux des agents administratifs; dans le fond il n'y a pas de différence entre les deux catégories. Dès lors si l'on admet, comme on le verra au paragraphe suivant, sans réserve, la responsabilité de l'État à l'occasion des actes faits par les fonctionnaires administratifs, on ne voit pas pourquoi on ne l'admet pas aussi pour les actes faits par les agents judiciaires. Il n'est point cependant impossible d'expliquer la raison pourquoi l'évolution vers la responsabilité de l'État, qui s'est accomplie pour les actes des agents administratifs, ne s'est pas encore produite pour ceux des agents judiciaires.

Dans le système français l'autorité judiciaire est exclusivement compétente pour statuer sur les procès criminels et sur tous les procès civils qui

naissent à l'occasion de l'état des citoyens, de la
propriété privée et des contrats entre particuliers.
Mais elle n'a pas seulement des attributions juridictionnelles; elle est encore seule compétente pour
prendre des décisions non contentieuses lorsqu'elles
intéressent directement la liberté et la propriété :
délivrer des mandats, ordonner des arrestations,
des confiscations, des perquisitions, des mises en
liberté provisoire, prendre des mesures pour protéger la liberté et la propriété individuelles, particulièrement des incapables. En distinguant les
actes juridictionnels et ceux qui n'ont pas ce
caractère, on comprendra pourquoi l'évolution
vers la responsabilité étatique à l'occasion des
actes de l'autorité judiciaire est à peine commencée[1].

L'obstacle qui s'oppose à la reconnaissance de
la responsabilité publique à l'occasion de l'acte
juridictionnel se trouve en réalité dans la nature
même de l'acte. Les législations positives ont été
amenées à chercher une compensation dans les
garanties d'indépendance et de savoir qu'elles ont
tenté de donner au personnel judiciaire. Quelles
que soient les divergences de détail qui s'élèvent
entre les techniciens sur la nature interne de l'acte
juridictionnel, il est incontestablement la constatation avec force de vérité légale, de vérité sociale,
de l'existence, de la non-existence ou de l'étendue
d'une situation légale ou d'une situation juridique
individuelle. L'acte de juridiction a une importance
sociale considérable, puisque c'est lui mieux que

1. Sur le caractère des actes juridictionnels, voir Jèze, *Revue
du droit public*, 1909, p. 661; Duguit, *Traité de droit constitutionnel*,
1911, I, p. 260 et suiv.

tous autres actes qui peut assurer l'ordre légal,
l'ordre juridique et par là même l'ordre social. Il
a pour but de dire, au cas de conflit, quel est le
droit, droit subjectif ou droit objectif. Le législateur
organise contre les jugements certaines voies de
recours; il prend des mesures pour assurer autant
que possible l'impartialité et la capacité des juges;
il organise des procédures pour donner aux justiciables les garanties d'une défense contradictoire.
Lorsqu'on a usé de toutes ces dispositions, lorsqu'on a formé les recours ouverts par la loi ou
qu'on y a volontairement renoncé, la décision juridictionnelle doit s'imposer définitivement à tous.
S'il était permis aux intéressés de demander une
indemnité fondée sur cette raison que le service
public a mal fonctionné, qu'il a été mal jugé, que
l'innocent a été condamné, qu'une condamnation
civile a été prononcée à tort, ce serait remettre en
question la chose jugée, ce qui est socialement
impossible, parce que ce serait ouvrir une source
permanente de désordre social.

On a quelquefois prétendu que la responsabilité
de l'État devait être engagée lorsque par exemple
un prévenu condamné en première instance est
acquitté en appel, ou qu'un condamné par une
cour d'assises est acquitté par la cour de renvoi
après cassation, ou encore au profit de celui qui
ayant perdu un procès civil en première instance
le gagne en appel. On a dit qu'en pareil cas le
principe de l'autorité de la chose jugée ne s'oppose
point à la mise en œuvre de la responsabilité. C'est
exact. Aussi, dans ces hypothèses n'est-ce point à
cause du principe de l'autorité de la chose jugée

que l'État échappe à la responsabilité. Il n'est pas
responsable, parce que, en fin de compte, le service
de justice a parfaitement fonctionné, puisque par
le jeu légal des voies de recours, l'innocent a été
acquitté, celui qui ne devait rien a reçu pleine et
entière décharge. Personne par conséquent ne peut
se plaindre. S'il y a une faute personnelle des premiers juges, elle pourra entraîner leur responsabilité personnelle ; mais c'est une tout autre question.

Pendant longtemps la règle de l'irresponsabilité
de l'État à raison des actes juridictionnels ne recevait aucune exception. La loi du 8 juin 1895 sur la
revision des procès criminels, modifiant l'article 446
du code d'instruction criminelle, en a introduit une.
Aux termes de cette loi, « l'arrêt ou le jugement
de revision d'où résultera l'innocence du condamné
pourra sur sa demande lui allouer des dommages-
intérêts à raison du préjudice que lui aura causé
la condamnation. Les dommages-intérêts alloués
seront à la charge de l'État, sauf son recours contre
la partie civile... » Le législateur est parti de cette
idée qu'en pareil cas le service de justice a mal
fonctionné, puisqu'il a été prononcé contre un
innocent une condamnation définitive. Peut-être
la faute des agents judiciaires a-t-elle été très excu-
sable. Peut-être même n'y a-t-il eu aucune faute.
Peu importe. Le jeu du service de justice a abouti
à la condamnation d'un innocent ; c'est légalement
établi et comme cela s'est produit dans un intérêt
social, il faut que la caisse sociale répare le préjudice. Le législateur de 1895 n'a pas voulu aller
plus loin ; la jurisprudence et les auteurs ont toujours interprété le texte restrictivement.

La question de responsabilité de l'État se pose
encore pour les actes non juridictionnels faits par
les agents judiciaires, délivrance de mandats,
ordres d'arrestation, arrestations, perquisitions
domiciliaires... Ici les raisons qui s'opposent à la
responsabilité de l'État à l'occasion des actes juridictionnels ne se rencontrent pas. Cependant même
pour ces actes la responsabilité n'est pas encore
admise et elle ne paraît pas devoir l'être de longtemps. Des écrivains qui font autorité, notamment
M. Teissier[1], M. Garraud[2] estiment que la responsabilité de l'État ne peut pas être engagée au cas
d'une arrestation arbitraire faite par un agent judiciaire. Un des auteurs qui ont écrit le plus récemment sur la question, M. Rolland dit : « Il est certain que l'irresponsabilité de l'État en matière judiciaire s'étend aux actes de police judiciaire, notamment aux arrestations opérées par le personnel
chargé de celle-ci[3]. »

Dans le projet de loi sur la protection de la liberté
individuelle déposé en 1904 par M. Clemenceau,
alors simple sénateur, un article consacrait le principe de la responsabilité de l'État au cas d'atteinte
à la liberté individuelle par un acte de police judiciaire. Dans le projet déposé au sénat le 18 janvier 1907 par M. Clemenceau, devenu président du
conseil, on ne trouve rien de pareil. Le texte, adopté
par le sénat en deuxième lecture, le 2 mai 1909,
sur le rapport de M. Monis, contient un article 7
qui précise les cas où les magistrats peuvent être

---

1. Teissier, loc. cit., n° 42.
2. Garraud, *Précis de droit criminel*, 9° édit., 1908, p. 943.
3. *Revue du droit public*, 1909, p. 727.

pris à partie et contient la disposition suivante :
« L'État est civilement responsable des condam-
nations à des dommages et intérêts qui seront pro-
noncées en raison de ces faits contre les magistrats,
sauf son recours contre ces derniers. » Ainsi le
sénat ne reconnaît que la responsabilité des agents
au cas de faute personnelle donnant ouverture à la
prise à partie et la responsabilité indirecte de l'État.
Dominé par des conceptions civilistes périmées, il
écarte la responsabilité directe de l'État et se met
en contradiction avec l'évolution générale du droit
public.

On doit noter que depuis 1910, au budget du
ministère de la Justice [1] est inscrit un crédit « pour
les individus qui, ayant été arrêtés, sont relaxés
en vertu de décisions du parquet ou des ordonnances
de non-lieu rendues par les juges d'instruction ou
acquittés par le jugement ou arrêt ». Mais M. le
député Bourély disait dans son rapport en 1910 :
« Il ne s'agit pas de reconnaître un droit à indemnité aux victimes des arrestations arbitraires; la
question est réservée et elle sera examinée à propos
du projet de loi relatif aux garanties de la liberté
individuelle. » Mais ce projet n'est point encore
voté par les chambres et nul ne sait quand il le
sera.

Comment expliquer cette sorte d'arrêt dans l'évolution du droit de la responsabilité en ce qui concerne les actes non juridictionnels des agents judiciaires? Nous n'en voyons d'autre raison que
l'assimilation erronée qui est faite entre deux caté-

---

1. Budget de 1912 (*J. off.*, 28 février 1912), art. 23.

gories d'actes tout à fait différents, assimilation purement formelle. Inconsciemment on croit qu'il y a correspondance entre l'intervention de l'agent judiciaire et le caractère juridictionnel. Erreur qui a été souvent dénoncée, mais qui persiste quand même. Nous croyons bien cependant que finalement la réalité des faits sera plus forte que les traditions et les préjugés et que sera reconnue la responsabilité directe de l'État à raison des actes non juridictionnels faits par des agents judiciaires, comme elle l'est dès à présent pour tous les actes non juridictionnels des agents administratifs [1].

VI

C'est en effet pour ceux-ci que le système juridique de la responsabilité publique a dès à présent atteint son plus large développement, si bien qu'il ne peut s'expliquer que par l'élimination complète de la notion de puissance souveraine. Quel que soit l'agent ou l'organe administratif duquel émane l'acte, la responsabilité publique peut être engagée; qu'il émane de la plus haute autorité, le président de la République personnifiant le gouvernement, ou du plus humble des fonctionnaires. Peu importe aussi la nature de l'acte, à la condition toutefois qu'il n'ait pas le caractère d'acte juridictionnel; peu importe que ce soit un acte réglementaire, un acte administratif individuel juridique ou une opération matérielle. On ne fait plus de distinction entre de

1. Outre les auteurs précédemment cités, cons. Larnaude, *Revue pénitentiaire*, 1901, p. 188; Lorcbourg-Pigeonnière, *ibid.*, p. 1130.

prétendus actes d'autorité et de prétendus actes de gestion. Enfin une dernière étape de l'évolution est franchie : il semble bien que l'administration est responsable même sans qu'il y ait aucune faute du service public.

Sans doute on parle encore dans les arrêts de faute du service; mais par là on n'entend point la prétendue faute que pourrait commettre le service public personnifié; on a en vue les fautes que commettent les agents. Parfois ces fautes existent en fait et les tribunaux s'appuient sur elles pour condamner l'administration, qu'il y ait eu violation de la loi, ou négligence ou imprudence d'un agent. Parfois aussi aucune faute de ce genre n'apparaît et cependant les tribunaux reconnaissent la responsabilité de l'État. Alors il y a comme une assurance du particulier contre le dommage que peut lui occasionner le fonctionnement même normal des services publics, contre ce qu'on a justement appelé le risque administratif.

C'est ici qu'apparaît dans sa plénitude la notion fondamentale du droit public transformé : l'État est l'ensemble des services publics fonctionnant sous l'impulsion et le contrôle des gouvernants dans l'intérêt collectif; si l'exécution d'un de ces services occasionne un préjudice spécial à un particulier, la caisse collective doit supporter la réparation du dommage.

Assurément ce n'est pas d'un seul coup que le droit public moderne est arrivé à cette solution. L'évolution a été cependant rapide; il n'est pas inutile d'en marquer les principales étapes.

On a montré au début de ce chapitre que dans le

pur système impérialiste l'irresponsabilité de l'État
était un principe qui ne recevait d'exception que
dans les cas d'expropriation directe ou indirecte et
de dommage permanent à la propriété. Cependant
le principe ne put pas se maintenir dans toute sa
rigueur pendant bien longtemps. A mesure que le
nombre des services publics augmentait, que l'intervention de l'État dans le domaine économique devenait plus active, la règle de l'irresponsabilité générale devenait insoutenable. C'est alors que l'on
imagina une théorie, qui compte encore quelques
partisans attardés, mais qui n'a d'autre intérêt aujourd'hui que celui de marquer la première étape
de l'évolution. On voulait appliquer la distinction
précédemment indiquée[1] des actes de puissance
publique ou d'autorité et des actes de gestion et l'on
disait : l'État est responsable du préjudice causé
par des actes de gestion; il ne l'est pas en principe
du préjudice causé par un acte de puissance publique ou d'autorité; il ne l'est que si la loi édicte
expressément sa responsabilité.

Dans les cinq premières éditions de son *Traité de
droit administratif*, M. Berthélemy a formulé cette
proposition comme un dogme. Dans la sixième (1911)
et la septième édition (1913) il écrit encore : « Nous
sommes conduit à cette conséquence longtemps
d'ailleurs acceptée par la doctrine courante : les
administrations n'auront à répondre des actes d'autorité des fonctionnaires que dans les hypothèses,
d'ailleurs nombreuses, où la loi a prévu et organisé
cette responsabilité[2]. » Mais notre cher et savant

1. Chap. v, § 1.
2. *Droit administratif*, 7ᵉ édit., 1913, p. 75.

collègue est bien obligé de reconnaître qu'en fait les choses ne se passent plus ainsi, et il parle de la généralisation jurisprudentielle de la responsabilité étatique; mais il estime que les solutions de la jurisprudence ne sont point conformes au droit et il ajoute : « Le conseil d'État est seul juge de l'équité de la réparation sollicitée. Il n'a pas seulement à se demander d'où vient le mal dont on se plaint, mais encore si ce mal commis dans l'exercice des fonctions publiques est injuste et si la victime mérite bienveillance... Je constate ici avec insistance la place qui est faite à l'appréciation arbitraire du conseil d'État[1]. » En d'autres termes dans la pensée de M. Berthélemy, en droit aucune réparation n'est due pour le préjudice causé par un acte d'autorité ; mais en fait et par des considérations d'équité le conseil d'État accorde la réparation.

Nous n'avons jamais compris cette opposition que l'on prétend établir entre l'équité et le droit, entre la solution vraie en droit et la solution vraie en équité, entre la solution théorique et la solution pratique. Ce qui n'est ni pratique ni équitable n'est pas juridique. Le droit est la règle inspirée par un sentiment d'équité et venant répondre à un besoin pratique. Il est cela, il n'est que cela et une règle qui n'est pas cela n'est pas une règle de droit. Pour le problème dont il s'agit, si équitablement et pratiquement l'État est responsable du dommage occasionné par le fonctionnement de tout service public, c'est bien la règle de droit, il n'y en a pas d'autre.

Comment y est-on arrivé? Incontestablement

---

1. *Droit administratif*, 7e édit., 1913, p. 79 et même page, note 1.

parce que la conscience moderne écarte le concept de puissance publique. D'ailleurs on peut saisir directement dans la jurisprudence française le moment de la transformation. En 1899 le conseil d'État était saisi d'une action en responsabilité par le sieur *Lepreux*, qui avait été blessé par le tir de forains sur une place de Maisons-Alfort (Seine) où la police de la sécurité est un service d'État ; le requérant fondait sa demande sur le mauvais fonctionnement du service. Elle est rejetée, « considérant qu'il est de principe que l'État n'est pas, en tant que puissance publique, et notamment en ce qui touche les mesures de police, responsable de la négligence de ses agents... Qu'en admettant que Lepreux pût relever une faute personnelle de la part des agents chargés d'assurer la sécurité sur la voie publique, il ne serait pas fondé à soutenir que l'État dût en être déclaré pécuniairement responsable[1]. »

Cette décision fut très vivement critiquée par M. Hauriou dans une note remarquable du *Recueil de Sirey*[2]. Il est vrai que M. Hauriou n'allait pas jusqu'à reconnaître la responsabilité générale de l'État. Comme le conseil il admettait que la responsabilité ne pouvait être engagée par un acte ayant vraiment le caractère d'autorité et, faisant l'application d'une théorie personnelle sur la voie d'autorité et la voie de gestion publique, il soutenait qu'il y avait voie d'autorité lorsque l'administration n'entre pas en relation avec les particuliers, par exemple en matière de police lorsqu'elle fait un règlement, qu'alors en effet sa responsabilité ne peut

1. Conseil d'État, 13 janvier 1899, *Recueil*, p. 17.
2. *Sirey*, 1900, III, p. 1, sous l'arrêt *Lepreux*.

être engagée. Mais M. Hauriou soutenait avec beaucoup de force que lorsque l'administration agit par voie de gestion même publique, c'est-à-dire lorsqu'elle entre en relation avec les particuliers pour l'exécution des services publics même d'autorité, comme la police, elle doit être responsable, qu'il en était ainsi dans l'espèce soumise au conseil qui avait eu le tort de ne pas condamner l'État.

La note de M. Hauriou fut très remarquée et ne devait point rester sans influence. Quelques années après, le conseil d'État était saisi d'une demande identique à celle du sieur *Lepreux*. Un sieur *Tomaso Grecco* demandait une indemnité à l'État à raison de la blessure qui lui aurait été faite dans sa maison à Soukaras (Algérie) par le coup de feu tiré par un gendarme sur un taureau furieux et poursuivi par la foule. Le requérant prétendait que le coup de feu n'aurait-il pas été tiré par le gendarme, l'État serait cependant responsable parce que l'accident ne serait pas arrivé si la police avait été bien faite. Le conseil d'État rejette la requête; mais on lit dans l'arrêt : « Considérant qu'il ne résulte pas de l'instruction que l'accident dont le requérant a été victime puisse être attribué à une faute du service public dont l'administration serait responsable[1]. » La portée de ce considérant est très nettement mise en relief par M. le commissaire du gouvernement Romieu qui disait : « Il est exact que pendant un certain temps la jurisprudence a cru pouvoir formuler cette règle que les actes de police et de puissance publique n'étaient pas de nature à engager la responsabilité

1. Conseil d'État, 1er février 1905, *Recueil*, p. 140; *Sirey*, 1905, III, p. 113, avec une note de M. Hauriou.

pécuniaire de l'administration. Mais on a fini par reconnaître les inconvénients, les contradictions, les conséquences iniques auxquelles pouvait conduire cette formule beaucoup trop générale[1]. »

La première étape de l'évolution était ainsi franchie : plus de distinction entre les actes d'autorité et les actes de gestion et tout acte administratif peut entraîner la responsabilité de l'État. Mais cependant le conseil et le commissaire du gouvernement paraissaient subordonner cette responsabilité à une faute du service public. L'expression se trouvait dans l'arrêt. Comment fallait-il l'entendre? M. Hauriou dans une note[2] prétendait qu'on devait y voir une faute de l'État personnifié : « L'État, disait-il, est responsable parce qu'il est en faute par le fait du service. » Telle n'était certainement pas la pensée du conseil d'État. En parlant de faute du service il avait en vue les fautes de service commises par les agents. La possibilité de pareilles fautes constitue un risque. S'il se produit, l'État en supportera définitivement les conséquences, sa responsabilité étant ainsi en réalité une responsabilité pour risque; ce qui excluait cependant la responsabilité de l'État, au cas où il n'y avait aucune faute des agents.

D'autre part le conseil n'avait certainement en vue que les actes administratifs individuels et non point les actes réglementaires. Pour eux la notion de puissance publique faisait toujours sentir son influence. Mais ce n'était pas pour longtemps et un double pas allait être franchi. D'une part on allait reconnaître la responsabilité de l'administration à

1. *Recueil*, 1905, p. 140.
2. Sous l'arrêt *Tomaso Grecco*, *Sirey*, 1905, III, p. 113.

raison du simple fonctionnement du service sans
que le demandeur ait à prouver une faute des agents,
et d'autre part on allait reconnaître la responsabilité
de l'administration même pour des actes réglementaires.

Entre temps le conseil d'État reconnaissait la responsabilité de l'administration dans une série d'arrêts. Dès 1903 il avait admis implicitement que l'État
pouvait encourir une responsabilité pour révocation
injustifiée d'un fonctionnaire ; il allouait une indemnité pour exécution abusive d'un arrêté du conseil
de préfecture. En 1910 l'État était condamné à des
dommages et intérêts envers des anciens militaires
lésés par le fait qu'ils avaient été appelés tardive-
ment à un emploi civil en violation de la loi du
25 mars 1905. En 1911 l'État est déclaré responsable
pour dommage causé à un bateau dans un canal par
suite de la négligence des agents qui n'avaient pas
fait procéder à l'enlèvement d'une épave.

Dans ces divers arrêts il est toujours parlé d'une
faute du service public, ou comme dans le dernier
d'une négligence des agents. Mais on remarquera
que le conseil se montre très large dans l'appréciation de cette faute ; elle est comme présumée ; elle
résulte de ce que l'administration ne démontre pas
qu'il y a eu une imprudence, une négligence de la
part de la victime. Cette présomption de faute, nulle
part elle n'apparaît plus nettement que dans l'arrêt
Pluchard rendu dans des conditions intéressantes.
Ledit Pluchard avait été renversé dans une rue de
Saint-Denis (Seine) par un agent qui était à la poursuite d'un malfaiteur et il avait eu une jambe cassée.
En réalité il n'y avait pas eu de faute de l'agent qui

ne faisait que son devoir, mais un simple cas fortuit. Cependant l'indemnité est accordée : « Considérant que dans les circonstances où il s'est produit et en l'absence de toute négligence ou imprudence de la victime, cet accident doit être attribué à une faute du service public engageant la responsabilité de l'État[1]... » En vérité on ne voit pas où est la faute. L'agent était à la poursuite d'un malfaiteur; il remplissait sa mission; le service de police fonctionnait parfaitement; c'est par un hasard malheureux, indépendant de la volonté de qui que ce soit que l'accident est arrivé; il y a un véritable cas fortuit et non point faute de service. C'est par une habitude de langage que l'expression est conservée.

En réalité l'évolution est accomplie; la responsabilité de l'administration est engagée du fait seul que le fonctionnement du service public a occasionné à un individu ou à un groupe un préjudice particulier. Il y a responsabilité pour risque administratif[2].

---

1. Conseil d'État, 24 décembre 1910 (*Pluchard*), *Recueil*, p. 1029.
2. Cependant dans un arrêt *Ambrosini*, 10 mai 1912, le conseil d'État paraît hésitant. Il s'agissait de l'action en indemnité formée par le père d'un enfant de dix-huit mois qui avait été tué dans une rue de Toulon par un éclat d'obus provenant de l'explosion du cuirassé *Iéna*. La demande est rejetée, considérant qu'il résulte de l'instruction que le décès du fils du requérant doit être attribué à un événement de force majeure, qu'il n'est justifié d'aucune circonstance de nature à engager la responsabilité de l'État (*Sirey*, 1912, III, p. 161). Comme le fait très justement observer M. Hauriou, dans la note qui accompagne l'arrêt au *Recueil de Sirey*, il y a non pas cas de force majeure, mais cas fortuit, puisque la cause de l'explosion et du dommage, si elle est inconnue ou mal connue, est inhérente au service. L'idée qui a inspiré l'arrêt Pluchard devait donc ici amener le conseil à reconnaître la responsabilité.

VII

Enfin un dernier pas deva   ûc franchi. Jusqu'à
présent on n'a vu la responsabilité publique engagée
qu'à l'occasion d'actes administratifs individuels.
Quand en 1903 on a commencé d'admettre la responsabilité générale de l'État, on ne pensait point qu'elle
pût s'étendre jusqu'aux actes réglementaires.
M. Hauriou, dans la note précitée, reconnaissait sans
difficulté que l'administration était irresponsable à
raison de ses règlements. Mais cette conception devait
être bientôt dépassée ; et aujourd'hui la responsabilité
de l'administration joue aussi bien à l'occasion des
actes réglementaires que des actes individuels.

Cette responsabilité a été reconnue par l'arrêt déjà
plusieurs fois cité du 6 décembre 1907, qui déclare
recevable, mais mal fondé, le recours pour excès de
pouvoir formé par les grandes compagnies contre le
décret du 1er mars 1901 portant règlement d'administration publique et modifiant l'ordonnance du
15 novembre 1846 sur la police, la sécurité et l'exploitation des chemins de fer. Les compagnies prétendaient que leur concession ayant été accordée
sous l'application de l'ordonnance de 1846, le décret
de 1901 augmentait les obligations résultant de leur
cahier des charges et que de ce fait il était entaché
d'excès de pouvoir. Le conseil repousse cette requête
parce que le gouvernement a toujours le droit de
modifier les conditions dans lesquelles fonctionne
un service public ; mais il déclare en même temps
que, si les compagnies établissent que l'application
du nouveau décret leur cause un préjudice, elles

peuvent demander une indemnité[1]. Voilà donc reconnue la responsabilité de l'État à l'occasion d'un décret portant règlement d'administration publique, acte qu'à un moment on assimilait à la loi formelle.

On a montré précédemment (chapitre IV, § VIII) que cette responsabilité n'est pas en réalité contractuelle, bien que le conseil d'État paraisse la rattacher au contrat. La notion de service public apparaît encore ici au premier plan. L'État a le pouvoir et le devoir de modifier par un règlement ou par une loi formelle les règles relatives à l'exploitation d'un service public. Il modifie la loi du service et par conséquent ne touche que des situations légales. Mais il doit indemniser tous ceux qui sont particulièrement lésés par cette modification. La décision du 6 décembre 1907 est ainsi en harmonie parfaite avec les notions générales de service public et de responsabilité dont s'inspire le droit moderne.

La même solution a été donnée dans le cas où par voie réglementaire les préfets, usant des pouvoirs à eux conférés par les articles 21, 38 et 39 de la loi du 11 juin 1880, apportent des modifications à l'exploitation d'un chemin de fer d'intérêt local ou d'un tramway concédé. L'indemnité est alors due par la caisse du département ou de la commune dont le chemin de fer ou le tramway constitue un service public. Le conseil d'État a statué en ce sens par neuf arrêts du 4 février 1910 rendus à propos des arrêtés du préfet de la Seine imposant à la compagnie du Métropolitain, pour la sécurité des voyageurs, des obligations aggravant les charges résultant de l'acte

1. Conseil d'État, 6 décembre 1907, *Recueil*, p. 913; *Sirey*, 1908. III, p. 1.

de concession. Le conseil déclare ces arrêtés inattaquables; mais il reconnaît en principe la responsabilité de l'administration[1]. Un mois après, 11 mars 1910, le haut tribunal donnait la même solution à propos d'un arrêté pris par le préfet des Bouches-du-Rhône et aggravant pour la compagnie des tramways de Marseille les charges d'exploitation[2].

Ainsi on reconnaît que la responsabilité administrative peut être engagée par un règlement même légalement fait, quand l'application de ce règlement, dans l'intérêt d'un service public, occasionne à un individu ou à un groupe un préjudice particulier. Naturellement on devait donner la même solution et *a fortiori* quand le règlement est illégal. Sans doute l'intéressé armé du recours pour excès de pouvoir peut le faire annuler; mais le délai de recevabilité est très court; la loi du 13 avril 1900 (art. 24, § 4) l'a réduit de trois à deux mois. Le délai expiré, l'intéressé peut agir en indemnité contre l'administration. Depuis longtemps cela était admis sans contestation pour les actes individuels. On va maintenant plus loin et l'on donne la même solution pour les actes réglementaires.

Il est vrai que cela n'a pas encore été jugé pour un décret, mais seulement pour des arrêtés municipaux. Évidemment il n'y aurait pas lieu de donner une solution différente pour un décret. L'arrêté d'un maire du département de l'Aude prévoyait la sonnerie des cloches de l'église pour les enterrements

---

1. Conseil d'État, 4 février 1910, *Recueil*, p. 97.
2. Conseil d'État, 11 mars 1910, *Recueil*, p. 216; *Revue du droit public*, 1910, p. 270, avec les conclusions de M. Blum et une note de M. Jèze.

civils. Le conseil d'État a souvent fait triompher le
recours pour excès de pouvoir dirigé contre des
arrêtés semblables pris en violation de la loi du
2 janvier 1907 déclarant affectées au culte catholique
les églises et les meubles les garnissant (art. 5).
Mais dans l'espèce le délai du recours était expiré.
L'action en indemnité est dirigée contre la commune
dont la police est un service; elle triomphe parce
que la caisse communale doit réparer le préjudice
matériel ou moral subi par un particulier du fait de
ce service [1].

Cette large extension, que le droit public moderne
donne à la responsabilité de l'État, a reçu récemment une application curieuse dans un jugement du
tribunal de la Seine, qui est comme l'épilogue d'une
longue et regrettable affaire, l'affaire de Turpin,
l'inventeur de la mélinite. Après de nombreux incidents, Turpin forma une action en dommages et
intérêts contre l'État, la société Schneider et C[io], la
Société des forges et chantiers de la Méditerranée et
M. Canet. Le tribunal de la Seine a mis hors de
cause tous les défendeurs excepté l'État et a condamné celui-ci à payer à Turpin 100 000 francs de
dommages et intérêts, « attendu que les agissements
du ministère de la Guerre ont évidemment causé à
Turpin un préjudice dont l'État est responsable...
Que ce préjudice résulte de ce que Turpin a été
empêché de traiter avec Armstrong, soit parce que
l'administration de la guerre lui laissait toujours
entrevoir vainement la possibilité de faire un nouveau traité avec la France, soit parce que cette

1. Conseil d'État, 15 juin 1912, *Le Temps*, 17 juin 1912.

administration avait obtenu de lui certaines conditions à son traité avec Armstrong sous des promesses fallacieuses d'indemnité... Qu'il est évidemment dû à Turpin réparation du préjudice[1]. »

Nulle décision de justice ne peut mieux montrer combien à notre époque on est loin de la conception impérialiste. Nous n'avons pas à rechercher pourquoi le tribunal de la Seine ne s'est pas déclaré incompétent dans ce procès en responsabilité contre l'État, ni pourquoi le conflit n'a pas été élevé. Quoi qu'il en soit, voilà un tribunal judiciaire qui n'hésite pas à scruter et à juger les agissements d'un service public qui, si le droit de puissance n'est pas un vain mot, est au premier chef un service d'autorité. Voilà un jugement qui reconnaît la responsabilité de l'État, non pas à cause de ce qu'il a fait, mais à cause de ce qu'il n'a pas fait, parce qu'il n'a pas acheté à Turpin son brevet d'invention, parce que, par suite des tergiversations du ministère, Turpin n'a pas pu vendre son brevet à une maison étrangère et de ce fait a été lésé. On ne peut pas pousser plus loin, n'est-il pas vrai, l'application de l'idée que la caisse publique est responsable de tout préjudice occasionné par le fonctionnement d'un service public.

C'est pourquoi il est probable que vont disparaître bientôt les deux restrictions que l'on apporte encore à la responsabilité générale de l'État en matière administrative. D'après une jurisprudence jusqu'à présent constante, l'État est déclaré irresponsable à l'occasion des faits de guerre et des actes diplomatiques. Cette irresponsabilité ne peut point

1. *Le Temps*, 13 janvier 1911.

s'expliquer par une prétendue souveraineté. Si elle existait, l'État l'exercerait aussi bien dans le service de la sécurité interne que dans celui de la sécurité extérieure; dès lors il ne serait responsable ni du service de police ni du service de guerre en temps de paix. Or on vient de voir qu'il n'en est pas ainsi. Cependant la jurisprudence est toujours très ferme pour écarter toute responsabilité de l'État à raison d'opérations de guerre ou d'actes diplomatiques.

Ainsi en 1905 et en 1907 le conseil repoussait les demandes en indemnité formées par des particuliers à raison du préjudice à eux causé par des faits de guerre au Dahomey et à Madagascar, « considérant que les dommages éprouvés au cours d'opérations militaires, conduites en territoire étranger, ne peuvent donner lieu à une réclamation par la voie contentieuse [1] ». De même en 1904 il a déclaré non recevable l'action en responsabilité pour préjudice en matière diplomatique, « considérant que la question se rattachant à l'exercice du pouvoir souverain dans les rapports du gouvernement français avec les gouvernements étrangers ne peuvent pas être portées devant le conseil d'État par la voie contentieuse[2] ».

Le conseil d'État fait encore intervenir l'idée de souveraineté pour écarter ici comme au cas de guerre la responsabilité. Par là on voit que si l'idée de souveraineté est morte dans le droit public interne, elle persiste toujours dans l'esprit des tribunaux

1. Conseil d'État, 3 mars 1905 (*Monti*), *Recueil*, p. 226; 22 février 1907 (*Lechartier*), *Recueil*, p. 185.
2. Conseil d'État, 23 décembre 1904 (*Poujade*), *Recueil*, p. 873; *Revue du droit public*, 1905, p. 98, avec une note de M. Jèze.

français, dès qu'il s'agit de relations extérieures. Mais dans ce domaine aussi elle est destinée à périr.

VIII

Pendant que la responsabilité de l'État recevait le large développement que l'on vient de décrire, que devenait la responsabilité personnelle des fonctionnaires? Elle-même s'élargissait et se précisait en même temps.

La question de la responsabilité personnelle des fonctionnaires se pose dans des termes tout à fait différents de ceux dans lesquels on a vu que se posait le problème de la responsabilité étatique. Celle-ci, on l'a montré, ne peut être qu'une responsabilité pour risque ou objective. Celle des fonctionnaires est au contraire une responsabilité pour faute ou subjective. Quand ils font un acte ce sont bien eux qui le font et non une prétendue personne publique, dont ils seraient les mandataires ou les organes. Les agents publics sont donc des individus qui se trouvent en présence d'autres individus, les administrés et les justiciables. La question de responsabilité entre deux individus se ramène à un conflit entre deux volontés. Celle qui doit succomber, qui doit être déclarée responsable, c'est naturellement celle qui consciemment a violé une règle de droit; et cela est précisément la faute.

L'évolution du droit public a consisté en la détermination des cas dans lesquels et des conditions auxquelles la faute du fonctionnaire est de telle nature qu'elle entraîne sa responsabilité personnelle envers le particulier et fait cesser celle de l'État. Cette évolution est aujourd'hui parvenue à peu près à son terme.

Il est toutefois une catégorie de fonctionnaires pour lesquels l'évolution juridique a été entravée par les dispositions rigides de notre code de procédure civile (art. 505 à 516). Ces textes reconnaissent sans doute la responsabilité personnelle des fonctionnaires judiciaires, mais la limite étroitement. Ils énumèrent restrictivement les cas dans lesquels elle peut être engagée et déterminent la procédure compliquée et périlleuse de la prise à partie, par laquelle seulement cette responsabilité peut être mise en œuvre. La prise à partie n'est recevable que lorsqu'il y a dol, fraude ou concussion, soit dans le cours de l'instruction soit au moment du jugement, ou déni de justice, c'est-à-dire lorsque le juge « refuse de répondre les requêtes ou néglige de juger les affaires en état ou en cours d'être jugées ».

Il y a là incontestablement une législation vieillie, qui ne répond plus à l'état actuel de notre droit public, et tôt ou tard ces cadres rigides seront brisés. Certaines tentatives ont été déjà faites en ce sens. Dans l'exposé des motifs de la proposition de loi sur la protection de la liberté individuelle en 1904 M. Clemenceau, alors simple sénateur, déclarait que la garantie primordiale de la liberté individuelle se trouvait dans une responsabilité personnelle, sévère et fortement organisée, des magistrats judiciaires. La même idée inspirait la proposition faite par M. Cruppi en 1905 sur les garanties de la liberté individuelle et sur la responsabilité des magistrats. Le projet de loi sur la liberté individuelle adopté par le sénat en deuxième lecture le 2 mars 1909 élargit et précise les cas où les agents de l'ordre judiciaire pourront être responsables personnellement; mais il maintient la procédure de la prise à partie, bien qu'on ait déclaré pendant la discussion que la procédure est si périlleuse qu'il n'y a peut-être pas, depuis la promulgation du code de procédure, deux cas où elle ait abouti. Les choses en sont là.

IX

Pour la responsabilité des fonctionnaires administratifs, heureusement il n'y a pas de texte restrictif et l'évolution juridique a pu librement s'accomplir. La constitution de l'an VIII, tout en maintenant le principe de la responsabilité, formulé par les constitutions antérieures, avait subordonné toute action pénale ou civile dirigée contre un fonctionnaire de l'ordre administratif à l'autorisation préalable du gouvernement en conseil d'État (art. 75). C'était réduire cette responsabilité à néant. Pendant toute la Restauration le parti libéral critiqua âprement cette règle. Mais le texte ne fut point abrogé. L'article 69 de la charte de 1830 annonce une loi sur la responsabilité des ministres et des autres agents du pouvoir. Les chambres furent en effet saisies d'un projet de loi sur cet objet; il y eut de très longues et très confuses discussions, particulièrement pendant la session de 1835. Rien n'aboutit. L'article 75 de la constitution de l'an VIII restait toujours en vigueur. La République de 1848 n'y touche point et naturellement le Second Empire se garde bien de l'abroger.

Comme le conseil d'État n'a encore qu'un pouvoir consultatif, toute poursuite contre un fonctionnaire est subordonnée à l'agrément du gouvernement. A la fin du Second Empire l'abrogation de l'article 75 est un des articles essentiels du programme libéral et du programme républicain. C'est pourquoi l'un des premiers actes du Gouvernement de la Défense nationale est le décret du 19 septembre 1870 : « L'article 75 de la constitution de l'an VIII est abrogé. Sont également abrogées toutes les autres dispositions de lois générales ou spéciales ayant pour objet d'entraver les poursuites dirigées contre les fonctionnaires publics de tout ordre. »

Ce texte, qui paraît très clair, souleva cependant de grosses controverses qui n'ont plus qu'un intérêt rétrospectif. La jurisprudence fut établie, en effet, par une décision de principe, rendue par le tribunal des conflits, sur le rapport de M. Mercier, dans l'affaire *Pelletier* le 26 juillet 1873. Il s'agissait d'une action en responsabilité, portée devant un tribunal judiciaire et dirigée par le propriétaire d'un journal suspendu contre le général Ladmirault, commandant l'état de siège dans le département de l'Oise. Le conflit ayant été élevé, le haut tribunal juge : « Le décret qui abroge l'article 75 de la constitution de l'an VIII n'a eu d'autre effet que de supprimer la fin de non-recevoir résultant du défaut d'autorisation et de rendre ainsi aux tribunaux judiciaires toute leur liberté d'action dans les limites de leur compétence; mais il n'a pu également avoir pour conséquence d'étendre la limite de leur juridiction ni supprimer la prohibition qui leur est faite de connaître des actes administratifs. » Le jugement relève ensuite le caractère administratif de la décision donnant lieu à la poursuite et il constate : « Qu'en dehors de cet acte le demandeur n'impute au défendeur aucun *fait personnel* de nature à engager sa responsabilité particulière [1]. »

Ainsi était posé par le tribunal des conflits le principe de la distinction entre le fait de fonction et le fait personnel. S'il y a simplement fait de fonction, l'administration peut être responsable; le fonctionnaire ne l'est pas. Celui-ci ne sera responsable que s'il y a un fait personnel, et le plus souvent ce sera le tribunal des conflits qui jugera s'il y en a un. En effet l'administrateur étant assigné devant un tribunal judiciaire, le préfet élève le conflit; le tribunal des conflits est saisi. S'il estime qu'il y a un fait de fonction, il confirme l'arrêté de conflit et le tribunal judiciaire est dessaisi. S'il estime au contraire qu'il y a un fait personnel, il annule l'arrêté et le tribunal judiciaire reste saisi; celui-ci doit rechercher si le fait est démontré et en ce cas condamner le fonctionnaire.

Le tribunal des conflits exerce ainsi un rôle qui n'est pas légalement le sien. En réalité il ne juge pas une question de compétence, laquelle n'est pas contestée. Il juge la question de savoir si, le fait étant établi, il est un fait de fonction ou un fait personnel. Si c'est un fait de fonction, le fonctionnaire n'est pas responsable; seule l'administration peut l'être. Si c'est un fait personnel, le fonctionnaire pourra être condamné.

Cela compris, on voit que l'évolution juridique a

1. Tribunal des conflits, 26 juillet 1873, *Recueil*, 1873, 1ᵉʳ supplément, p. 117; *Sirey*, 1874, II, p. 28.

consisté essentiellement à déterminer ce qu'est le fait personnel et le critérium qui le distingue du fait de fonction. Il y a eu sur ce point une formation très intéressante et très féconde.

On ne saurait méconnaître que quelques décisions de la jurisprudence déterminent le fait personnel du fonctionnaire par le degré de la faute. Il y aurait fait personnel de l'agent quand il y a de sa part une faute lourde, inexcusable. Mais ce n'est certainement pas en ce sens que le droit public est actuellement fixé. De très nombreuses et très récentes décisions montrent que ce qui fonde la responsabilité personnelle du fonctionnaire ce n'est pas la gravité de la faute, mais le fait que la cause du préjudice est un acte accompli par lui, sans doute à l'occasion du service, mais qui cependant n'est pas un acte de service. Suivant la formule de M. Hauriou, le fonctionnaire n'est responsable envers le particulier que s'il y a un fait détachable du service. La faute peut être très grave, inexcusable, et cependant ne pas constituer un fait personnel, parce qu'elle est inhérente à un fait de service. Au contraire le fait du fonctionnaire peut constituer une faute légère, mais être cependant un fait personnel et entraîner sa responsabilité, parce que, en l'accomplissant, il s'est placé en dehors du service. La gravité de la faute peut engager la responsabilité du fonctionnaire envers l'État ; elle est tout à fait étrangère à sa responsabilité envers les administrés.

Tout cela est d'ailleurs très logique. On a montré au paragraphe précédent comment le droit public moderne reconnaît non pas la responsabilité subjective de l'État-personne, mais une assurance au profit de l'administré sur le patrimoine affecté au service contre le risque provenant pour lui de l'exécution de ce service. Toutes les fois qu'il y a fait de service, l'assurance joue. S'il n'y a pas fait de service, elle ne peut pas jouer. Intervient alors la responsabilité personnelle du fonctionnaire auquel le fait est imputable. Cela s'harmonise merveilleusement avec la conception moderne de l'État, groupement de services publics.

Le fait personnel apparaît nettement lorsqu'il y a une infraction de la part du fonctionnaire, de même lorsque le fonctionnaire commet une usurpation de pouvoir, c'est-à-dire se place sciemment en dehors du domaine administratif, soit en faisant, en dehors des cas où la loi le lui permet expressément, un acte d'exécution sur la personne ou sur les biens, commet une entreprise sur la liberté individuelle, soit en poursuivant un but tout à fait étranger au fonctionnement des services publics, par exemple un but de rancune ou de vengeance personnelle, ou comme dans l'affaire Morizot un but de basse irréligion. Au contraire s'il y a seulement excès, détournement ou abus de pouvoir, la responsabilité personnelle de l'agent ne peut pas être engagée envers les particuliers, parce qu'il n'a pas voulu sortir du domaine administratif; il a poursuivi un but qu'il n'était pas compétent pour poursuivre, mais qui était néanmoins un but de service.

Il est impossible de citer les nombreuses décisions de jurisprudence qui marquent très nettement cette évolution; il suffit de rapporter les plus caractéristiques.

Le 18 janvier 1909, M. S..., inspecteur des contributions indirectes, procédant à une vérification dans l'entrepôt des tabacs de Toulouse, constatait des irrégularités, accusait de détournement un garçon distributeur et l'appelait voleur. Celui-ci est congédié ; il assigne l'inspecteur devant le tribunal correctionnel de Toulouse. Le préfet élève le conflit ; son arrêté est annulé, « considérant que les faits, s'ils étaient établis, se détacheraient nettement de la fonction administrative exercée par le sieur S... et seraient exclusivement personnels à ce dernier[1] ».

Le tribunal des conflits a aussi très nettement reconnu le fait personnel dans l'acte de l'administrateur qui poursuit un but étranger au fonctionnement de tout service public. Ici encore apparaît la place considérable qu'occupe la notion de but dans le droit moderne. Le sieur Morizot, instituteur dans une commune du département de la Côte-d'Or, avait prononcé dans sa classe des propos obscènes, adressé des injures à l'armée, fait l'apologie d'actes qualifiés crimes, bafoué les croyances spiritualistes et catholiques. Des pères de famille l'avaient assigné à raison de ces faits en 2 000 francs de dommages et intérêts devant le tribunal et la cour de Dijon. Le conflit est élevé ; le tribunal des conflits, sur les admirables conclusions de M. Tardieu, annule l'arrêté de conflit. Après avoir rapporté les propos attribués à l'instituteur, le tribunal dit : « Considérant que de tels propos, en supposant qu'ils aient été tenus, ne sauraient être considérés comme se rattachant à un titre quelconque à l'enseignement que l'instituteur a mission de donner à ses élèves,

---

1. Tribunal des conflits, 23 juillet 1909, *Recueil*, p. 726.

que le premier est un outrage à l'armée, le deuxième l'apologie d'un fait qualifié crime par la loi,... que tel qu'il est énoncé le dernier semble n'être que l'expression d'une pensée obscène; — considérant dès lors que le fait de les avoir tenus constituerait, s'il était établi, une faute personnelle à Morizot et se détachant de sa fonction d'instituteur [1]. »

Un maire donne l'ordre verbal à l'agent municipal de sonner les cloches de l'église à l'occasion d'un enterrement civil; le curé lui fait un procès en responsabilité; le conflit ayant été élevé, le tribunal annule encore l'arrêté : « Considérant que le maire de la commune de X... a pris un arrêté..., mais qu'aucune disposition de cet arrêté ne prévoit expressément l'usage des cloches de l'église catholique pour les enterrements civils, que d'autre part le maire ne peut invoquer pour justifier la sonnerie par lui ordonnée ni le péril commun, ni un texte de loi ou de règlement, ni un usage local, que c'est par mesure spéciale qu'il a fait sonner les cloches, qu'il suit de là que l'ordre donné par le maire de X... de sonner les cloches de l'église pour un enterrement civil... constitue une simple voie de fait ou tout au moins un fait personnel [2]. »

La responsabilité personnelle du fonctionnaire n'étant engagée que lorsqu'il y a un fait qui se produit à l'occasion du service, mais qui est étranger au service, l'État n'est pas, ne peut pas être alors responsable. C'est en effet la solution qui est donnée d'une

---

1. Tribunal des conflits, 2 juin 1908, *Recueil*, p. 597, avec les conclusions de M. Tardieu; *Sirey*, 1908, III, p. 83.

2. Tribunal des conflits, 22 avril 1910 et 4 juin 1910, *Recueil*, p. 323 et 442; *Sirey*, 1910, III, p. 207, avec une note de M. Hauriou.

manière constante par la jurisprudence. Nous avons entendu parfois des juristes s'en étonner et prétendre que, si l'État est responsable du fait de service, il devrait être à plus forte raison responsable du fait personnel. En raisonnant ainsi ces juristes sont dominés par les conceptions civilistes. Ils oublient que l'État n'est pas une personne responsable du fait de ses préposés; ils oublient que ce qu'on appelle la responsabilité de l'État, c'est tout simplement l'assurance mise à sa charge du risque résultant pour les administrés de l'exécution des services. Or ce risque ne peut pas être supporté par le patrimoine public quand à vrai dire le service n'a pas fonctionné, quand l'acte imputable au fonctionnaire n'est pas vraiment un acte de service.

Ainsi finalement la responsabilité personnelle des fonctionnaires est déterminée elle aussi d'après la notion de service public; et par là comme elle a été notre point de départ, cette notion est aussi notre point d'arrivée.

TABLE DES MATIÈRES

Introduction ix

CHAPITRE I

Pourquoi disparaît le système de droit public fondé sur la notion de puissance publique.

I. La conception romaine de l'*imperium* 2
II. Pendant la période féodale la notion romaine de l'*imperium* s'amoindrit, mais subsiste cependant. . . . 4
III. Construction juridique de la puissance royale sur le modèle du *dominium* romain 5
IV. Théorie de Bodin et de Loyseau, de Lebret et de Domat. 7
V. La Révolution substitue la souveraineté de la nation à la souveraineté du roi 11
VI. Le dogme de la souveraineté nationale, longtemps objet d'une foi religieuse, s'écroule devant la critique positive 12
VII. Il est en contradiction avec des faits certains 16
VIII. Il est inconciliable avec la décentralisation et le fédéralisme 20
IX. Il est impuissant à protéger l'individu contre le despotisme 26

CHAPITRE II

Le service public.

I. Ébranlement de la foi des hommes politique au dogme de la souveraineté 34
II. Hésitations et tendances des publicistes 36

III. Éléments constitutifs du service public 41
IV. Objet des services publics. 47
V. La notion de service public devient la notion fondamentale du droit public moderne 52
VI. Voies de droit garantissant aux particuliers le fonctionnement régulier des services publics. Services concédés. 58
VII. Voies de droit garantissant aux particuliers le fonctionnement régulier des services publics. Services exploités directement. 65

CHAPITRE III

La loi.

I. Le vrai caractère de la loi et sa force obligatoire. Les lois normatives. 75
II. Les lois constructives ou lois organiques des services publics 80
III. La loi et le règlement. 86
IV. La critique contentieuse des lois 91
V. Doctrine et jurisprudence. . . . . 9"

CHAPITRE IV

Les lois particulières.

I. Les lois locales. 105
II. Les lois des services décentralisés. 111
III. Les lois statutaires et les lois disciplinaires 115
IV. Les lois des associations. 121
V. Les lois-conventions : contrats collectifs de travail. . 129
VI. Les lois-conventions : concessions des services publics. 133
VII. Sanction des lois-conventions 137
VIII. Leur force obligatoire. 141

CHAPITRE V

L'acte administratif.

I. La distinction des actes administratifs d'autorité et des actes administratifs de gestion 147
II. Disparition de cette distinction 152
III. Caractère essentiel de tous les actes administratifs : ils se rattachent au fonctionnement d'un service public 156

IV. Les contrats de l'État. 161
V. Les opérations matérielles administratives. 165
VI. Conséquences qui résultent au point de vue du conten-
    tieux du caractère de l'acte administratif 167
VII. Coup d'œil sur l'étranger 175

CHAPITRE VI

Le contentieux administratif.

I. Formation de la jurisprudence sur le recours pour
    excès de pouvoir. 181
II. Le contentieux subjectif et le contentieux objectif . . 187
III. Caractère et domaine du recours pour excès de pouvoir. 190
IV. Il n'y a plus d'actes de gouvernement. 197
V. Le détournement de pouvoir : il n'y a plus d'actes
    discrétionnaires 205
VI. Sanction des décisions juridictionnelles 215

CHAPITRE VII

La responsabilité.

I. Souveraineté et irresponsabilité 223
II. Comment se pose aujourd'hui la question de responsa-
    bilité de l'État 228
III. Responsabilité de l'État à l'occasion des actes du par-
    lement. Comment la question se pose devant le
    parlement 234
IV. Comment la question se pose devant les tribunaux . 241
V. Responsabilité de l'État à l'occasion des actes des
    agents judiciaires 247
VI. Responsabilité de l'État à l'occasion des actes des
    fonctionnaires administratifs 254
VII. Responsabilité de l'État à l'occasion des actes régle-
    mentaires 263
VIII. Responsabilité personnelle des agents publics. Les
    agents de l'ordre judiciaire. 269
IX. Responsabilité personnelle des fonctionnaires admi-
    nistratifs. 271

CONCLUSION 279

260-13 — Coulommiers. Imp. PAUL BRODARD. — P4-13.

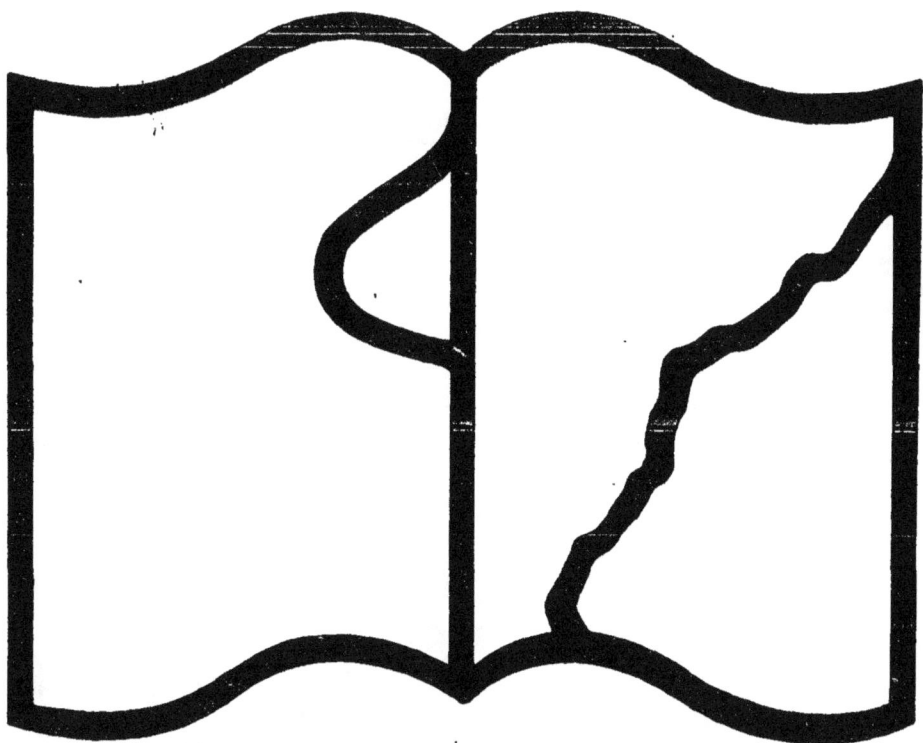

Texte détérioré — reliure défectueuse

NF Z 43-120-11